河北省社会科学基金项目“基于全球创新策源地建设的雄安新区产业创新生态发展研究”（HB20YJ017）
邯郸学院学术著作出版基金资助出版

前沿·学术·经典
经管文库·管理类

产业创新生态视角下市场结构、企业创新与市场绩效关系研究

Research on the Relationship Among Market Structure, Enterprise Innovation and Market Performance From the Perspective of Industrial Innovation Ecology

温 科 徐晓肆／著

U0832602

经济管理出版社
ECONOMY & MANAGEMENT PUBLISHING HOUSE

图书在版编目（CIP）数据

产业创新生态视角下市场结构、企业创新与市场绩效关系研究/温科，徐晓肆著．—北京：经济管理出版社，2022.3
ISBN 978-7-5096-8367-5

Ⅰ.①产… Ⅱ.①温… ②徐… Ⅲ.①产业发展—研究—中国 Ⅳ.①F121.3

中国版本图书馆 CIP 数据核字(2022)第 054256 号

组稿编辑：张巧梅
责任编辑：王　洋
责任印制：黄章平
责任校对：蔡晓臻

出版发行：经济管理出版社
（北京市海淀区北蜂窝 8 号中雅大厦 A 座 11 层　100038）
网　　址：www.E-mp.com.cn
电　　话：（010）51915602
印　　刷：北京虎彩文化传播有限公司
经　　销：新华书店
开　　本：720mm×1000mm/16
印　　张：16.75
字　　数：319 千字
版　　次：2022 年 4 月第 1 版　　2022 年 4 月第 1 次印刷
书　　号：ISBN 978-7-5096-8367-5
定　　价：88.00 元

·版权所有　翻印必究·
凡购本社图书，如有印装错误，由本社发行部负责调换。
联系地址：北京市海淀区北蜂窝 8 号中雅大厦 11 层
电话：（010）68022974　　邮编：100038

前　言

产业创新生态，这种新的创新范式使企业创新行为发生了根本性变化，并进一步促使传统的产业边界划分更加模糊、市场结构更加复杂，在此影响下探讨企业创新如何能够产生最优的市场绩效也尤为重要。因此，本书按照"理论阐述—实证分析—研究总结"的内容架构以及"总论—分论—总论"的论证思路，围绕"产业创新生态如何在市场结构、企业创新以及市场绩效的相互影响中产生作用"这一基本命题，主要完成以下四个方面的研究工作：

首先，在对本书的研究背景、意义、方法进行总结以及产业创新生态等领域相关文献进行综述的基础上，就产业创新生态、市场结构、企业创新以及市场绩效之间的关系机理进行理论分析，并总结出了相关研究命题。这方面内容属于本书的"理论总论"，与前两章共同构成了"理论阐述"部分，提出了产业创新生态的新内涵、四大要件以及多元化特征；揭示了产业创新生态加剧市场结构变化的不确定性、与企业创新相互促进并有利于提升市场绩效等机理；丰富了市场结构、企业创新与市场绩效相互作用机理的理论研究，指出市场结构与企业创新、市场结构与市场绩效的相互关系具有不确定性，企业创新与市场绩效之间具有相互促进的作用；发现了产业创新生态在市场结构、企业创新与市场绩效的相互影响中具有调节效应，并进一步提出"产业创新生态—'市场结构—企业创新—市场绩效'"的研究范式。

其次，以2005～2015年的规模以上制造业27个行业为分析对象，对产业创新生态、市场结构、企业创新以及市场绩效等关键变量进行测度，以期为关系机理的实证检验部分提供数据和现实依据。这方面内容属于本书的第一个"分论"，表示"实证分析"中的"实证测度"部分。经过测度，可以发现我国制造业各行业的产业创新生态持续处于不协调状态，但运行状况正在改善，产业创新生态在发挥全部潜力的前提下可以有效运行；我国制造业大部分行业的市场竞争性在逐步增强；从相对性的角度看，我国制造业各行业更加重视自主创新能力的提升，对外来技术的依赖性正在减少，更加重视产品创新，过于忽视工艺创新；我国制造业大部分行业的市场绩效呈现小幅上升或者下降的趋势。

再次，在前期分析基础之上提出与理论分析相对应的理论模型和假设，从产业创新生态这一新视角，通过面板数据回归分析方法对市场结构、企业创新与市场绩效的关系进行实证检验，并进一步运用2SLS、GMM和3SLS等估计方法检验和克服了解释变量的内生问题。这方面内容属于本书的第二个、第三个和第四个“分论”，表示“实证分析”中的“实证检验”部分。一是研究市场结构对企业创新的作用。市场结构对不同企业创新行为具有异质性影响，如市场结构分别对“产品创新以及技术购买和引进活动”“知识产权活动”“R&D活动以及工艺创新”表现出显著的负向线性、正向线性和倒“U”形影响；产业创新生态不利于发挥垄断性市场对企业自主创新的积极作用。二是研究企业创新对市场结构的反作用。提出“产业创新生态在企业创新对市场结构的影响中具有中介效应”的理论假设；企业创新有利于加强市场的垄断性；产业创新生态的有效运行加剧了市场的竞争程度；创新行为强度的提升有利于产业创新生态的协调发展；企业创新通过产业创新生态的中介效应作用于市场结构时，其对市场垄断性的促进作用会受到削弱。三是研究市场结构、企业创新与市场绩效的相互作用。垄断性市场结构与市场绩效具有循环促进作用；企业创新在市场结构与市场绩效的循环关系中具有中介作用；产业创新生态在“企业创新与市场绩效”以及“市场结构与市场绩效”的循环关系中具有正向调节效应。

在实证检验的基础上，运用反事实分析法对理论假设进行分析，基于不同的研究对象，发现良好产业创新生态状态下的“反事实”结论或者与不良产业创新生态状态下的“事实”结论相反，或者会进一步强化不良产业创新生态状态下的“事实”结论。

最后，对相关的实证结论进行总结，探析结论中所反映的问题及其原因，并给出相应的对策和建议，如加强产业创新生态子系统间的耦合协调，实现产业创新生态对企业创新和市场绩效的积极作用，通过有效发挥产业创新生态的调节或中介效应促进市场结构、企业创新以及市场绩效的互动机制在企业和产业发展中的作用；发掘本书研究中的不足，并对未来的研究方向进行展望，如研究对象方面可加强对中小企业的分析、变量选取和测度方面可依据不同产业的发展情况设计不同的变量测度体系和方法、研究方法方面可采取案例分析方法对典型行业或企业进行重点研究。这方面内容主要集中在本书的“结论”中，属于本书的“总论”，表示“研究总结”部分。

本书的研究成果丰富了创新经济学以及SCP分析范式的相关研究内容，有利于促进创新生态理论以及技术创新理论在产业组织理论中的应用，为“如何发展产业创新生态”“如何优化产业的市场结构”以及“如何推动产业和企业的创新发展”等问题的解决提供理论借鉴和研究思路。

目 录

第一章 绪 论

在创新驱动成为新时期根本发展动力的背景下，创新生态逐步成为现阶段和未来的产业与企业提升以及保持竞争优势的关键①。同时，以技术创新为核心的企业创新是企业参与全球、区域以及产业竞争的源泉和动力，是企业发展和获得核心竞争力的先决保证，是企业行为的最主要特征。在新产业革命中，企业只有创新才能生存发展，未来成功的企业必是不断创新的企业，在现阶段，企业创新已成为企业最主要的市场行为之一。在此背景下，产业组织理论学者所关注的"S—C—P"问题的重心也逐步向"市场结构—企业创新—市场绩效"关系研究转变。作为创新经济学以及产业组织理论的主要研究范畴，企业创新与市场结构、绩效的关系问题是指在一定的市场结构下，探讨企业创新如何能产生最优的市场绩效②，其本质是分析"市场结构—企业创新—市场绩效"的关系；另外，此类问题已经从理论和实证方面进行了多角度分析，得出了多元化结论，但大都从SCP分析范式的内生角度展开。制造业作为国家综合国力最重要的表现，是推动科技创新、经济增长和社会稳定的重要力量，因此，本书以制造业为研究对象，从产业创新生态视角对市场结构、企业创新与市场绩效的关系进行研究。

第一节 研究背景和意义

一、研究背景

当前，产业与企业的发展和创新环境发生了剧烈变化，已经步入了"创新生

① 梅亮，陈劲，刘洋. 创新生态系统：源起、知识演进和理论框架［J］. 科学学研究，2014，32（12）：1771－1780.

② 张耀辉. 技术创新与产业组织演变［M］. 北京：经济管理出版社，2004.

态系统”和“VUCA”的时代，即充满了易变性（volatility）、不确定性（uncertainty）、复杂性（complexity）和模糊性（ambiguity）。为了保持持久的竞争优势，除内部创新行为、个体创新以及独立创新外，企业还需要关注自身同创新生态中其他创新主体间的协同创新、网络合作以及知识信息的外溢和扩散等问题。因此，现阶段的创新行为和竞争边界，已经从由“单个企业”演变成为“社会网络”，进而升级到“创新生态系统”。具体看来，主要包括以下三方面的变化：第一，从“封闭创新”向“开放创新”转变，即创新边界的转变，表现为从单个企业创新转变为多个企业之间或者企业与研究机构、服务中介机构等异质性创新主体之间的联合和协同创新；第二，从“竞争”向“竞合”或者“共生演化”转变，即竞争边界的转变，表现为从单纯基于利益分配的“竞争”关系，向基于利益共享的“竞合”关系或者基于共创价值的“共生演化”关系变化；第三，从“线性创新”向“非线性创新”转变，即创新行为模式的转变，表现为从“技术推动型创新”向“涌现创新”的变化。

2016 年世界经济论坛商业圆桌会议上公布的《中国创新生态系统报告》显示，中国的创新发展势头迅猛，2015 年研发支出总额达到 1.422 万亿元，占国内生产总值的 2.1%，占世界各国研发总支出的 20%，相当于欧盟国家的平均水平，位列全球第二；其中原因主要是中国的国家创新生态系统更加完善，科技创新在促进交通运输业、信息工程业等制造业行业的产业结构升级方面发挥了重要作用。另外，2016 年世界经济论坛发布的《2016—2017 年全球竞争力报告》显示，中国从 2014 年开始在全球最具竞争力经济体排行榜中连续三年排名第 28 位，其中原因主要也是中国的国家创新生态系统有所改善，高等教育、创新以及商业成熟度的总体表现都有所提升。

但据欧盟在 2017 年公布的全球研发投入 2500 强企业排行榜，可以发现中国 376 家上榜企业全部属于规模以上工业制造业行业，研发支出中值 480 万欧元，约为美国的 70%，平均研发强度 8.6%，而美国企业高达 29.7%；上市公司层面，2017 年 A 股上市企业总研发支出 5468 亿元，仅为美股的 22%，平均研发支出 1.9 亿元，仅为美股的 13%。这说明我国创新型企业多集中在制造业领域，并具有自主创新能力欠缺的问题。因此，我国制造业企业仅依靠自主创新已不足以应对自身的创新发展问题，需要通过构建开放、合作、互利、共享、共治和共赢的开放式企业创新生态网络体系，充分发挥政府、民间机构、企业、社区社群、公民个人等创新主体的作用，形成有效的竞合共生关系，进而促进资本、知识等创新资源流动，突破当前产业和企业创新发展中的瓶颈，获取全球创新体系话语权[①]。另外，我国工业各行业近年来创新环境逐步优化，创新成效增强，创新能力向高质量发展要求稳步迈进，但仍存在各行业之间创新发展极不平衡、多数行业创新能力提升极不充分等问题（见表1-1）。

表1-1 2001~2016年我国制造业各行业创新指数

行业门类	2001年	2005年	2008年	2011年	2014年	2016年
农副产品加工业	1.75	4.48	7.36	14.86	43.73	59.89
食品制造业	2.98	7.39	13.25	24.05	67.26	94.11
饮料制造业	2.23	4.89	8.46	13.71	35.76	49.98
烟草制造业	0.17	0.63	0.94	2.04	4.81	7.68
纺织业	0.64	1.76	3.90	10.71	23.94	42.09
服装鞋帽业	0.12	0.40	0.61	1.63	2.86	5.33
皮革、毛皮制品业	0.17	0.46	0.72	2.56	4.78	9.81
木材加工业	0.46	1.61	3.79	10.85	17.90	31.65
家具制造业	0.04	0.29	0.58	3.03	5.04	9.47
造纸及纸制品业	0.29	0.88	1.80	5.33	10.47	17.60
印刷业	0.19	0.72	1.32	3.52	6.82	11.73
文教体育用品业	1.01	2.80	4.43	13.43	22.88	41.07
橡胶和塑料制品业	1.14	4.92	10.28	27.46	64.25	112.23
石油加工业	1.32	4.22	7.14	12.00	26.80	40.47
非金属矿物制品业	2.57	8.01	19.98	50.63	100.87	160.66
黑色金属冶炼业	0.60	1.77	3.44	8.30	16.16	24.77
有色金属冶炼业	1.41	2.89	6.02	14.76	29.42	46.82
金属制品业	1.89	5.56	12.26	38.12	79.66	153.25
通用设备制造业	7.72	22.35	51.48	154.88	344.15	663.82
专用设备制造业	13.96	39.93	83.41	216.23	474.08	815.15
仪器仪表制造业	4.72	19.16	48.24	163.70	375.05	644.37
化学制品制造业	20.36	61.50	117.84	234.41	512.70	777.05
医药制造业	18.27	43.13	87.48	171.08	317.99	399.51
化学纤维制造业	0.51	2.06	4.53	11.70	26.93	43.30
汽车制造业	0.31	1.46	3.89	12.94	28.93	58.93
其他运输设备制造业	0.60	1.73	5.36	15.38	35.30	70.61
电气机械制造业	2.79	10.51	28.90	90.78	192.49	330.15
计算机制造业	3.83	20.00	59.95	206.58	435.72	681.46

资料来源：笔者在“寇宗来，刘学悦．中国城市和产业创新力报告2017［R］．上海：复旦大学产业发展研究中心，2017”的基础上进行整理。

① 江若尘．构建开放式创新企业生态网络体系［N］．第一财经日报，2015-12-29（T01）．

综上所述，可以发现随着当今我国创新生态的逐步完善，产业创新生态对于企业创新的重要性日益凸显；我国制造业各行业创新能力在不断发展但不平衡；制造业中的大中型企业在技术创新和市场发展过程中的地位更加重要，但问题颇多；市场结构、企业创新与市场绩效之间的关系具有不确定性。因此，本书以产业创新生态为视角，以规模以上工业制造业各行业为研究对象，将对市场结构、企业创新与市场绩效之间的关系进行全面的系统分析。

二、研究意义

（一）理论意义

熊彼特以企业为分析载体第一次提出“创新”这一名词①，并将其理论化。在熊彼特有关创新的基本观点中，最重要的一方面就是创新在生产过程中是内生的，即创新本身不是企业外界强加而来的，是企业内部自行发展的结果。此后，创新的理论和实践范式经历了“线性创新→创新体系→创新生态系统”的发展过程②。其中，“线性创新”理论的立论基础是新古典经济学派的内生增长理论，强调创新的核心本源地位，排斥创新的外部效应③；随着科学技术的飞速发展，创新行为对于外部的知识依赖性更加强烈，“创新体系”理论逐步形成，它强调不同创新主体间的相互协作以及知识共享，但是忽略了创新环境与创新主体之间的互动，“创新网络”④“创新溢出”⑤等是其代表性观点；“创新生态系统”从生态学的角度研究创新范式，强调创新主体间的共生性、创新主体与创新环境间的互动性以及外部环境的开放性，这一理论范式更加符合当今企业创新的战略选择，但有关这方面的理论和实证研究十分有限。

有关企业创新与市场结构的关系分析主要集中在市场结构对企业创新的研究中，包括熊彼特创新模型Ⅱ中的“垄断促进创新”、阿罗模型中的“竞争促进创

① 约瑟夫·熊彼特．经济发展理论——对于利润、资本、信贷、利息和经济周期的考察［M］．北京：商务印书馆，1991.

② 李万，常静，王敏杰，等．创新3.0与创新生态系统［J］．科学学研究，2014，32（12）：1761－1770.

③ 彭宜新，邹珊刚．创新系统研究方法述评［J］．自然辩证法研究，2002，18（6）：74－77.

④ Freeman C. Networks of Innovators：A Synthesis of Research Issues［J］. Research Policy，1991，20（5）：499－514.

⑤ Jaffe A B. Characterizing the“Technological Position”of Firms，with Application to Quantifying Technological Opportunity and Research Spillovers［J］. Research Policy，1989，18（2）：87－97.

新”[①] 等线性结论以及谢勒[②]等的非线性结论，内容丰富，但结论不一；受到传统产业组织理论研究范式的影响，企业创新对于市场结构作用方面的研究成果较少，且影响力较小。有关企业创新与市场绩效的关系分析主要集中在企业创新对市场绩效的影响方面，具体表现为不同性质的企业创新对市场绩效的作用方向不同，研究结论也呈现出多元化；而市场绩效对企业创新的影响研究具体表现为作用关系的直接性或间接性，并且研究成果较少，代表性较差。

本书以产业组织理论、创新生态理论、创新经济学以及新古典经济学为基础，并结合以上理论领域研究的不足，可以得出以下理论意义：

第一，有利于从产业创新生态视角揭示企业创新和产业组织研究的新范式。前者体现在产业创新生态与企业创新的关系上，这对于从外生角度研究企业创新是一个重要补充；后者是将产业创新生态理论与产业组织理论的 SCP 分析范式相结合，从创新行为角度，提出“产业创新生态—‘市场结构—企业创新—市场绩效’”的产业组织研究范式，这也是对现有产业组织理论 SCP 分析范式的有力补充与丰富。

第二，有利于从产业创新生态视角总结市场结构、企业创新和市场绩效的新特征。

第三，有利于从产业创新生态视角发掘市场结构、企业创新与市场绩效关系研究的新思路。

（二）实践价值

当前，新一轮科技革命和产业变革蓄势待发，中国经济上升动力和下行压力交织，新旧动能接续转换、经济转型升级进入关键时期，创新生态在营造“创新驱动战略实施”的良好生态环境、完善市场在资源配置过程中的决定性影响、促进产业结构优化升级、提高企业自主创新能力等方面发挥的作用日益凸显。因此，本书的研究具有重要的现实意义。

第一，产业创新生态的研究，有利于探寻“提升企业、产业、国家创新能力、整合社会创新资源和要素以及构建产业创新生态系统”的方法，进而沿着产业链、创新链、创新群落等，实现各种创新资源和要素的共享、整合、融合和优化。

第二，同一行业的企业在工艺、技术等方面具有相似性，有着共同的消费受

① Arrow K J. Economic Welfare and the Allocation of Resources for Invention [A] //Nelson R (Eds.), The Rate and Direction of Inventive Activity: Economic and Social Factors [M]. Princeton: Princeton University Press, 1962: 609-626.

② Scherer F M. Research and Development Resource Allocation under Rivalry [J]. The Quarterly Journal of Economics, 1967, 81 (3): 359-394.

众、受共同的市场环境影响，因此以内部同质性、外部异质性的行业来衡量企业创新具有实际意义和可操作性。

第三，基于产业创新生态对企业创新的研究，宏观上，有利于为科技创新政策的制定和实施提供理论依据和决策参考；微观上，有利于为“如何促进企业经济发展方式转变”以及“如何使企业的创新成果尽快产业化和市场化”等问题的解决提供思路。

第四，基于产业创新生态对市场结构、企业创新与市场绩效的关系进行研究，宏观上，有利于探索我国制造业产业创新发展以及优化市场结构的路径和模式，从而为政府制定产业政策和企业进行战略决策提供理论依据和决策参考；微观上，有利于为“如何提升我国企业的自主创新能力，提高创新效率，更好地参与市场竞争，从而增强我国企业生存和发展的能力”以及“如何帮助企业通过利用内外部的创新资源，推进自身与产业和市场之间的整合、互动和演进”等问题的解决提供路径。

第二节　研究目的

本书基于产业创新生态视角，以我国规模以上工业中的制造业为研究对象，以市场结构、企业创新与市场绩效之间的关系为研究内容，提出市场结构、企业创新与市场绩效的关系机制，建立相应的理论假设并进行实证分析，以期为提升企业创新能力及其在“产业结构优化升级、产业有效集聚、产业资源有效溢出、保持市场发展的良好趋势和制定有效产业政策”中的作用提供理论指导和实践借鉴。

具体来说，本书的研究目的有以下三个方面：

第一，基于本书的研究需要，探寻新的科学方法，定量化分析制造业各行业创新生态的运行状况。

综合现有创新生态的研究结论可以发现：首先，企业层面的案例研究方法不适合对产业层面的相关问题进行分析①②；其次，产业层面的理论模型构建无法

① 王宏起，汪英华，武建龙，等．新能源汽车创新生态系统演进机理——基于比亚迪新能源汽车的案例研究［J］．中国软科学，2016（4）：81－94.

② 吕一博，蓝清，韩少杰．开放式创新生态系统的成长基因——基于 iOS、Android 和 Symbian 的多案例研究［J］．中国工业经济，2015（5）：148－160.

为定量化研究提供具体途径，而网络化分析方法需要通过展开大规模的实地调研来进行，由于制造业涉及的行业过多，可行性较差[①②]；最后，区域层面的指标体系构建方法大都没有围绕“创新生态由多个子系统组成”“各子系统之间具有交互性、网络性和开放性的联系”等创新生态的本质特征进行展开[③④]。因此，从产业创新生态视角研究市场结构、企业创新与市场绩效的关系，在探索产业创新生态定量化研究路径的同时，需要在借鉴以往理论研究成果和研究方法的基础上探寻新的科学分析方法。

第二，分析如何从产业创新生态视角研究市场结构、企业创新与市场绩效之间的关系。

首先，自“创新”被提出以来，企业创新作为市场行为的重要内容，市场结构对于企业创新的作用研究一直是新古典经济学、产业组织理论以及技术创新经济学研究的热点，也得出了一些经典结论，但内容并不统一，企业创新对市场结构的作用研究相对来说理论成果较少。其次，大部分的研究结论显示，企业创新对市场绩效具有显著正向影响[⑤⑥]。这主要表现在技术创新作为企业的核心能力，能够影响企业的市场竞争力，进而影响企业的市场绩效[⑦]。另外，市场绩效对企业创新的影响研究相对较少，大部分结论支持市场绩效对企业创新具有显著正向影响，即市场所带来的利润积累会加大创新投入，进而促进企业的创新能力[⑧]。但以上方面研究大都没有考虑产业创新生态等外生要素所起的作用，即产业创新生态是否会有助于对市场结构、企业创新以及市场绩效产生新的认识？产业创新生态是否会影响市场结构、企业创新以及市场绩效之间的关系？在产业创新生态作用下，市场结构、企业创新以及市场绩效之间的关系是否会呈现出新的

---

① 张越，余江．新一代信息技术产业发展模式转变的演进机理——以中国蜂窝移动通信产业为例［J］．科学学研究，2016，34（12）：1807－1816.

② 李其玮，顾新，赵长轶．产业创新生态系统知识优势评价体系——以成都市高新区89家科技企业为样本的实证分析［J］．中国科技论坛，2018（1）：37－46.

③ 苗红，黄鲁成．区域技术创新生态系统健康评价初探［J］．科技管理研究，2007，27（11）：101－103.

④ 姜庆国．中国创新生态系统的构建及评价研究［J］．经济经纬，2018，35（4）：1－8.

⑤ Romer P. Increasing Return and Long－Run Growth［J］．R&D Management，2006，36（5）：499－515.

⑥ 王铁男，凃云咪．管理创新能力调节下技术创新能力对企业绩效的影响［J］．技术经济，2012，31（10）：25－32.

⑦ 李伟．市场化改革与产业技术创新的阶段性演进——兼析中国产业技术追赶的绩效差异［J］．科学学与科学技术管理，2008，29（11）：54－60.

⑧ 寇宗来，高琼．市场结构、市场绩效与企业的创新行为——基于中国工业企业层面的面板数据分析［J］．产业经济研究，2013（3）：1－11＋110.

特征？这都是本书要注意和解决的主要问题。

第三，以规模以上工业制造业各行业为研究对象，为更好制定相关的产业发展政策提供实证依据。

规模以上工业企业的自主创新能力是国家创新能力的核心；制造业是国家综合国力最重要的表现，是国民经济的重要组成部分，是推动科技创新、经济增长和社会稳定的重要力量，是实体经济的主体，是技术创新的主战场，是供给侧结构性改革的重要领域。在国家实施创新驱动发展战略的背景下，创新是引领制造业升级发展的第一动力，制造业各行业竞争优势提升也更加依赖其所在的创新生态系统①。因此，本书以规模以上工业制造业各行业为研究对象，对于制定产业发展政策、优化产业的市场结构、顺利实现创新成果产业化、提升制造业整体竞争力具有重要的实践价值②。

第三节　研究内容

本书的研究主题是“产业创新生态如何在市场结构、企业创新以及市场绩效的相互影响中产生作用”，其中，产业创新生态是本书研究的切入点，研究范围是市场结构、企业创新与市场绩效的关系。另外，本书运用多元化的企业创新指标验证熊彼特创新模型Ⅱ、阿罗假说以及谢勒非线性学说等技术创新经济学结论的正确性，进一步完善产业组织理论中“哈佛学派”“芝加哥学派”以及新产业组织理论有关“市场结构、企业创新与市场绩效”关系的理论成果。

本书的研究将从理论阐述、实证分析以及研究总结三大方面展开，其中，理论阐述包括绪论、文献综述以及理论分析与研究命题三章的内容，它们为本书的实证分析提供了理论上的基础和依据；实证分析包括相关变量的测度及分析，市场结构对企业创新的作用，企业创新对市场结构的反作用以及市场结构、企业创新与市场绩效的相互作用四章的内容，它们为本书的主体部分；研究总结则包括本书的结论部分，它是对实证结论的进一步总结和探析。具体来说主要包括以下部分：

---

① 梅亮，陈劲，刘洋．创新生态系统：源起、知识演进和理论框架［J］．科学学研究，2014，32（12）：1771－1780.

② 杨洪焦，孙林岩，宫俊涛．制造业绩效及其影响因素——基于全球视角的实证研究［J］．科学学研究，2009，27（11）：1676－1684.

第一章是绪论。首先，从宏观角度分析本书的研究背景，指出从产业创新生态角度审视市场结构、企业创新与市场绩效关系问题的紧迫性、必要性和可行性，并从理论和实践角度分析本书的研究意义；其次，提出本书的研究目的，即基于产业创新生态视角，以规模以上工业中的制造业各行业为研究对象，以市场结构、企业创新与市场绩效之间的关系为研究内容，提出市场结构、企业创新与市场绩效的关系机理，并对其进行实证分析，以期为加强企业创新能力在产业结构优化升级和产业政策制定中的作用提供理论指导和实践借鉴；再次，提出了本书的研究内容；最后，探析本书的研究方法、技术路线和创新点，其中，研究方法的确定为本书核心变量测度以及实证研究的展开奠定了重要基础，技术路线的制定为本书的研究提供了思路，创新点的总结指明了本书的研究重心。

第二章是文献综述。基于研究目的，此部分对本书的主要概念、变量的相关研究成果进行理论综述和总结，这有利于为本书的理论分析部分提供研究方向和思路。主要包括四个部分：产业创新生态的相关研究；市场结构—市场行为—市场绩效的相关研究；创新生态与企业创新的关系研究；市场结构、企业创新与市场绩效的关系研究。一是从内涵、构成要素以及特征等方面对产业创新生态的相关研究成果进行综述；二是从产业组织理论各个学派的观点出发对"市场结构—市场行为—市场绩效"关系的相关研究成果进行梳理；三是从生态位、创新溢出以及创新网络等视角对创新生态与企业创新关系方面的研究成果进行评述；四是对市场结构与企业创新、企业创新与市场绩效之间关系的相关研究成果进行总结。

第三章是理论分析与研究命题。此部分为本书的实证分析奠定理论基础。第一，从概念、构成以及特征等方面对产业创新生态进行理论概述，总结出产业创新生态是一个由创新源、创新群落、创新链、产业链、价值链以及创新网络等要素组成的多元化、层次化和复杂化系统，是由多个子系统组成并且子系统之间具有交互性、网络性和开放性。第二，从产业创新生态视角，对市场结构、企业创新以及市场绩效形成新的认识。第三，剖析产业创新生态与市场结构、企业创新、市场绩效之间的关系机理。第四，从产业创新生态视角，分析市场结构、企业创新与市场绩效的关系机理。在理论分析的基础上，提出研究命题，为实证分析中理论假设的建立提供理论依据。

第四章是相关变量的测度与分析。第一，本章在借鉴经验方法的基础上，进一步确定产业创新生态、市场结构、企业创新与市场绩效的实证测度方法。第二，本书依据《2017 国民经济行业分类注释》以及相关研究成果，确定 2005 ~

2015 年[①]规模以上工业的 27 个制造业行业为具体的研究对象，并进一步将其分为劳动密集型、资本密集型以及技术密集型三大产业门类，从宏观角度对各个主要变量的测度结论进行比较分析。第三，通过建立产业创新生态评价体系并结合复合系统协同度法，测度制造业各行业创新生态的协同和运行状况，发现各行业创新生态发展并不协调，但正在趋于完善。第四，通过运用改良后的价格成本差额法对制造业各行业的市场结构进行测度，发现绝大部分行业的市场结构趋于竞争。第五，基于创新驱动要素的多元化性质，对 R&D 活动等多个方面的企业创新行为进行测度，发现不同类别创新行为的发展特征具有一定的同质性和异质性。第六，通过建立市场绩效评价指标体系并结合因子分析法对市场绩效进行综合评价，发现各行业的市场绩效大都呈现上升趋势。

第五章是市场结构对企业创新的作用。本章基于产业创新生态视角就市场结构对企业创新的作用机理进行实证检验和分析，并建立理论假设和面板数据的层次回归模型。在运用最小二乘法的基础上，进一步通过 2SLS 法和 GMM 法对面板数据模型进行估计，以解决市场结构与企业创新之间相互影响所产生的内生性问题。通过验证，发现在现阶段的产业创新生态的作用下，市场结构垄断性的加剧会使企业减少对自主创新的投入强度。通过反事实分析，则发现产业创新生态的发展更有利于发挥垄断性市场对企业自主创新的积极作用。

第六章是企业创新对市场结构的反作用。本章基于产业创新生态视角就企业创新对市场结构的反作用机理进行实证检验和分析，并建立理论假设和面板数据的递归回归模型。在运用最小二乘法的基础上，进一步通过 2SLS 法和 GMM 法对面板数据模型进行估计，以解决解释变量所产生的内生性问题。通过验证，发现在现阶段，即在产业创新生态运行状态不良的情况下，企业创新通过产业创新生态作用于市场结构时，其对市场垄断性的促进作用会受到削弱。通过反事实分

① 第一，测度产业创新生态和企业创新所需的“R&D 经费内部支出”等创新活动指标主要是从《工业企业科技活动统计年鉴》以及《中国科技统计年鉴》中选取，在 2005 年前（不包括 2005 年）的年鉴中，工业企业统计的范围是“大中型企业”，2005 年后的年鉴中，工业企业统计的范围是“规模以上企业”，这使得 2004 年前后的创新活动数据不具有可比性，另外，在测度产业创新生态、市场结构等变量时，需要运用前一期的相关指标数据，在运用系统 GMM 法进行实证分析时，需要运用滞后期的数据构建动态面板数据回归模型，因此，本书将研究对象的时间范围的下限确定为 2005 年；第二，考虑到 2016 年全国范围内的固定资产投资统计开始取消“双轨制”上报（统计口径从原 50 万元以上投资项目变为 500 万元以上投资项目），而本书在进行“市场结构与企业创新的关系”等方面的实证研究时以及在测度产业创新生态和市场绩效时将用到“固定资产投资”“总资产”“资产负债率”以及“企业规模”等多个指标，而与这些指标相关的数据会受到固定资产投资统计口径变化的影响，因此，为了保证实证和测度结果的准确性，本书将研究对象的时间范围的上限确定为 2015 年。综上所述，基于研究的目的性、客观性和时效性，本书以 2005 ~ 2015 年的数据为基础对相关问题进行分析。

析，则发现在产业创新生态运行状态较好的情况下，企业创新通过产业创新生态作用于市场结构时，其对市场垄断性的促进作用会得到增强。

第七章是市场结构、企业创新与市场绩效的相互作用。本章基于产业创新生态视角就市场结构、企业创新与市场绩效的相互作用机理进行实证检验和分析，并建立理论假设和面板数据的联立方程回归模型。通过3SLS法对联立方程模型进行估计，以解决解释变量的内生性问题。通过验证，发现在现阶段，产业创新生态在企业创新与市场绩效的循环关系中以及垄断性市场结构与市场绩效的循环关系中具有正向调节效应。通过反事实分析，发现产业创新生态在自主创新与市场绩效以及垄断性市场结构与市场绩效的循环促进关系中具有正向调节作用，在开放创新与市场绩效关系的循环促进关系中具有负向调节作用。因此，应促使企业创新与产业创新生态的相互适应，推动企业自主创新和开放创新的协调发展。

第八章是结论。对本书的重要研究结论进行了总结；就结论中所反映的现象和问题进行分析，并阐述问题解决的途径和对策建议；同时指出本书中存在的不足，为该领域的后续研究工作提供方向。

第四节　研究方法、技术路线和创新点

一、研究方法

（一）复合系统分析方法

产业创新生态作为复杂系统具有自组织性、涌现性、不确定性、预觉性、演化性和多样性等主要特征，其内部包含很多子系统，这些子系统之间相互依赖，并且有许多协同作用，可以共同进化。本书从产业视角并基于创新生态的结构特征和本质，科学地确定产业创新生态的子系统构成以及每个子系统的组成要素，运用复合系统分析方法和思路进一步提炼出复合系统协同度法研究各个子系统的有序发展情况以及子系统间的耦合关系，进而得出整个产业创新生态的协同度。协同度总体上代表了产业创新生态的协调发展状态和运行状况。

（二）基于非线性思路的多元化指标分析方法

随着国家以及产业开放式创新程度的日益加深，创新活动内容的复杂程度不断增强，现阶段的企业创新已不再是“研究→开发→生产→销售”的简单线性过程，而是一个复杂的、多部门的非线性模型；也不能再用单一指标进行测度，而要用不同的指标从不同方面进行分析。因此，本书基于“创新能力”视角，

选取 R&D、技术购买和引进以及知识产权等方面的指标对企业创新进行测度，它们集中体现企业的各种创新能力；基于“创新本质”视角，选取产品和工艺创新等方面的指标对企业创新进行测度，它们集中体现企业创新的内容和本质。另外，除知识产权活动表示企业创新产出情况外，其他创新活动表示企业创新投入情况；R&D 活动、产品创新以及工艺创新反映企业的自主创新能力，技术购买和引进活动反映企业的开放创新能力。

（三）面板数据回归分析方法

本书在获取“产业创新生态”“市场结构”“企业创新”以及“市场绩效”等变量的面板数据的基础上，进一步对各个变量之间的理论假设关系进行实证分析，这需要运用面板数据回归分析方法进行研究。相对于截面数据以及时间序列，面板数据回归方法具有以下优势：第一，有利于增加数据的解释度以及减少解释变量之间的共线性，使回归结论更加符合实际和有效；第二，有利于从多层面研究复杂行为关系和经济问题；第三，有利于对不同的研究个体进行控制，减少与实际值的偏差。

（四）比较分析方法

本书在进行变量测度时，将制造业 27 个行业分成劳动密集型、资本密集型以及技术密集型三大产业门类，对制造业总体以及三大产业门类的变量测度结果进行比较分析，有利于更加全面地揭示产业创新生态、市场结构、企业创新以及市场绩效的发展现状和规律，也有利于从不同层面为有关产业政策的制定提供借鉴。

（五）反事实分析方法

通过测度得知，现阶段产业创新生态处于运行不良的状态。在测算出协同度潜力值的基础上，发现产业创新生态充分发挥其潜力的前提下，尽管协调程度不同，各行业的产业创新生态基本处于运行良好状态。因此，本书基于产业创新生态运行不良时的“事实”以及良好时的“反事实”，分别对市场结构、企业创新以及市场绩效的关系进行实证分析，以揭示产业创新生态发展的现实意义，并为避免产业创新生态运行不良所带来的消极后果提供有效的解决途径。

二、技术路线

本书按照“理论阐述—实证分析—研究总结”的内容架构以及“总论—分论—总论”的论证思路：第一，以“破”为主，从研究背景切入主题，通过分析理论意义以及现实意义表明本书研究的必要性和价值；依据本书的研究目的和对象，对与“产业创新生态”“结构—行为—绩效关系”“创新生态与企业创新关系”以及“市场结构、企业创新与市场绩效关系”相关的文献进行综述，以期为之后的理论分析和命题提出等方面的研究奠定理论基础。此部分对应第一章和第二章内容。第二，以“立”为主，基于产业创新生态、市场结构、企业创新以及市场绩效之间的关系机理分析，本书提出相关研究命题，进而为理论假设的提出和模型设计提供理论依据。这属于本书的理论总论部分并对应第三章内容。第三，探析产业创新生态、市场结构、企业创新以及市场绩效等变量的实证测度方法，并对其进行定量分析，动态比较制造业各行业以及各产业门类在产业创新生态、市场结构、企业创新以及市场绩效等方面的发展情况，并为下一步的实证检验提供数据依据。这属于本书的第一个分论部分并对应第四章内容。第四，基于产业创新生态建立“市场结构—企业创新—市场绩效”关系的理论假设和模型，进行实证检验并验证假设；探究在产业创新生态的作用下，市场结构、企业创新与市场绩效之间的关系是否会有所不同。这属于本书的第二、第三和第四个分论部分并分别对应第五章、第六章和第七章内容。第五，总结、整合和分析实证结果，为实证分析中所出现的问题提供相应的对策和建议。这属于本书的总论部分并对应结论内容。基于以上研究思路以及本书的研究方法和内容，可以得出本书技术路线，如图 1－1 所示。

三、创新点

本书在结合创新生态理论、产业组织理论以及技术创新经济学理论的基础上，以产业创新生态为研究视角，对市场结构、企业创新与市场绩效的关系进行系统研究，得到了具有现实意义的结论。与已有研究成果相比，本书研究的创新和发展主要体现以下三个方面：

第一，从“产业创新生态”这一新视角对市场结构、企业创新与市场绩效的关系进行研究，提出“产业创新生态—‘市场结构—企业创新—市场绩效’”的研究范式。首先，现有的绝大部分研究是基于产业组织理论的 SCP 分析范式从“联合内生角度”对市场结构、企业创新以及市场绩效的互动关系进行分析，极少从产业创新生态等外生角度展开讨论。随着产业创新生态在企业创新、企业发展以及产业结构转型升级中的作用日益凸显，传统的产业组织理论及其实践将面临挑战，亟待创新和发展。产业创新生态作用下，市场结构、企业创新以及市场绩效将呈现出哪些新的特点和内容，市场结构、企业创新以及市场绩效的互动关系将会受到怎样的影响，这都是亟须研究的问题。其次，现有研究表明市场结构、企业创新与市场绩效关系研究领域呈现出一定的碎片化，如“市场绩效对企业创新的作用”“市场结构、企业创新、市场绩效三者之间的相互关系”等方面的研究较少；与 SCP 分析范式相类似，“市场结构—企业创新—市场绩效”关系

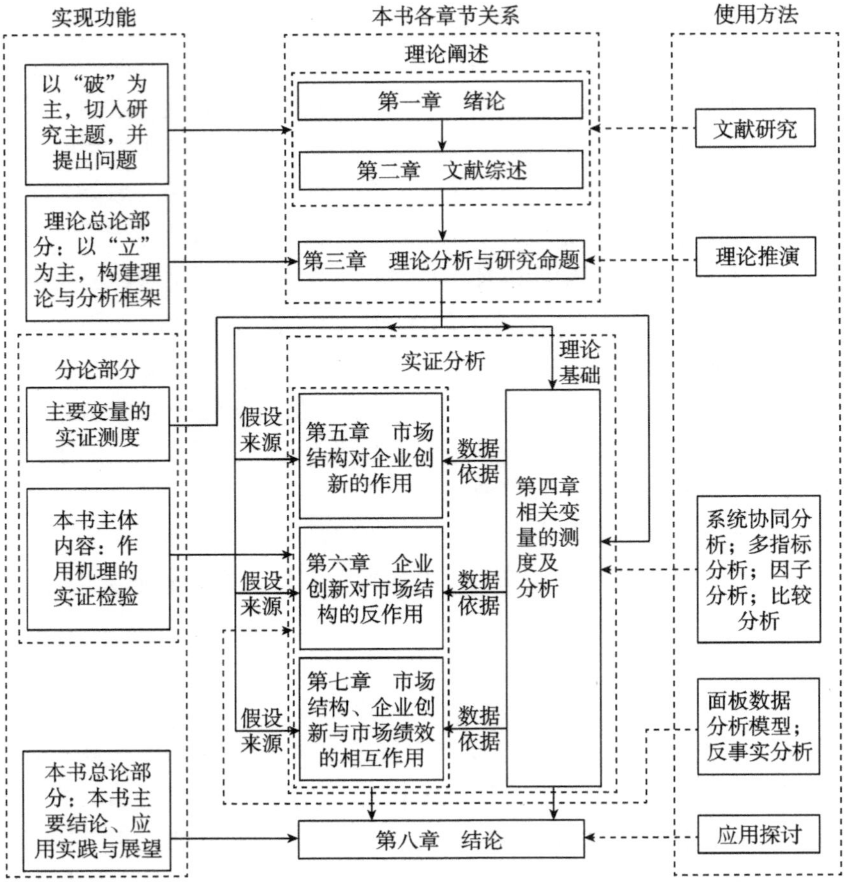

图1-1　本书技术路线

研究的缺陷在于其理论体系比较封闭，在这种情况下，本书前瞻性地将产业创新生态纳入其中，提出“产业创新生态—‘市场结构—企业创新—市场绩效’”的研究范式，该研究具有一定的探索性。

第二，从理论和实证方面，提出并分析了产业创新生态与市场结构、企业创新、市场绩效的关系机理，揭示了产业创新生态在市场结构、企业创新、市场绩效关系中的作用机制。首先，本书提出并解释了“产业创新生态显著影响市场结构和市场绩效”“产业创新生态与企业创新相互影响”等关系机理；其次，在从产业创新生态视角丰富了“市场结构与企业创新”“市场结构与市场绩效”以及“企业创新与市场绩效”等方面研究内容的基础上，进一步揭示了“产业创新生态在市场结构与企业创新的循环关系中具有调节和中介效应”“产业创新生态在企业创新与市场绩效以及市场结构与市场绩效的循环关系中具有调节效应”等作用机制；最后，经过实证研究，发现以上关系机理和作用机制基本得到了印证。该方面研究有利于促进创新生态理论以及技术创新理论在产业组织理论中的应用。

第三，从研究方法看，在分析产业创新生态发展潜力的基础上，将反事实分析方法与面板数据回归分析方法进行结合，对“不良产业创新生态”与“良好产业创新生态”状态下的市场结构、企业创新与市场绩效的关系进行实证比较分析。前者体现了市场结构、企业创新与市场绩效关系的绝对影响效应，后者体现了三者关系的相对影响效应，使本书的实证分析结论更加全面和透彻。经过研究发现，在不同的研究范畴下，良好产业创新生态状态下的实证结论或者与不良产业创新生态状态下的实证结论相反，或者进一步强化了不良产业创新生态状态下的实证结论，这在一定程度上证明了产业创新生态的变化对于有效调整产业内的竞合关系，促进产业和企业的创新发展，提升企业的经济和社会效益，充分发挥市场结构、企业创新以及市场绩效的相互作用具有重要的现实意义。

本章小结

本章介绍了本书的研究背景，阐述了从产业创新生态视角研究市场结构、企业创新与市场绩效的关系问题的重要性以及理论和现实意义，并以此为基础，进一步明确了本书研究的具体目的和研究对象。结合本书的研究思路和目的，本章从所要研究的具体问题出发，总结出本书的研究方法、技术路线、创新点以及研究内容，为本书的后续研究提供了方向和铺垫。

第二章 文献综述

基于本书的研究目的和方向，对本书涉及的主要变量及其关系进行理论上的综述和总结，以期为后续研究提供方向和思路，其中主要包括四部分：产业创新生态的相关研究；市场结构—市场行为—市场绩效的相关研究；创新生态与企业创新的关系研究；市场结构、企业创新与市场绩效的关系研究。

第一节 产业创新生态的相关研究

产业创新生态，即产业创新生态系统，其相关研究可以追溯到熊彼特的创新理论、弗里曼与 Godin 等的“国家创新系统”[①②]、Moore 的“商业生态系统”[③]、Cooke 等的“创新系统”[④] 以及 Dvir 与 Pasher 的“创新生态学”[⑤]。本书从产业创新生态视角展开研究，首先，需要对创新生态的相关理论进行综述，这有利于从一般角度对产业创新生态进行认识。其次，对产业创新生态的内涵、构成及特征的相关文献进行总结和评述，其中，对产业创新生态的内涵进行剖析，有利于把握产业创新生态的本质；分析产业创新生态的构成，有利于对产业创新生态不同

---

① 克里斯托夫·弗里曼．技术政策与经济绩效：日本国家创新系统的经验［M］．南京：东南大学出版社，2008.

② Godin B. National Innovation System: The System Approach in Historical Perspective [J]. Science, Technology & Human Values, 2009, 34 (4): 476-501.

③ Moore J. Predators and Prey: A New Ecology of Competition [J]. Harvard Business Review, 1993, 71 (3): 75-86.

④ Cooke P, Gomez U M, Etxebarria G. Regional Innovation Systems: Institutional and Organisational Dimensions [J]. Research Policy, 1997, 26 (4-5): 475-491.

⑤ Dvir R, Pasher E. Innovation Engines for Knowledge Cities: An Innovation Ecology Perspective [J]. Journal of Knowledge Management, 2004, 8 (5): 16-27.

部分及要素间的关系进行深刻认识；理解产业创新生态的特征，有利于抓住产业创新生态的发展规律。由于本书的主要研究目的是对产业创新生态进行宏观上的整体把握，并不就产业创新主体之间的关系以及创新生态演化进行具体的研究，因此，本章并不对产业创新生态的各种机制以及演化路径等方面的文献进行评述。

一、创新生态

（一）国外研究

内涵方面，学者们主要从企业、区域以及国家等特殊视角对此问题进行研究，如 Iansiti 和 Levin（2004）以及 Hienerth 等（2014）① 从企业角度、Malecki（2011）② 以及 Viitanen（2016）③ 等从区域角度、Jackson（2014）④ 以及 Suseno 和 Standing（2018）⑤ 从国家角度等方面对创新生态的内涵进行了揭示，其共性均强调创新生态是以整合系统内部各创新主体资源为目的的协同机制，是系统内创新主体间创新开放度、知识整合以及网络结构间互动关系的总和。

构成方面，学者们对此方面的研究逐步由浅入深，如 Smith（2006）⑥ 和 Ghemawat（2007）⑦ 的“三因素”观点以及 Aulet（2008）⑧ 的“七因素”观点，此方面研究过于强调“政府治理、基础设施、资金系统”等环境要素，忽略了创新主体等系统内部环境要素，如企业、研究机构等；随着时间的推移，学者们

① Hienerth C，Lettl C，Keinz P. Synergies Among Producer Firms，Lead Users，and User Communities：The Case of the LEGO Producer - User Ecosystem［J］. Journal of Product Innovation Management，2014，31（4）：848 - 866.

② Malecki E J. Connecting Local Entrepreneurial Ecosystems to Global Innovation Networks：Open Innovation，Double Networks and Knowledge Integration［J］. International Journal of Entrepreneurship and Innovation Management，2011，14（1）：36 - 59.

③ Viitanen J. Profiling Regional Innovation Ecosystems as Functional Collaborative Systems：The Case of Cambridge［J］. Technology Innovation Management Review，2016，6（12）：6 - 25.

④ Jackson D. Sizing up Your Innovation Ecosystem［J］. Translational Materials Research，2014，1（2）：1 - 5.

⑤ Suseno Y，Standing C. The Systems Perspective of National Innovation Ecosystems［J］. Systems Research and Behavioral Science，2018，35（3）：282 - 307.

⑥ Smith K R. Building an Innovation Ecosystem：Process，Culture and Competence［J］. Industry and Higher Education，2006，20（4）：219 - 224.

⑦ Ghemawat P. Managing Differences：The Central Challenge of Global Strategy［J］. Harvard Business Review，2007，85（3）：59 - 68.

⑧ Aulet B. How to Build a Successful Innovation Ecosystem：Educate，Network，and Celebrate［J］. Journal of Strategic Management，2008，5（2）：56 - 58.

对于此问题的认识更加深入，如埃斯特琳（2009）①、Hwang 和 Mabogunje（2013）②、Carayannis 等（2016）③ 以及 Pierrakis 和 Saridakis（2017）④ 提出创新群落、社会网络、团队、身份、信任以及环境条件等要素是营造良好创新生态系统和创新型经济发展的关键要素；此观点更加成熟，强调创新生态的网络特性。

特征方面，学者们对此方面的研究主要是从“商业生态系统”以及“企业生态系统”方面逐步展开。前者如 Moore（1998）⑤、Iansiti 和 Levien（2004）、Clarysse 等（2014）⑥ 以及 Taillard 等（2016）⑦ 强调，商业生态系统的特征内容主要体现在“开放”“协同”以及“共享”等方面；后者如 Mitleton – Kelly（2003）⑧ 以及 Nambisan 和 Baron（2013）⑨ 认为，企业生态系统本质上是一种以企业为中心的资源交互平台，具有自组织性、涌现性、路径依赖性、反馈性以及共同演化等特征。尽管国外学者关于创新生态系统特征的直接研究结论不多，但是有关“商业生态系统”以及“企业生态系统”特征的结论为创新生态特征的研究奠定了坚实基础。

（二）国内研究

国内学者在国外研究的基础上对于创新生态的研究更加透彻，成果也更为丰富。

内涵方面，国内主要从一般和特殊视角展开研究，前者如曾国屏等（2013）⑩、

① 朱迪·埃斯特琳．美国创新在衰退？［M］．北京：机械工业出版社，2010.

② Hwang V, Mabogunje A. The New Economics of Innovation Ecosystems ［J］. Stanford Social Innovation Review, 2013, 8 (6): 123 – 125.

③ Carayannis E G, Provance M, Grigoroudis E. Entrepreneurship Ecosystems: An Agent – Based Simulation Approach ［J］. The Journal of Technology Transfer, 2016, 41 (3): 631 – 653.

④ Pierrakis Y, Saridakis G. The Role of Venture Capitalists in the Regional Innovation Ecosystem: A Comparison of Networking Patterns between Private and Publicly Backed Venture Capital Funds ［J］. The Journal of Technology Transfer, 2017, 44 (3): 850 – 873.

⑤ Moore J. The Rise of New Corporate Form ［J］. The Washington Quarterly, 1998, 21 (1): 167 – 181.

⑥ Clarysse B, Wright M, Bruneel J, et al. Creating Value in Ecosystems: Crossing the Chasm Between Knowledge and Business Ecosystems ［J］. Research Policy, 2014, 43 (7): 1164 – 1176.

⑦ Taillard M, Peters L D, Pels J, et al. The Role of Shared Intentions in the Emergence of Service Ecosystems ［J］. Journal of Business Research, 2016, 69 (8): 2972 – 2980.

⑧ Mitleton – Kelly E. The Principles of Complexity and Enabling Infrastructures ［A］ //Mitleton – Kelly E (Eds.), Complex Systems and Evolutionary Perspectives on Organizations: The Application of Complexity Theory to Organizations ［M］. Oxford: Elsevier Science Ltd, 2003: 3 – 20.

⑨ Nambisan S, Baron R A. Entrepreneurship in Innovation Ecosystems: Entrepreneurs' Self – Regulatory Processes and Their Implications for New Venture Success ［J］. Entrepreneurship Theory and Practice, 2013, 37 (5): 1071 – 1097.

⑩ 曾国屏，苟尤钊，刘磊．从“创新系统”到“创新生态系统”［J］．科学学研究，2013, 31 (1): 4 – 12.

赵放和曾国屏（2014）[①]、李万等（2014）、黄海霞和陈劲（2016）[②] 以及陈健等（2016）[③] 共同强调了创新生态是各种创新主体以及创新群落与创新环境相互联系的开放复杂系统和创新网络；后者的研究主要是在实证分析以及国内创新发展实践结合的基础上，从企业、区域以及国家等角度展开分析，如张运生等（2011）[④] 和陈劲（2017）从企业角度，黄鲁成（2003）[⑤]、张贵等（2017）[⑥]、詹志华和王豪儒（2018）[⑦] 以及何向武和周文泳（2018）[⑧] 从区域角度，杜传忠和刘忠京（2015）[⑨] 从国家角度等方面揭示创新生态的内涵，其共性是强调创新生态构建的重心在于整合创新资源，形成创新合力，打造有利于创新主体进行合作创新的环境，认为创新生态是异质性主体共存共生、共同进化的创新体系，是为实现创新主体价值的关联机制。

构成方面，国内研究与国外研究在时间维度上基本是并行关系，但研究方向和类型划分与国外研究不尽一致，主要从一般和特殊视角展开分析。前者如武学超（2015）[⑩]、张贵和刘雪芹（2016）[⑪] 提出创新生态是由创新物种、创新种群、创新网络和创新环境复合组成的动态和开放系统，这实际上是对 Smith 等学者观点的拓展，强调创新生态是一种链式思维向网络思维的转变，本质上是将创新生态看作是各种创新链条组成的创新网络。后者如曹祎遐和高文婧（2015）[⑫] 以及

① 赵放，曾国屏．多重视角下的创新生态系统［J］．科学学研究，2014，32（12）：1781－1788＋1796.

② 黄海霞，陈劲．创新生态系统的协同创新网络模式［J］．技术经济，2016，35（8）：31－37＋117.

③ 陈健，高太山，柳卸林，等．创新生态系统：概念、理论基础与治理［J］．科技进步与对策，2016，33（17）：153－160.

④ 张运生，邹思明，张利飞．基于定价的高科技企业创新生态系统治理模式研究［J］．中国软科学，2011（12）：157－165.

⑤ 黄鲁成．区域技术创新生态系统的特征［J］．中国科技论坛，2003（1）：23－26.

⑥ 张贵，李涛，原慧华．京津冀协同发展视阈下创新创业生态系统构建研究［J］．经济与管理，2017，31（6）：5－11.

⑦ 詹志华，王豪儒．论区域创新生态系统生成的前提条件与动力机制［J］．自然辩证法研究，2018，34（3）：43－48.

⑧ 何向武，周文泳．区域高技术产业创新生态系统协同性分类评价［J］．科学学研究，2018，36（3）：541－549.

⑨ 杜传忠，刘忠京．基于创新生态系统的我国国家创新体系的构建［J］．科学管理研究，2015，33（4）：6－9.

⑩ 武学超．五重螺旋创新生态系统要素构成及运行机理［J］．自然辩证法研究，2015，31（6）：50－53.

⑪ 张贵，刘雪芹．创新生态系统作用机理及演化研究——基于生态场视角的解释［J］．软科学，2016，30（12）：16－19＋42.

⑫ 曹祎遐，高文婧．企业创新生态系统结构发凡［J］．改革，2015（4）：135－141.

陈劲（2017）[①] 从企业角度、王凯和邹晓东（2016）[②] 以及李晓锋（2018）[③] 从区域角度等方面强调核心企业在创新生态结构中的主导地位，知识流动、研究机构、生活生态系统以及开放的市场体系是创新生态生成的必备条件，其本质和共性是强调创新生态的构成要素主要包括“原始性”“网络性”以及“知识流动性”等方面。

特征方面，国内研究主要是建立在内涵以及构成分析的基础之上，这与国外学者的研究轨迹和方向也不尽一致。与内涵以及构成研究类似的是，特征方面的研究主要也是从一般和特殊视角展开进行。前者如曾国屏等（2013）、李万等（2014）、梅亮等（2014）以及包宇航和于丽英（2017）[④] 提出创新生态具有“动态性”“栖息性”“生长性”“多样性共生”“自组织演化”“开放式协同”以及“环境选择性”等特性，他们的观点抓住了创新生态“动态演变以及创新主体相互作用”的本质；后者如吕玉辉（2016）[⑤] 从企业角度、黄鲁成（2003）和陈畴镛等（2010）[⑥] 从区域角度、李妍和丁莹莹（2018）[⑦] 从国家角度等方面提出创新生态具有“技术多样性”“开放性”“自组织性”以及“协同进化性”等共性特征。特征方面的研究以生态学和系统学的基本原理为切入点，在一定程度上揭示了创新生态的本质，但研究重心主要集中在“技术功能”层面，相关结论的代表性有所欠缺。

综上所述，相对于国外研究，国内有关创新生态的研究已经形成了体系，主要是从一般以及企业、区域和国家等特殊视角展开分析。

二、产业创新生态内涵方面

（一）国外研究

国外关于产业创新生态内涵较早的研究可追溯到 Frosch 和 Gallopoulos（1989）[⑧]

---

① 陈劲．企业创新生态系统论［M］．北京：科学出版社，2017.

② 王凯，邹晓东．由国家创新系统到区域创新生态系统——产学协同创新研究的新视域［J］．自然辩证法研究，2016，32（9）：97－101.

③ 李晓锋．“四链”融合提升创新生态系统能级的理论研究［J］．科研管理，2018，39（9）：113－120.

④ 包宇航，于丽英．创新生态系统视角下企业创新能力的提升研究［J］．科技管理研究，2017，37（6）：1－6.

⑤ 吕玉辉．企业技术创新生态系统的交错带研究［J］．技术经济与管理研究，2016（3）：80－83.

⑥ 陈畴镛，胡枭峰，周青．区域技术创新生态系统的小世界特征分析［J］．科学管理研究，2010，28（5）：17－20＋30.

⑦ 李妍，丁莹莹．创新生态系统下知识管理对企业创新绩效的影响及启示［J］．天津大学学报（社会科学版），2018，20（1）：26－30.

⑧ Frosch R A，Gallopoulos N E. Strategies for Manufacturing［J］. Scientific American，1989，261（3）：144－152.

以及 Andrews（1999）[①]、Lambert 和 Boons（2002）[②] 对于产业生态系统的分析，他们将产业生态系统与自然生态系统进行类比，发展并完善了产业生态系统的理论体系，并提出产业生态系统是生产者、消费者、规制机构以及环境之间进行物质、能量和信息交换的循环体系。此观点基本包含了除“创新”外的产业创新生态的所有主要特点，如主体交互、主体与环境的交互、主体种类等，为以后产业创新生态理论的研究指明了方向。随着商业生态系统、创新系统、国家创新系统以及创新生态理论的发展，产业创新生态理论逐步发展起来，更多的学者开始对此进行研究，如 Malerba（2002）[③]、Daim（2005）[④] 提出产业部门创新体系建立在多维度、综合和动态的部门观的基础上，是基于产品的创造、生产、销售、技术以及知识库所进行的市场和非市场互动的综合。此观点可以看作是从产业部门的角度对产业创新生态系统内涵进行界定，强调了系统的动态性、互动性和技术性，为之后产业创新生态的进一步研究奠定了基础。之后，Dougherty 和 Dunne（2011）[⑤]、Amitrano 等（2017）[⑥] 进一步从产业角度指出创新生态系统通过促进合作关系的建立来推动产业和企业的创新发展。由此可见，国外对于产业创新生态内涵的认识经历了“产业生态系统→产业部门创新体系→产业创新生态系统”的过程，互动性、产业创新发展以及动态性成为产业创新生态的理论的核心内容。

（二）国内研究

与国外研究不同的是，我国学者对于产业创新生态内涵的研究主要是建立在创新生态理论的基础之上，研究动力来自对“创新是产业发展动力之源”的认识和理解（洪帅和吕荣胜，2017）[⑦]。除个别学者从一般意义上阐释产业创新生

---

① Andrews C. Putting Industrial Ecology into Place Evolving Roles for Planners ［J］. Journal of the American Planning Association, 1999, 65 (4): 364 -375.

② Lambert A, Boons F. Eco - industrial Parks: Stimulating Sustainable Development in Mixed Industrial Parks ［J］. Technovation, 2002, 22 (8): 471 -484.

③ Malerba F. Sectoral Systems of Innovation and Production ［J］. Research Policy, 2002, 31 (2): 247 - 264.

④ Daim T U. Sectoral Systems of Innovation: Concepts, Issues and Analyses of Six Major Sectors in Europe ［J］. Technological Forecasting and Social Change, 2005, 72 (9): 1153 -1154.

⑤ Dougherty D, Dunne D D. Organizing Ecologies of Complex Innovation ［J］. Organization Science, 2011, 22 (5): 1214 -1223.

⑥ Amitrano C C, Coppola M, Tregua M, et al. Knowledge Sharing in Innovation Ecosystems: A Focus on Functional Food Industry ［J］. International Journal of Innovation and Technology Management, 2017, 14 (5): 1142 -1159.

⑦ 洪帅，吕荣胜．中国产业创新生态系统研究综述［J］．经济问题探索，2017 (5): 38 -44 +50.

态的内涵外（李其玮等，2016）[①]，大部分学者是在某一类产业情境下分析产业创新生态，如战略性新兴产业（吴绍波，2013）[②]、高新技术产业（张运生，2009）[③]、文化产业（曹如中等，2015）[④] 等方面，其共性是强调产业创新生态是由各种创新主体共同组成或者由政治、经济、环境等子系统组成的相互协同、互惠共生的动态网络系统，不同之处主要集中在各种产业创新生态的研究方向和重心方面，如高技术产业创新生态更加注重技术标准化和技术模块化的作用，战略性新兴产业创新生态更加注重产业链协同的作用，文化产业创新生态更加注重系统机制的作用。也有学者对不同区域的同一种产业创新生态进行比较研究，以求对某一种产业创新生态形成更加深入的认识，如陈衍泰等（2015）通过对杭州、深圳两地的电动汽车产业创新生态体系进行比较研究，发现“价值创造”和“价值获取”是产业创新生态动态演化的动力[⑤]。综上所述，我国学者通过对不同产业创新生态的研究，发现了协同性、互惠性以及共生性是产业创新生态内涵的主要组成部分。

三、产业创新生态构成方面

（一）国外研究

国外对于产业创新生态构成的研究较少，并且基本都是以高技术行业为切入点，如 Fransman（2010）以信息通信技术行业为例，指出创新生态系统主要是由供应商、网络供应商、应用提供商以及顾客等要素组成[⑥]，实际上，此观点是从产业链的角度来分析产业创新生态系统，但陈述过于笼统，没有说明要素的具体内容。随着研究的深入，学者们逐步认识到了产业创新生态构成的网络特征，如 Davis（2016）、Iyawa 等（2017）分别以宇航业和数字健康业为例，指出创新生

---

① 李其玮，顾新，赵长轶．产业创新生态系统知识优势的内涵、来源与形成［J］．科学管理研究，2016，34（5）：53－56.

② 吴绍波．战略性新兴产业创新生态系统协同创新的治理机制研究［J］．中国科技论坛，2013（10）：5－9.

③ 张运生．高科技产业创新生态系统耦合战略研究［J］．中国软科学，2009（1）：134－143.

④ 曹如中，史健勇，郭华，等．区域创意产业创新生态系统演进研究：动因、模型与功能划分［J］．经济地理，2015，35（2）：107－113.

⑤ 陈衍泰，孟媛媛，张露嘉，等．产业创新生态系统的价值创造和获取机制分析——基于中国电动汽车的跨案例分析［J］．科研管理，2015，36（S1）：68－75.

⑥ Fransman M. The New ICT Ecosystem：Implications for Policy and Regulation［M］. New York：Cambridge University Press，2010.

态系统由技术网络、主体合作关系、创新行为、政府群体以及战略合作等部分构成①②，此观点强调创新主体之间合作的网络性。以上研究都是从较宏观的角度对产业创新生态的构成要素进行概括，有的学者认为产业创新生态从根本上讲是由人组成的，尤其是企业管理者对于产业创新生态的发展和变革起着至关重要的作用，如 Murthi 和 Rao（2015）以印度媒体产业为例，指出管理者的认知能力、动态组织能力和战略变革能力是企业能够通过产业创新生态实施颠覆性创新的重要因素③。综合以上观点，可以发现，国外学者对于产业创新生态构成的认识差异较大，都是根据所研究产业的特点从“静态”角度对产业创新生态构成进行界定，并没有完全把握住产业创新生态的本质。

（二）国内研究

由于国内对于产业创新生态的研究逐步增多，因此，相对于国外研究，国内对于产业创新生态构成方面的研究结论更多，也更为全面；但与国外研究相似的是，国内研究也是以某个行业为切入点，鉴于产业情景的不同，提出的观点具有明显差异，并且在内容上与国外某些学者的认识相契合。例如，王娜和王毅（2013）以文化创意产业为研究对象，指出产业创新生态系统包括外部环境、产业体系、硬件条件、软件条件和人才等要素④，这是对 Fransman 等的理论成果在中国的应用。也有学者按照产业链的思路进行分析，如张利飞（2015）以高技术产业为研究对象，提出产业创新生态是上游零组件和下游互补品等技术种群基于相互依赖的耦合关系所形成的集合体⑤。这与 Hwang 和 Mabogunje 等的观点很相似，但我国学者对此问题阐述得更加清晰。此外，国内学者对于产业创新生态构成的研究主要都集中在高技术产业（张运生，2009；杨剑钊和李晓娣，2016⑥）、战略性新兴产业（吴绍波，2013）⑦、产业集群（纪承，2015；刘鸿宇

① Davis J P. Group Dynamics of Interorganizational Relationships: Collaborating with Multiple Partners in Innovation Ecosystems [J]. Administrative Science Quarterly, 2016, 61 (4): 621-661.

② Iyawa G E, Herselman M, Botha A. Identifying Essential Components of a Digital Health Innovation Ecosystem for the Namibian Context: Findings from a Delphi Study [J]. The Electronic Journal of Information Systems in Developing Countries, 2017, 82 (1): 1-40.

③ Murthi K R S, Rao M K. India's Space Industry Ecosystem: Challenges of Innovations and Incentives [J]. New Space, 2015, 3 (3): 165-171.

④ 王娜，王毅．产业创新生态系统组成要素及内部一致模型研究［J］．中国科技论坛，2013（5）：24-29+67.

⑤ 张利飞．创新生态系统技术种群非对称耦合机制研究［J］．科学学研究，2015，33（7）：1100-1108.

⑥ 杨剑钊，李晓娣．高新技术产业创新生态系统运行机制［J］．学术交流，2016（8）：134-139.

⑦ 吴绍波．战略性新兴产业创新生态系统协同创新的知识投入激励研究［J］．科学学与科学技术管理，2013，34（9）：71-76.

等，2015)[①②] 以及新能源产业（郭燕青等，2016)[③] 等方面，除观点内容的异质性外，学者们大都认为市场、企业、客户、研究机构以及中介机构等是产业创新生态系统的共同构成要素（洪帅和吕荣胜，2017）。

四、产业创新生态特征方面

（一）国外研究

同产业创新生态构成研究类似的是，国外对于产业创新生态特征的研究也较少，相关研究成果基本都体现在产业生态系统特征的论述中，尽管产业生态系统研究主要关注产业绿色发展、生态保护等社会性因素，但其也将“产业发展＋产业环境”看作成一个整体系统，因此，产业生态系统特征研究方面文献的梳理对于产业创新生态特征的认识具有借鉴意义。此方面研究较早的如 Korhonen（2001）提出产业生态系统运行的四个特征，即综合性、多样性、区域性和渐进性[④]。此观点在理论上还不太成熟，因为它没有强调系统主体的互动性，之后，Ashton（2009）、Best（2015）将产业生态学和经济地理学与复杂系统理论相结合，指出产业生态系统是自然生态系统功能、经济交易、政策环境和企业间协作演变的社会互动的多层格局[⑤]，并进一步强调自组织性[⑥]的重要性。此种观点在一定程度上弥补了 Korhonen 观点的不足，揭示了产业生态系统的主体协作性特征。另外，Aguiñaga 和 Lagunas（2015）提出了产业生态系统的共生性特征[⑦]；Layton 等（2016）则强调了产业生态系统的网络性特征[⑧]。综上所述，产业生态系统的特征具体包括多样性、渐进性、自组织性、网络性以及协作性等方面。除

---

① 纪承．产业集群的创新生态：组织演化与治理构架［J］．学习与实践，2015（10）：26－34.

② 刘鸿宇，杨彩霞，陈伟，等．云计算产业集群创新生态系统构建及发展对策［J］．求索，2015（11）：82－87.

③ 郭燕青，李磊，姚远．中国新能源汽车产业创新生态系统中的补贴问题研究［J］．经济体制改革，2016（2）：29－34.

④ Korhonen J. Four Ecosystem Principles for an Industrial Ecosystem［J］. Journal of Cleaner Production, 2001, 9（3）：253－259.

⑤ Ashton W S. The Structure, Function, and Evolution of a Regional Industrial Ecosystem［J］. Journal of Industrial Ecology, 2009, 13（2）：228－246.

⑥ Best M H. Greater Boston’s Industrial Ecosystem：A Manufactory of Sectors［J］. Technovation, 2015（39－40）：4－13.

⑦ Aguiñaga E, Lagunas A E. The Principles of Diversity and Geographical Proximity in an Industrial Ecosystem：Social Network Analysis in the Toluca－Lerma Region［J］. Innovaciones De Negocios, 2015, 12（24）：153－175.

⑧ Layton A, Bras B, Weissburg M. Industrial Ecosystems and Food Webs：An Expansion and Update of Existing Data for Eco－industrial Parks and Understanding the Ecological Food Webs they Wish to Mimic［J］. Journal of Industrial Ecology, 2016, 20（1）：85－98.

"创新"方面的特征外，产业生态系统与产业创新生态的特征基本一致。

（二）国内研究

我国学者对于产业创新生态特征的研究也是随着产业创新生态研究的发展而发展，同内涵和构成方面的研究相似，特征方面的研究也是基本建立在一定的产业背景之下，相关研究内容所涉及的"产业方向"与系统构成研究类似，主要包括高技术产业的"合作共生必然性""合作关系锁定性""协同创新跨域性"以及"技术种群间耦合关系的非对称性"（张运生，2009；张利飞，2015）；文化产业的"复杂性""动态性""开放性""自组织性"以及"协同进化性"（王娜和王毅，2013）；产业集群的"协同共生""自组织"以及"开放包容"（纪承，2015；欧光军等，2016①）；新能源产业的"网络化组织特征"（郭燕青和何地，2017）② 等。通过总结以上观点可以发现，产业创新生态的特征具体包括共生演化、开放性、动态性、自组织性、协同创新性以及网络性。

五、理论评述

综合以上观点，国内外有关产业创新生态内涵、构成以及特征的研究取得了一些有价值的结论，但也存在一些不足需要解决。第一，产业创新生态内涵的界定方面：一般视角还是产业视角？从现有研究的情况看，对于产业创新生态的认识基本都是建立在一定的产业背景基础之上，内涵的相关内容具有一定的产业特色，尽管这有利于揭示产业创新生态的特殊性以及产业创新生态构建的目的，但不利于体现产业创新生态的共性、概念本质与核心要素，因此，为了使内涵界定对产业创新生态的研究具有一般指导意义，从一般视角总结和认识产业创新生态是十分必要的。

第二，产业创新生态要素的界定方面：静态视角还是动态视角？除仅从产业视角进行界定的弊端外，现有研究对于产业创新生态要素的界定主要是从静态视角展开的。尽管有学者已经认识到产业创新生态具有动态演化的特征，但是产业创新生态到底是如何形成的？在产业创新生态形成的过程中，系统构成要素之间的关系怎样？它们是同时变化，还是有顺序地变化？这都需要进行科学的分析和理解，以求抓住产业创新生态的本质。

第三，产业创新生态特征的界定方面：定量还是定性视角？现阶段有关产业

① 欧光军，雷霖，杨青，等．高技术产业集群企业创新集成能力生态整合路径研究［J］．软科学，2016，30（2）：33－38.

② 郭燕青，何地．新能源汽车产业创新生态系统研究——基于网络关系嵌入视角［J］．科技管理研究，2017，37（22）：134－140.

创新生态特征的研究也缺乏一般性和动态视角的认识，前者需要总结出产业创新生态的一般性特征，后者需要体现出产业创新生态发展的不同阶段会有哪些特征，此外，还需要考虑是否从定量角度对产业创新生态的运行状态和特点进行分析。现有研究主要是从定性角度对系统特征进行分析，这不利于产业创新生态的定量化分析，也不利于产业创新生态与其他经济现象的关系研究，这也是本书要解决的主要问题。

第二节　市场结构—市场行为—市场绩效的相关研究

“市场结构—企业创新—市场绩效”的关系研究是运用“市场结构（S）—市场行为（C）—市场绩效（P）”分析范式研究企业创新问题的集中体现，而企业创新作为企业策略性竞争行为的一种，已成为现阶段市场行为最重要的方面之一。因此，研究市场结构、企业创新与市场绩效的关系问题，就必须要借鉴 SCP 分析范式的研究思路。所谓 SCP 分析范式的理论问题，即是如何优化市场结构、引导市场行为以及提高市场绩效的问题，这主要从产业组织理论的角度进行分析。此方面的研究最早可以追溯到马歇尔（1890）提出的“生产要素理论”[①]，因为他第一次将“组织”作为生产要素进行分析。此后，随着博弈论、信息经济学、制度经济学、创新经济学以及可竞争市场理论的发展，在以梅森和贝恩为代表的哈佛学派提出传统 SCP 分析范式的基础上，芝加哥学派、新产业组织理论以及新奥地利学派等现代产业组织理论流派进一步对 SCP 分析范式进行了修正和发展。在国外已有研究的基础上，国内众多学者对 SCP 分析范式也进行了大量实证分析，并提出了众多有价值的新观点、新方法和新范式。

一、哈佛学派视角

（一）国外研究

哈佛学派的学说形成了系统的产业组织理论，早期的代表性观点首先包括爱德华·张伯伦（2009）[②] 和琼·罗宾逊（2012）[③] 的垄断竞争学说，在此基础之上，梅森（1939）在《大企业的生产价格政策》一书中提出了产业组织的理论

① 阿尔弗雷德·马歇尔．经济学原理［M］．北京：中华工商联合出版社，2017.

② 爱德华·张伯伦．垄断竞争理论［M］．北京：华夏出版社，2009.

③ 琼·罗宾逊．不完全竞争经济学［M］．北京：华夏出版社，2012.

体系和研究方向，而克拉克（1940）在《论有效竞争的概念》一文中强调政府的公共政策对于保持市场有效竞争的重要性。此后，梅森发展了克拉克的理论，提出了“是否有助于有效竞争”的“市场结构”和“市场绩效”标准，这也是产业组织两段论研究范式的雏形。哈佛大学的乔·贝恩（1959）继承了老师爱德华·梅森的研究成果，提出了不完整的SCP分析范式（成形的两段论研究范式）[①]，规范了产业组织理论体系，也标志了现代产业组织理论的正式形成。再之后，谢勒（1970）对这一范式进行了系统发展，对市场行为和市场绩效的关系进行深入揭示，并最终形成了哈佛学派的“市场结构—市场行为—市场绩效”的传统分析范式（三段论研究范式）[②]。哈佛学派认为需要在政府的有效调控下形成有利于有效竞争的市场结构，保持适当的市场集中度、产品差异化以及市场进入限制，需要对垄断等不完全竞争形态进行管制，并且更强调实证研究。由于该学派强调竞争是结构问题，提出市场竞争性程度确定的主要标准在于市场是否具有一定的集中性，强调市场结构决定市场绩效，高集中度能为企业带来垄断利润，但也降低了市场和社会绩效，因此，哈佛学派又被称之为“结构主义学派”。

（二）国内研究

相对于其他流派，哈佛学派的传统SCP研究范式在我国的应用研究成果较多，角度也较为丰富，同国外研究较为一致的是，国内研究大都是通过数理方法分析“S→C→P”单向关系。例如，李晓钟和张小蒂（2011）、王继东和杨蕙馨（2016）以汽车工业为研究对象，均通过实证发现市场集中度[③]、企业规模[④]等市场结构要素对市场绩效具有正效应，但他们的研究没有考虑市场行为的中介效应，不能成为完全意义上的传统SCP分析范式。相比较而言，严奇峰等（2013）的研究更加全面，他以中国台湾省金控产业为研究对象，发现在市场结构对市场绩效具有直接影响的前提下，市场行为受到市场结构的影响并对市场绩效具有直接影响[⑤]，即市场行为在市场结构对市场绩效影响的过程中具有中介效应。有的学者还通过引入其他市场结构变量对传统SCP范式进行修正，如张耀辉等（2005）运用市场交易制度变量修正传统SCP范式，从理论上验证市场交易制度

① 柴丽俊，李晓辉，高俊山．略论产业组织理论的起源与发展［J］．当代财经，2003（10）：91－93.

② 卫志民．20世纪产业组织理论的演进与最新前沿［J］．国外社会科学，2002（5）：17－24.

③ 李晓钟，张小蒂．中国汽车产业市场结构与市场绩效研究［J］．中国工业经济，2011（3）：129－138.

④ 王继东，杨蕙馨．中国汽车制造业市场结构与绩效关系［J］．经济与管理研究，2016，37（4）：78－85.

⑤ 严奇峰，杨耀鸿，林榅荷．市场结构、厂商行为与经营绩效关系研究——基于台湾省金融控股公司数据［J］．经济经纬，2013，30（3）：80－85.

与市场结果共同对市场绩效的影响①。尽管这方面的研究较少，但对本书的研究具有重要的借鉴意义。另外就是通过改变传统SCP范式的顺序对其进行修正，如叶栋梁等（2011）研究发现市场结构与关联交易规模之间具有负相关关系，这实际上是“S→P→C”研究范式在现实中的应用②。也有学者就市场结构对企业具体行为形式的影响作用进行分析，如唐厚兴（2017）基于理性行为视角，分析市场结构对企业的“市场换技术”战略行为的影响③。综合以上研究，可以发现我国学者分析现实问题时，已不局限于“S→C→P”思维，而是在结合实际的基础上，灵活地运用传统SCP范式解决问题。

二、芝加哥学派视角

（一）国外研究

20世纪70年代左右，随着美国传统产业优势的丧失，学界普遍认为严厉的反垄断政策是导致这一现象的主要原因，因此，在传统SCP分析范式的基础上，芝加哥学派的学者们开始对哈佛学派的学说进行修正，主要代表人物有施蒂格勒、德姆塞茨等。其中，施蒂格勒（1968）在《产业组织》一书中强调企业的规模经济并不是企业兼并的动因，只要有利于企业生存的规模都是“最佳”规模，政府管制才是降低市场效率和绩效的主要壁垒④，施蒂格勒的思想和著作标志着芝加哥学派市场结构理论思想的成熟。之后，波斯纳（1971）在《反托拉斯法：案例和经济学解释》一书中从“法和经济学”的角度进一步提出政府对市场结构采取严格的监管措施是不必要的；布罗曾和德姆塞茨从另一个角度支持了施蒂格勒的观点，前者强调即便企业的高利润与高集中度有关系，随着市场的逐步稳定，这种现象也会逐步消失，后者在1973年出版的《市场集中研究》一书中指出企业的高利润来自企业的经营效率而不是垄断力量⑤。芝加哥学派在更强调理论分析的基础上，对哈佛学派的“集中度—利润率”的假说进行了批判，强调高集中度下的高收益并不一定完全是垄断造成的，而可能是生产经营效率上升的结果，并且指出垄断企业并不需要政府特别管制，而是强调市场调节能力的

---

① 张耀辉，卜国琴，卢云峰．市场交易制度与市场绩效关系的实验经济学研究——对SCP分析范式的修正［J］．中国工业经济，2005（12）：34－40.

② 叶栋梁，秦炜婧，刘殊含．中国上市公司的市场结构与关联交易分析［J］．统计与决策，2011（2）：54－156.

③ 唐厚兴．市场竞争结构对“市场换技术”战略的影响研究［J］．科学学研究，2017，35（6）：907－916.

④ 乔治·施蒂格勒．产业组织［M］．上海：上海人民出版社，2006.

⑤ 夏大慰．产业组织与公共政策：芝加哥学派［J］．外国经济与管理，1999（9）：3－6.

重要性。由于该学派更加注重行为和绩效在市场中的作用（更偏重于绩效），即不是市场结构决定了市场行为或者绩效，而是市场行为或绩效决定了市场结构，因此，芝加哥学派又被称之为“效率主义学派”。

（二）国内研究

我国学者就“芝加哥学派的理论成果在中国是否适用”的研究较少，主要是在研究传统“S→C→P”范式不成立的情况下，发现了“效率主义”成立的依据。例如，陆奇斌等（2004）通过多个行业的消费者调查数据，发现在中国市场内，主要是市场绩效决定市场结构，而不是市场结构决定市场绩效[①]。之后，齐树天（2008）发现商业银行的X效率以及规模效率对企业绩效和盈利能力没有显著影响[②]，这实际上就是认为企业经营绩效的好坏是由其内生力量决定的。满媛媛等（2015）[③]、杨思静和谢志华（2015）[④] 的研究进一步证实了陆奇斌等和齐树天的结论，分别以银行业和审计业为研究对象发现市场结构对市场绩效几乎没有影响。综合以上分析，可以发现，相对于结构假说，效率假说也在我国金融等服务行业的市场中得到了印证，但由于以上研究没有进一步分析市场绩效对市场结构的反作用，因此，并不能完全证明芝加哥学派观点在我国金融市场的适用性。

三、新产业组织理论视角

（一）国外研究

到了20世纪70年代后期，由于芝加哥学派也缺乏适当的工具论证其理论逻辑的合理性，梯若尔以及萨勒普等学者将博弈论和信息经济学等学科的研究方法与产业组织理论相结合，从理论范式和研究方法上对传统的SCP分析范式进行了修正和创新，其中的相关理论观点在学术界被称之为“新产业组织理论”。其中，Salop（1979）通过非合作博弈理论对垄断竞争者的战略交互行为进行了分析，指出在短期内，小的成本变化无法改变价格的刚性，在长期内，固定成本的增加使企业数目减少、边际利润升高以及均衡价格降低[⑤]。与Salop的观点较为

① 陆奇斌，赵平，王高．中国市场结构和市场绩效关系实证研究——从消费者角度识别两者的关系［J］．中国工业经济，2004（10）：28－35.

② 齐树天．商业银行绩效、效率与市场结构——基于中国1994—2005年的面板数据［J］．国际金融研究，2008（3）：48－56.

③ 满媛媛，杨印生，孙巍．商业银行：效率、市场结构与绩效的关系研究［J］．数理统计与管理，2015，34（1）：125－141.

④ 杨思静，谢志华．市场结构、市场行为与审计市场绩效［J］．中央财经大学学报，2015（4）：58－63.

⑤ Salop S C. Monopolistic Competition with Outside Goods［J］. The Bell Journal of Economics，1979，10（1）：141－156.

类似的是，Schmalensee（1981）运用斯坦尔伯格模型对进入壁垒问题展开了三阶段博弈，发现进入壁垒不能成为在位厂商获得高额利润的理由①。Salop 与 Schmalensee 的观点实际上在一定程度上说明了市场绩效是企业博弈的结果。Shapiro（1983）通过博弈论工具分析厂商的质量行为和买者的购买行为，并建立了一个质量酬金模型，提出在质量不损害声誉的前提下，厂商倾向于提供低质量的商品②。这表明“策略性相互作用是影响企业行为选择的主要因素”。在 Shapiro 等学者研究的基础上，Roberts（1986）则运用信息经济学论证了掠夺性定价的“理性”成分，并指出通过厂商行为的选择，信息传递者可以影响接受者对信息的预测，进而影响接受者的行动策略③。此观点体现了“策略性行为→市场环境→影响竞争对手预测”的研究思路是新产业组织理论的主要内容之一。梯若尔（1988）在《产业组织理论》一书中运用博弈论分析方法对之前的产业组织理论体系进行了重新构架，进一步将研究重心从市场结构转向了市场行为，强调市场结构和绩效是厂商之间博弈的结果。新产业组织理论将传统产业组织理论的重心从市场结构转到了市场行为（厂商行为）上，提出市场结构与市场绩效都是厂商内部和外部博弈的结果，因此，哈佛学派传统 SCP 框架的静态单向关系就被复杂动态的双向关系所取代，传统产业组织理论的新古典假设就被不完全信息条件下的分析范式取代。基于市场行为在产业组织理论范式中重要性和受重视程度，因此，新产业组织理论又称之为“厂商主义学派”。

（二）国内研究

国内学者通过新产业组织理论和方法分析 SCP 关系的成果较少，相关研究主要体现在两个方面，第一，研究市场结构、市场行为以及市场绩效之间的关系，但所用方法与博弈论和信息经济学差别较大，多是运用一些统计回归工具进行实证分析。例如，陈希和褚保金（2005）以中国创业投资业为分析对象，在分别对市场结构、市场行为以及市场绩效进行测度并比较之后，发现在短期内，三者之间是单向的“S→C→P”关系，在长期内，三者之间是双向因果关系④。此观点的主要问题表现为研究方法的局限性，从本质上来说，此观点研究过程中运用的

---

① Schmalensee R. Output and Welfare Implications of Monopolistic Third - Degree Price Discrimination [J]. American Economic Review, 1981, 71 (1): 242 - 247.

② Shapiro C. Premiums for High Quality Products as Returns to Reputations [J]. The Quarterly Journal of Economics, 1983, 98 (4): 659 - 679.

③ Roberts J. A Signaling Model of Predatory Pricing [J]. Oxford Economic Papers, 1986, 38 (11): 75 - 93.

④ 陈希，褚保金．中国创业投资业的产业组织研究——基于 SCP 范式的中美创投业比较分析［J］．产业经济研究，2005（2）：61 - 73.

是观察法，研究结论的精确度不高。之后，易靖韬和赵锦兰（2010）采用调查数据并通过结构方程方法发现图书出版产业的市场结构、企业行为与企业绩效之间是相互影响的[①]，但由于此研究用的是问卷数据，其结果的精确性值得商榷。崔惠贤（2013）以保险业为例并基于企业层面的面板数据进行实证分析，发现企业的竞争行为与市场结构呈现双向因果关系，集团化行为与市场结构和绩效呈现负相关关系[②]，崔惠贤的研究运用的是行业中最具代表性的集团公司的数据，实证结论具有一定的客观性，但由于其研究对象主要为保险业，特定行业的结论对其他行业的指导意义有限。

第二，运用博弈论以及信息经济学的研究方法对企业行为进行探析，但对市场行为与市场结构、绩效之间的关系分析得不够深入。例如，任剑新（2004）在单一市场结构下，通过构建双寡头古诺厂商模型研究发现厂商的横向联盟行为可能会限制竞争，也可能会促进绩效[③]。与任剑新的研究思路相类似的是，梅开等（2009）也是在单一市场结构下，通过构建双寡头厂商的两阶段动态博弈模型研究发现专利联盟对于增加生产者剩余是有利的[④]。杜晓君等（2012）在任剑新、梅开等研究的基础上，通过子博弈精炼纳什均衡模型对不同标准下的专利联盟与市场绩效的关系进行了分析，发现双竞争专利联盟相对于单一专利联盟更有利于增加市场绩效和消费者剩余[⑤]，杜晓君等的分析结论在一定程度上解决了梅开等研究中遇到的问题。

综合以上分析，可以发现，我国学者运用新产业组织理论思维分析产业组织问题时，在研究方法的运用上更具有灵活性，这为本书的研究提供了思路和方法上的指导。另外，我国有关这方面的研究成果相对较少，也能说明本书的研究具有一定的现实和理论意义。

四、其他理论或学派视角

（一）国外研究

除以上几个主要流派外，其他一些理论或者学派的观点对 SCP 问题的研究也

---

① 易靖韬，赵锦兰．图书出版产业结构、企业行为与企业绩效［J］．财贸经济，2010（5）：96－108＋136.

② 崔惠贤．集团化、多元化对金融服务产业组织的影响——以保险产业为例［J］．产业经济研究，2013（2）：74－84.

③ 任剑新．单一市场结构下横向联盟的市场绩效与规制［J］．中国工业经济，2004（2）：42－47.

④ 梅开，杜晓君，杨昆明．单一市场结构下专利联盟的市场绩效分析［J］．科学学与科学技术管理，2009，30（8）：41－44.

⑤ 杜晓君，王小干，夏冬．基于不同标准的竞争性专利联盟的市场绩效研究［J］．科研管理，2012，33（7）：74－80.

是十分重要和不容忽视的。首先是新奥地利学派，代表人物包括哈耶克、Rothbard 等，他们强调高利润是市场竞争的“结果”，是引导企业重新配置资源并满足消费者需求的指示器，不要过分关注高利润的“垄断”效应；他们也强调竞争是一个动态过程，无法运用企业数目、集中度等指标进行测算，因为竞争来源于企业家精神。另外，此学派在信息不完全性的基础上，强调市场“至上性”和竞争“自由性”的重要性[①]，并提出确定一个产业的最佳厂商数量是不可能的，强调企业家间的竞争是互补竞争，有利于市场和社会的协调。其中，罗斯巴德（1962）提出政府的市场进入规制是不必要的，反对各种形式的反托拉斯法[②]。Krizner（1973）指出一些传统被认为是“垄断”形成的因素，如广告等，实际上是竞争的重要组成部分，它能为人传递信息，减少信息的不完全性[③]，并进一步强调企业家的趋利行为将推动市场趋于均衡。实际上 Krizner 和罗斯巴德对于市场垄断的看法是很相似的，即政府没有必要对垄断加以规制。哈耶克（1973）强调了“自发秩序的重要性”，即自发的市场力量能够创造出一种全面的社会秩序，这实际上也是强调市场干预的不必要性[④]。由于将产业组织理论看作是一个“人类行为科学领域”，因此，产业组织理论中的新奥地利学派又被称之为“行为主义学派”。

其次是可竞争市场理论。在芝加哥学派理论研究的基础上，Baumol 在 1982 年提出了可竞争市场理论，他强调只要市场是可竞争的，即便是高集中度的市场结构也是可以与效率并存的，主张放松对市场的政府规制[⑤]。此理论的一个主要特点就是认为市场是否是可竞争的与企业数量无关，而与沉没成本有关，因此，企业应该研究如何降低沉没成本（探索新技术与新工艺），政府的着眼点应该放在如何保持市场的可竞争性[⑥]。

最后就是新制度经济学派的交易费用理论分支，又被称为“后 SCP 学派”，

---

① 夏大慰，王步芳．新奥地利学派：产业组织学的行为流派［J］．山西财经大学学报，2004（5）：71－76.

② 穆雷·N. 罗斯巴德．人，经济与国家［M］．杭州：浙江大学出版社，2016.

③ 方世建，秦正云．2006 年度瑞典创业与小企业研究奖获得者——柯兹纳的企业家发现理论述评［J］．外国经济与管理，2007（3）：40－52.

④ 弗里德里希·冯·哈耶克．法律、立法与自由（第一卷）［M］．北京：中国大百科全书出版社，2000.

⑤ Baumol W. Contestable Markets：An Uprising in the Theory of Industry Structure［J］. The American Economic Review，1982，72（1）：1－15.

⑥ 夏大慰．产业组织与公共政策：可竞争市场理论［J］．外国经济与管理，1999，21（11）：9－11.

代表观点是由 Coase (1937)[①]、Alchian 和 Demsetz (1975)[②] 以及威廉姆森(1985)[③] 等提出的。他们通过企业内部的产权和组织结构分析企业行为，强调企业与市场一样也是资源配置的重要主体，企业规模的大小取决于市场交易费用是否大于企业内部的组织费用。

(二) 国内研究

新奥地利学派的产业组织理论观点在我国的应用主要集中在“企业家精神”及其对企业的市场绩效和竞争力作用方面，这抓住了新奥地利学派的产业组织理论的研究重点和主要观点，但国内研究主要是将“企业家精神”看作一个变量，忽视了它产生作用的内在机理，即“企业家精神”为何会发生作用，它是如何通过学习和发现知识来实现的。例如，欧雪银 (2013)[④]、程俊杰 (2016)[⑤] 通过实证研究发现企业家精神对企业的盈利能力以及市场结构具有显著影响。也有学者秉承了新奥地利学派的市场结构是“自发秩序”的理念，如王楠等 (2017) 将市场结构作为调节变量，研究工业企业研发行为对市场绩效的影响[⑥]，这实际是将市场结构看作是“自然存在”的秩序，进而将研究重心放在市场行为（研发行为）与市场绩效的关系上。

现阶段国内学者主要是将可竞争市场看作基本的市场形态，重点关注它与市场绩效之间的关系，忽略了“如何实现可竞争市场”这个核心问题。例如，侯艳良和王晓明 (2014) 通过实证得出外部可竞争性和内部可竞争性分别对市场绩效具有负面和正面作用[⑦]。当然，也有为数不多的学者抓住了“可竞争市场”的分析重心，他们从“如何为可竞争市场的实现创造条件”等角度进行研究，如刘小玄和张蕊 (2014) 研究了非经济垄断对于我国部分行业市场的可竞争性的影响[⑧]。

---

① Coase R. The Nature of the Firm: Origin [J]. The Journal of Law, Economics, and Organization, 1988, 4 (1): 3-17.

② Alchian A A, Demsetz H. Production, Information Costs, and Economic Organization [J]. IEEE Engineering Management Review, 1975, 3 (2): 21-41.

③ 奥利弗·威廉姆森. 资本主义经济制度：论企业签约与市场签约 [M]. 段毅力，王伟，译. 北京：商务印书馆，2002.

④ 欧雪银. 企业家精神与产业集聚关系研究新进展 [J]. 经济学动态，2013 (6): 132-141.

⑤ 程俊杰. 制度变迁、企业家精神与民营经济发展 [J]. 经济管理，2016, 38 (8): 39-54.

⑥ 王楠，张立艳，李思晗. 研发投入、市场结构对高技术企业绩效的影响 [J]. 中国科技论坛，2017 (7): 72-79.

⑦ 侯艳良，王晓明. 可竞争性、竞争性与中国工业市场绩效 [J]. 经济与管理研究，2014, 35 (10): 81-91.

⑧ 刘小玄，张蕊. 可竞争市场上的进入壁垒——非经济垄断的理论和实证分析 [J]. 中国工业经济，2014 (4): 71-83.

国内对于“后SCP学派”观点的运用更为灵活，有的学者在已有研究的基础上提出了一些新看法，如章美锦（2011）指出兼并本质上是企业对市场的替代，当企业边界扩大时，市场边界也会扩大，市场的竞争效应会削弱企业兼并所造成的垄断效应①。有的学者则是通过结合实际有了一些新发现，如王宛秋和聂雨薇（2016）运用交易费用理论对我国上市公司的并购事件进行分析，进一步证实得出“纵向一体化有利于并购绩效”的结论②。不足的是国内学者大都偏重于理论分析，实证研究较少，并且没有从如何节省“交易费用”的角度展开研究。

五、理论评述

综合国内外的研究现状，可以发现有关SCP分析范式的研究已经非常成熟，并形成了不同的流派。根据国内的研究情况来看，这些流派的观点在实践中都得到了不同程度的证实，因此，对于这些观点的认识不能停留在“是否更正确”这个层面上，而是需要根据研究对象和目的的不同，适时地运用不同流派的观点解决不同的问题。另外，随着时代的发展和各种产业的生命周期变化速度日益加快，产业组织理论表现出与其他经济理论逐步相融合的趋势，这从国内的研究现状中也有所体现。例如，有很多学者的研究不局限于计量经济以及博弈论等方法，而是在获取调研数据的基础上，进一步运用结构方程、社会网络等社会分析方法对市场结构、市场行为以及市场绩效之间的关系进行研究；有的学者在运用新奥地利学派的产业组织理论观点时，也经常结合创新经济学的思路和方法对实际问题进行解决。将产业组织理论区分为传统产业组织理论和新产业组织理论的时代正在结束（植草益等，2000）③。因此，本书在从产业创新生态视角研究市场结构、企业创新以及市场绩效之间的关系时，将结合产业组织理论、创新生态学、创新经济学以及社会分析方法的思路和方法进行探析。

第三节　创新生态与企业创新的关系研究

尽管企业创新是创新生态的重要组成部分（曹祎遐和高文婧，2015；颜永

① 章美锦．兼并与公司边界：交易费用理论的一个解说［J］．学术交流，2011（7）：88－90．

② 王宛秋，聂雨薇．纵向一体化、市场化程度差异与并购绩效［J］．国际商务（对外经济贸易大学学报），2016（3）：150－160．

③ 植草益等．日本的产业组织：理论与实证的前沿［M］．锁箭，译．北京：经济管理出版社，2000．

才，2015①），但现阶段有关创新生态与企业创新直接关系的研究成果很少，这里主要是就生态位、创新溢出以及创新网络与企业创新关系的研究成果进行综述，它们都是创新生态的重要组成部分或者影响要素。分析和总结它们与企业创新的关系对于研究"产业创新生态与企业创新的关系"具有直接的指导意义，对于研究"产业创新生态与市场结构、市场绩效的关系"以及"产业创新生态视角下市场结构、企业创新与市场绩效的关系"提供了重要的启示和思路。

一、生态位与企业创新

国外有关"生态位与企业创新关系"的研究较早并主要集中在"生态位与企业发展的关系"方面。例如，Hannan 和 Freeman（1989）②、Baum 和 Oliver（1996）③ 提出生态位对于企业占据所处环境的资源至关重要。可以看出，部分国外学者认为生态位与企业资源获取能力的关系十分紧密，这成为我国学者之后利用生态位理论研究创新问题的主要理论来源之一。

国内在此方面的研究主要是建立在国外研究的基础上。在确定生态位会对企业创新产生影响的前提下，我国学者主要是从生态位的资源、竞争以及作用等角度展开研究。例如，陈浩义（2010）④、朱瑞博等（2011）⑤ 以及黄江明等（2016）⑥ 提出企业所处生态位对于掌握信息资源进而提高企业技术创新能力非常重要。可以发现，我国学者有关此问题的观点与 Hannan 和 Freeman 等的观点基本一致，都强调生态位对于控制企业（创新）资源的重要性。

二、创新溢出与企业创新

国外有关"创新溢出与企业创新"的研究较早并在结合实际的基础上对创新溢出与创新行为关系的一般原理进行分析，也为我国的相关研究提供了理论基

① 颜永才．新常态下企业创新生态系统与自主创新战略研究［J］．科学管理研究，2015，33（5）：74－77.

② Hannan M，Freeman J. Organizational Ecology［M］．Cambridge，MA：Havard University Press，1989.

③ Baum J A C，Oliver C. Toward an Institutional Ecology of Organizational Founding［J］．Academy of Management Journal，1996，39（5）：1378－1427.

④ 陈浩义．基于创新信息生态位视角的企业技术创新能力构成研究［J］．图书情报工作，2010，54（20）：71－75.

⑤ 朱瑞博，刘志阳，刘芸．架构创新、生态位优化与后发企业的跨越式赶超——基于比亚迪、联发科、华为、振华重工创新实践的理论探索［J］．管理世界，2011（7）：69－97＋188.

⑥ 黄江明，丁玲，崔争艳．企业生态位构筑商业生态竞争优势：宇通和北汽案例比较［J］．管理评论，2016，28（5）：220－231.

础。例如，Jaffe（1989）提出企业 R&D 生产率会受到企业集群中其他企业 R&D 生产率溢出效应的影响①；Grupp（1997）指出意想不到的技术溢出对于企业利润和专利产出具有促进作用②；Audretsch 和 Keilbach（2008）提出“新知识的高水平投资不会形成高水平的竞争力”等知识悖论是由知识外溢造成的③。因此，国外研究首先肯定了创新溢出的存在，其次提出创新溢出的确会对企业创新产生影响，再次就是指出这种溢出活动往往是出乎意料的，最后提出溢出双方实力的非均衡性会导致创新溢出的非均衡性。

国内学者在改革开放日益深入的背景下，关于此方面研究的一个主要方向就是跨国公司或者 FDI 的创新溢出对我国企业创新是如何影响的。前者如高山行等（2010）提出跨国公司技术溢出对我国企业技术创新活动具有促进作用④；后者如沙文兵和李桂香（2011）根据高技术产业面板数据，指出 FDI 的创新溢出对内资企业创新能力影响呈现倒“U”形态势⑤，这与高山行等的观点不尽一致。之后，范如国和蔡海霞（2012）⑥ 的研究进一步证实了沙文兵与李桂香的观点。另一个主要方向就是结合我国企业实际情况，剖析创新溢出对我国企业创新的影响机制。例如，曹勇等（2016）以中国战略性新兴产业为例，提出研发新颖度在知识溢出与企业创新能力之间的关系中起到中介作用⑦，这在一定程度上揭示了知识溢出与创新能力间的内部作用机制。

三、创新网络与企业创新

国外首先提出创新网络这一概念的是 Freeman，他指出创新网络是应付系统性创新的一种基本制度安排，其主要联结机制是企业间的创新合作关系。之后，

① Jaffe A B. Characterizing the “Technological Position” of Firms, with Application to Quantifying Technological Opportunity and Research Spillovers [J]. Research Policy, 1989, 18 (2): 87-97.

② Grupp H. External Effects as a Microeconomic Determinant of Innovation Efficiency [J]. International Journal of the Economics of Business, 1997, 4 (2): 173-188.

③ Audretsch D B, Keilbach M. Resolving the Knowledge Paradox: Knowledge-Spillover Entrepreneurship and Economic Growth [J]. Research Policy, 2008, 37 (10): 1697-1705.

④ 高山行，徐新，李亚辉. 跨国公司技术溢出对我国企业创新产出影响的实证研究 [J]. 管理工程学报，2010，24（2）：7-12.

⑤ 沙文兵，李桂香. FDI 知识溢出、自主 R&D 投入与内资高技术企业创新能力——基于中国高技术产业分行业动态面板数据模型的检验 [J]. 世界经济研究，2011（5）：51-56+88.

⑥ 范如国，蔡海霞. FDI 技术溢出与中国企业创新产出 [J]. 管理科学，2012，25（4）：13-21.

⑦ 曹勇，蒋振宇，孙合林，等. 知识溢出效应、创新意愿与创新能力——来自战略性新兴产业企业的实证研究 [J]. 科学学研究，2016，34（1）：89-98.

Hadjimanolis（1999）[①]、Pekkarinen 和 Harmaakorpi（2006）[②] 等分别从国家和区域角度提出协同创新网络的主体包括企业、客户、供应商、中介机构等方面。同时，有的学者也在对创新网络构建与企业创新之间的关系进行研究，如 Rost（2011）[③]、Wang（2016）[④] 以及 Lim 和 Kidokoro（2017）[⑤] 等提出尽管弱关系能带来异质、新鲜的信息，但是信息获取的持续性有限，只有强关系才能推动知识、信息的整合和流动，从而持续推动创新活动的发展。以上研究结论说明国外学者更肯定强关系对于企业创新的作用。

国内有关此方面的研究更侧重对实际情况的分析和调查。例如，赵炎和孟庆时（2014）[⑥]、刘学元等（2016）[⑦]、陶秋燕等（2016）[⑧] 通过问卷调查，发现网络关系强度对企业创新绩效起到正向作用。此观点与 Rost、Wang 的研究结论基本一致，这说明"创新网络的强关系与创新绩效的正相关效应"在国内外具有一定的共识。

四、理论评述

尽管现有研究从生态位、创新溢出以及创新网络等方面对企业创新问题进行了比较翔实的分析，但只是间接地揭示了创新生态与企业创新的关系。例如，生态位与企业创新关系研究的目的是揭示企业等主体如何占据更多资源，但没有考虑主体间关系的重要性；创新溢出与企业创新关系研究的目的是揭示某个主体的创新资源如何外溢到其他主体，但并无明确指出外溢关系对溢出方和接受方会产生哪些影响，也没有指出这种关系是合作还是竞争，是有意识还是无意识；创新网络与企业创新的关系研究是为揭示创新主体间合作关系如何影响企业创新，但

---

① Hadjimanolis A. Barriers to Innovation for SMEs in a Small Less Developed Country (Cyprus) [J]. Technovation, 1999, 19 (9): 561 -570.

② Pekkarinen S, Harmaakorpi V. Building Regional Innovation Networks: The Definition of an Age Business Core Process in a Regional Innovation System [J]. Regional Studies, 2006, 40 (4): 401 -413.

③ Rost K. The Strength of Strong Ties in the Creation of Innovation [J]. Research Policy, 2011, 40 (4): 588 -604.

④ Wang J. Knowledge Creation in Collaboration Networks: Effects of Tie Configuration [J]. Research Policy, 2016, 45 (1): 68 -80.

⑤ Lim H, Kidokoro T. Comparing A Spatial Structure of Innovation Network Between Korea and Japan: Through the Analysis of Co - Inventors' Network [J]. Asia - Pacific Journal of Regional Science, 2017, 1 (1): 133 -153.

⑥ 赵炎，孟庆时. 创新网络中基于结派行为的企业创新能力评价 [J]. 科研管理，2014，35 (7)：35 -43.

⑦ 刘学元，丁雯婧，赵先德. 企业创新网络中关系强度、吸收能力与创新绩效的关系研究 [J]. 南开管理评论，2016，19 (1)：30 -42.

⑧ 陶秋燕，李锐，王永贵. 创新网络中不同主体关系强度配置与创新绩效关系——基于 QCA 的实证分析 [J]. 科技管理研究，2016，36 (9)：1 -5.

没有考虑主体与环境的交互作用。因此，在已有研究成果基础上，应该进一步分析创新生态与企业创新间的直接关系，以弥补现有研究不足，这也是本书分析产业创新生态与企业创新关系的主要方向。

第四节　市场结构、企业创新与市场绩效的关系研究

自从熊彼特以企业为分析载体第一次提出“创新”这一名词以来，以后的学者对有关企业创新的研究就没有间断过，并且从不同的角度展开剖析。产业组织理论学者也将其纳入其理论体系，并作为市场行为的重要组成部分，而现阶段有关市场结构、企业创新与市场绩效的关系研究主要也是在SCP分析范式的思路上展开的，即市场结构与企业创新的关系怎样？企业创新与市场绩效的关系怎样？它们之间是单向作用关系还是双向作用关系？出于本书研究目的的需要，本部分主要是对“市场结构与企业创新关系”以及“企业创新与市场绩效关系”等方面的文献进行总结和分析（“市场结构—市场行为—市场绩效”的相关研究的文献综述中已对“市场结构与市场绩效关系”方面的文献进行了总结和讨论）。

一、市场结构与企业创新的关系研究

（一）国外研究

国外学者对“市场结构与企业创新关系”问题研究得较早并形成了学界公认的一些经典结论，但观点并不统一。例如，熊彼特、Arrow以及Gilbert和Newbery等都提出市场结构与创新之间是简单的线性关系[①][②]；而谢勒、Mansfield等则提出市场结构与创新之间是倒“U”形的非线性关系[③]。之后，学者们对具体的市场形态与创新行为之间的关系进行进一步分析，如Aghion等（2005）指出均衡创新投入水平与市场竞争强度之间呈现“U”形关系[④]，Matsumura等

① Arrow K J. The Economic Implications of Learning by Doing [J]. The Review of Economic Studies, 1962, 29 (3): 155 - 173.

② Gilbert J, Newbery G. Preemptive Patenting and the Persistence of Monopoly [J]. The American Economic Review, 1984, 72 (3): 514 - 526.

③ Mansfield E. Size of Firm, Market Structure, and Innovation [J]. Journal of Political Economy, 1963, 71 (6): 556 - 576.

④ Aghion P, Bloom N, Blundell R, et al. Competition and Innovation: An Inverted - U Relationship [J]. Quarterly Journal of Economics, 2005, 120 (2): 701 - 728.

（2013）提出竞争性的寡头市场比垄断性的寡头市场导致更高水平的创新投入[①]，Aarstad 等（2016）经过实证发现同一区域内生产相关产品的企业数量越多，企业创新的驱动力越强[②]。从趋势上看国外学者大多认为创新行为的活跃程度与市场竞争程度是呈正比的。

尽管以上学者对市场结构与企业创新之间的关系进行了科学分析，但只是从市场整体角度展开研究，并将企业创新与市场结构的具体影响要素的关系分割开来。之后，学者们开始逐步就市场集中度、企业规模等市场结构的影响要素与企业创新的关系进行分析。这方面早期的研究如 Dasgupta 和 Stiglitz（1980）、Acs 和 Audretsch（1990）以及 Koeller（1995）的观点认为市场集中度[③④]、企业规模[⑤]与企业创新之间的关系并不具体，要根据产业和市场条件进行综合分析。早期研究的最终目的在于避免创新活动重复以及资源浪费，以达到市场资源配置的合理化。之后的研究内容更加具体。例如，Lee 和 Kang（2007）、Jung 和 Lee（2010）的研究中就发现后发国家通常依赖于大企业进行引进、模仿、消化吸收和追赶前沿技术[⑥⑦]，这是由于大企业存在规模经济和范围经济，可以为持续的技术引进提供资金支持；而 Radicic 等（2016）则以欧盟地区的传统制造业中小企业为研究对象，提出在政府支持的前提下，中小规模的企业的创新活动更加活跃[⑧]。从以上国外学者的观点中不难发现，市场结构要素对于企业创新的影响视区域、国家发展情况的不同而不同，其中，发展中国家和地区内，大型企业可能更有利于企业创新，发达国家和地区内，中小型企业可能更有利于企业创新。

---

① Matsumura T, Matsushima N, Cato S. Competitiveness and R&D Competition Revisited [J] . Economic Modelling, 2013, 31 (1): 541 -547.

② Aarstad J, Kvitastein O A, Jakobsen S E. Related and Unrelated Variety as Regional Drivers of Enterprise Productivity and Innovation: A Multilevel Study [J] . Research Policy, 2016, 45 (4): 844 -856.

③ Dasgupta P, Stiglitz J. Industrial Structure and the Nature of Innovative Activity [J] . The Economic Journal, 1980, 90 (358): 266 -293.

④ Koeller C T. Innovation, Market Structure and Firm Size: A Simultaneous Equations Model [J]. Managerial and Decision Economics, 1995, 16 (3): 259 -269.

⑤ Acs J, Audretsch B. Small Firms in the 1990s [A] //Acs J, Audretsch B (Eds.), The Economics of Small Firms: A European Challenge [M] . Boston: Kluwer Academic Publishers, 1990: 1 -22.

⑥ Lee K, Kang S M. Innovation Types and Productivity Growth: Evidence from Korean Manufacturing Firms [J] . Global Economic Review, 2007, 36 (4): 343 -359.

⑦ Jung M, Lee K. Sectoral Systems of Innovation and Productivity Catch - Up: Determinants of the Productivity Gap Between Korean and Japanese Firms [J] . Industrial and Corporate Change, 2010, 19 (4): 1037 -1069.

⑧ Radicic D, Pugh G, Hollanders H, et al. The Impact of Innovation Support Programs on Small and Medium Enterprises Innovation in Traditional Manufacturing Industries: An Evaluation for Seven European Union Regions [J] . Environment and Planning C: Government and Policy, 2016, 34 (8): 1425 -1452.

（二）国内研究

在市场结构与企业创新关系研究方面，国内关注的重心与国外不同。国内的主要研究方向不是分析具体的市场形态与企业创新之间的关系，而是探究市场结构要素的演化与企业创新之间的关系。国内有关这方面的研究主要是立足于国外相关研究结论，将企业分为大、中、小等规模层次并进行比较分析，如曲永义（2009）从技术创新的角度提出了与 Acs 和 Audretsch 相类似的观点，即大、中、小型企业技术创新的创新绩效取决于企业所在的产业特点以及企业自身的产业特性①。也有学者的研究结论与 Lee 和 Kang 等的观点基本一致，如张宗庆、郑江淮（2013）在技术无限供给条件下指出中国作为后发国家，企业进行产品与工艺创新活动的意愿随着企业规模扩大而逐步增强②。但也有学者得出了相反的观点，如成力为和戴小勇（2012）③、周方召等（2014）④ 以及张莉和李绍东（2016）⑤通过对工业企业层面和上市公司面板数据的分析，研究得出企业规模与企业研发强度之间存在显著的倒“U”形关系。以上研究主要是从企业规模的角度展开研究的，也有学者从市场集中度的角度进行分析，但结论并不一致，如李广瑜等（2016）发现市场集中度与创新产出具有正向关系⑥，而王昀和孙晓华（2018）通过实证后发现市场集中度的降低有利于削弱对大型企业研发投资的抑制因素所产生的作用⑦。总体看来，我国大部分学者认为垄断性市场有利于企业创新。

二、企业创新与市场绩效的关系研究

（一）国外研究

国外学者对“企业创新与市场绩效关系”问题的分析主要是建立在“产品创新如何影响市场绩效”的研究基础之上，起步较晚，影响力较弱，多关注于实证讨论。较早的研究如 Robinson（1990）通过实证检验发现产品创新对企业的市

---

① 曲永义．不同规模企业的技术创新绩效与政府的政策导向［J］．求索，2009（2）：58－60.

② 张宗庆，郑江淮．技术无限供给条件下企业创新行为——基于中国工业企业创新调查的实证分析［J］．管理世界，2013（1）：115－132.

③ 成力为，戴小勇．研发投入分布特征与研发投资强度影响因素的分析——基于我国 30 万个工业企业面板数据［J］．中国软科学，2012（8）：152－165.

④ 周方召，符建华，仲深．外部融资、企业规模与上市公司技术创新［J］．科研管理，2014，35（3）：116－122.

⑤ 张莉，李绍东．企业规模、技术创新与经济绩效——基于工业企业调查数据的实证研究［J］．财经科学，2016（6）：67－74.

⑥ 李广瑜，史占中，赵子健．中国高技术产业创新影响因素的实证检验［J］．经济与管理研究，2016，37（2）：85－90.

⑦ 王昀，孙晓华．加价能力、行业结构与企业研发投资——市场势力与技术创新关系的再检验［J］．科研管理，2018，39（6）：141－149.

场份额影响较大①。随着企业产品所带来的环境污染等问题日益显现，社会因素也成为企业创新与市场绩效关系研究的关注点，如 Pujari（2006）发现绿色新产品开发对市场绩效具有正效应②。这也应该是我国学者现阶段以及未来应该关注的焦点。企业创新经常是在行为战略的引导下展开的，而 Oh 等（2015）通过实证也检验出相对于“以新市场为目标的改进产品”等创新战略，“以现有市场为目标的改进产品”等创新策略对市场绩效的正向影响更为显著③。也有学者从“企业出口绩效”等特殊角度对此问题进行研究，如 Silva 等（2017）以出口产品为研究对象，发现企业的技术创新行为与产品的出口绩效正相关④。此结论使企业创新与市场绩效的关系研究更加全面。以上研究主要是从“静态”角度进行阐述，也有学者从“动态”角度对此问题进行讨论，如 Yalcinkaya 等（2007）、Hashi 和 Stojčić（2013）分别从动态能力视角⑤以及多阶段创新方法视角⑥进行研究后发现创新活动与企业绩效正相关。可见，大部分国外学者通过实证分析可以得出“企业创新有利于市场绩效”的结论。

（二）国内研究

相对于“市场结构与企业创新关系”的研究，我国学者对于“企业创新与市场绩效关系”的研究较少，主要从企业、产业以及区域等层面展开。企业层面上，如陆国庆（2011）⑦、胡明霞（2015）⑧、石俊国等（2017）⑨ 发现企业的创新投入、创新产出以及颠覆性创新等不同创新行为均对市场绩效的上升产生了正

---

① Robinson W T. Product Innovation and Start – Up Business Market Share Performance ［J］. Management Science，1990，36（10）：1279 – 1289.

② Pujari D. Eco – innovation and New Product Development：Understanding the Influences on Market Performance ［J］. Technovation，2006，26（1）：76 – 85.

③ Oh C，Cho Y，Kim W. The Effect of a Firm' s Strategic Innovation Decisions on Its Market Performance ［J］. Technology Analysis & Strategic Management，2015，27（1）：39 – 53.

④ Silva G M，Styles C，Lages L F. Breakthrough Innovation in International Business：The Impact of Tech – innovation and Market – Innovation on Performance ［J］. International Business Review，2017，26（2）：391 – 404.

⑤ Yalcinkaya G，Calantone R J，Griffith D A. An Examination of Exploration and Exploitation Capabilities：Implications for Product Innovation and Market Performance ［J］. Journal of International Marketing，2007，15（4）：63 – 93.

⑥ Hashi I，Stojčić N. The Impact of Innovation Activities on Firm Performance Using a Multi – Stage Model：Evidence from the Community Innovation Survey 4 ［J］. Research Policy，2013，42（2）：353 – 366.

⑦ 陆国庆．中国中小板上市公司产业创新的绩效研究［J］．经济研究，2011（2）：138 – 148.

⑧ 胡明霞．管理层权力、技术创新投入与企业绩效［J］．科学学与科学技术管理，2015，36（8）：140 – 149.

⑨ 石俊国，郁培丽，孙广生．颠覆性创新行为、消费者偏好内生与市场绩效［J］．系统管理学报，2017，26（2）：287 – 294.

向显著影响。这表明“企业创新有利于市场绩效”的结论在企业层面上具有一定的普遍性。产业层面上，企业创新对市场绩效的影响表现出了一定的“动态性”特征，如王海兵和杨蕙馨（2016）以全产业体系为研究基点，发现“创新驱动与产业发展体系在长短期相互不同有别”等创新型结论①。李巍（2015）②则在研究高技术产业的过程中，也得出了类似的结论。这说明产业在不同的发展情形下，企业创新与市场绩效的关系具有一定的异质性。区域层面的研究则表现出区域的异质性决定了企业创新与市场绩效的关系，如翟琼等（2015）以东部、中部和西部为比较对象，发现R&D投入对这三大区域的高新技术产业影响差异较大，其中对东部影响更为显著③。可见，我国学者大都认为企业创新有利于市场绩效的提升。

综合以上国内外学者的观点，可以发现，有关“市场结构与企业创新”的关系研究主要集中在“市场结构→企业创新”方面，有关“企业创新与市场绩效”的关系研究主要集中在“企业创新→市场绩效”方面。尽管Gort和Klepper（1982）④、Klepper（1996）⑤以及Biondi和Galli（1992）⑥等学者早期在进行“创新行为周期”等方面的研究时已指出“产品和工艺创新行为在不同的发展阶段对市场结构的影响不同”“技术创新对市场集中度、企业规模等市场结构要素具有显著影响”，另外，也有观点认为“市场绩效的导向和累积效应有利于企业创新”（杨治等，2017；尹美群等，2018）⑦⑧，但“企业创新→市场结构”以及“市场绩效→企业创新”方面的研究仍较少，并缺乏代表性，这也是本书关注的焦点之一。

---

① 王海兵，杨蕙馨．创新驱动与现代产业发展体系——基于我国省际面板数据的实证分析［J］．经济学（季刊），2016，15（4）：1351－1386.

② 李巍．战略导向均衡对产品创新与经营绩效影响研究［J］．科研管理，2015，36（1）：143－151.

③ 翟琼，宋正一，张哲，等．R&D投入对区域高新技术产业发展的影响［J］．经济地理，2015，35（8）：129－134.

④ Gort M，Klepper S. Time Paths in the Diffusion of Product Innovations［J］. The Economic Journal，1982，92（367）：630－653.

⑤ Klepper S. Entry，Exit，Growth，and Innovation over the Product Life Cycle［J］. American Economic Review，1996，86（3）：562－583.

⑥ Biondi L，Galli R. Technological Trajectories［J］. Futures，1992，24（6）：580－592.

⑦ 杨治，何丹，张鹏程．绩效导向文化对创新的影响［J］．科研管理，2017，38（9）：86－96.

⑧ 尹美群，盛磊，李文博．高管激励、创新投入与公司绩效——基于内生性视角的分行业实证研究［J］．南开管理评论，2018，21（1）：109－117.

三、理论评述

通过实证分析，国内外基于产业组织理论的SCP分析范式以及创新经济学的方法论，“市场结构—企业创新—市场绩效”的关系分析方面取得了较多具有理论和实践意义的结论，但仍有以下疑惑：企业创新是否对市场结构具有反作用？市场绩效是否对企业创新具有反作用？是否有其他变量在市场结构、企业创新与市场绩效的作用中产生影响？

从已有的结论可以看出，有关市场结构、企业创新与市场绩效的研究大都是在传统SCP分析范式内展开的，而“企业创新对于市场结构的作用”以及“市场绩效对于企业创新的作用”等方面的研究较少，这与产业组织理论的发展相比是极不平衡的。企业创新作为市场行为的重要组成部分，不能只停留在哈佛学派传统的SCP理论分析中。由于外部环境的不确定性增强，企业技术创新活动并不是封闭的，因此应该考虑环境要素等变量会在市场结构、企业创新与市场绩效的关系中产生什么作用，而已有研究大都没有考虑到此类问题的重要性。

本章小结

本章对涉及本书研究目的的一些基本问题、概念以及理论的相关研究成果进行了总结和综述，其中包括产业创新生态；市场结构—市场行为—市场绩效相关研究；创新生态与企业创新的关系；市场结构、企业创新与市场绩效的关系等方面。产业创新生态方面，主要对内涵、构成以及特征等方面的理论成果进行了综述，这为第三章进行产业创新生态方面的深入研究奠定了基础。市场结构—市场行为—市场绩效的相关研究方面，主要是对产业组织理论各个流派的研究成果进行总结和综述，这有利于从SCP分析范式的角度对市场结构、企业创新与市场绩效的关系机理进行深入认识。创新生态与企业创新关系的理论评述是为了后续研究产业创新生态和企业创新的关系做指引，为研究产业创新生态与市场结构、市场绩效的关系提供思路。市场结构、企业创新与市场绩效关系的理论总结是为后面章节讨论市场结构、企业创新与市场绩效的关系机理做铺垫。

第三章　理论分析与研究命题

本书的主要目的是从产业创新生态视角研究市场结构、企业创新与市场绩效的关系。在产业组织理论、技术创新经济学等研究领域中，企业创新作为市场行为的一种重要体现，它与市场结构和市场绩效的关系至今还没有统一定论，研究方法上也呈现多元化。例如，哈佛学派在研究 SCP 的单向以及静态关系问题中多运用新古典经济理论进行实证分析，而新产业组织学派在研究 SCP 的双向以及动态关系问题中多运用博弈论以及信息经济学等方面的理论和方法进行分析。因此，本章的主要目的不仅要从产业创新生态视角形成对市场结构、企业创新以及市场绩效的新认识，研究产业创新生态与市场结构、企业创新、市场绩效的关系机理，还要从产业创新生态视角分析市场结构、企业创新及市场绩效的关系，研究产业创新生态在市场结构、企业创新及市场绩效关系中的作用机制，以期为后续实证研究奠定理论基础。在理论分析基础上进一步提出本书的研究命题，以此作为后面实证分析中“理论假设”的依据。

第一节　产业创新生态的再解释

通过前面有关创新生态的文献梳理以及理论评述，可以发现创新生态以及产业创新生态的内涵、构成以及特征等理论问题的发展脉络以及不足，在此基础之上，本章将进一步对产业创新生态的内涵进行深入揭示和分析。

一般意义上创新生态的形成过程反映出创新生态的动力来源和运行规律[①]，可见创新生态的内涵与其形成过程密不可分。创新生态不是主体间的无序集成，而是按照某种层次关系组成，系统中各类创新主体都有清晰的定位。基于生态学

① 张贵，温科，宋新平．创新生态系统：理论与实践［M］．北京：经济管理出版社，2018.

和系统论，可以将创新生态的形成过程划分为创新源、创新组织、创新种群、创新群落以及创新生态系统五个层次（见图3-1），其中涉及空间集聚、跨界合作、创新网络等部分。

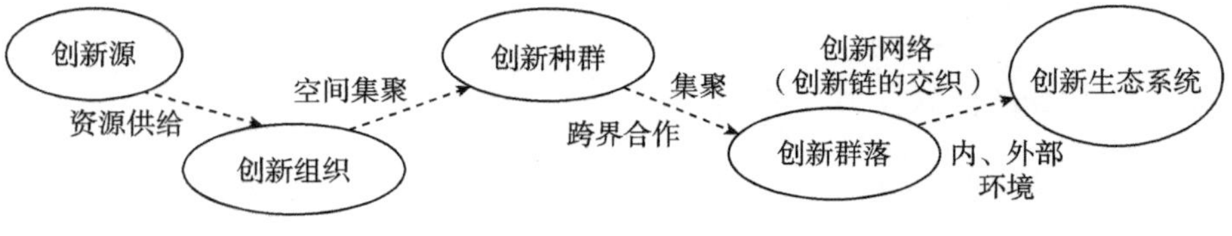

图3-1 一般创新生态的组织层次

资料来源：笔者整理。

由图3-1可知，创新生态的形成必须具备三个基本条件：一是创新生态是由多个创新源、创新组织、创新群落等创新主体以及创新链条组成，每个创新链条以及链条上的创新主体所发挥的作用不同，创新主体与创新链条之间相互协调；二是各个创新主体之间以及创新主体与创新链条之间可以进行要素和价值交换；三是各个创新主体以及创新链条在某种协调机制的作用下可以适应外部环境的持续变化。

在具备以上条件的基础上，结合产业的一般特征，可以发现产业创新生态系统本质上是各个创新主体以及创新链条在市场以及企业等各种机制的作用下经过创新资源的集成演化为创新价值链，创新价值链的交织形成创新网络，进而演化为开放系统。产业创新生态中的各个创新主体作为“具有创新能力并实际从事各种创新活动的人或社会组织”，在创新环境的影响下，通过产业体系内创新资源的交互作用，构成共存共生、动态演化的社会系统。

通过以上对产业创新生态形成过程的分析以及相关文献的总结，本书认为产业创新生态是指企业等创新组织在通过空间集聚和协同创新形成产业集群、产业联盟以及创新联盟等创新种群和创新群落的基础上，在创新的内外部环境相互开放的条件下，形成创新网络进而演化为以创新链、产业链和价值链为纽带的创新生态系统。因此，产业创新生态既是一个由创新源、产业链、价值链以及创新网络等要素组成的多元化、层次化和复杂化系统，又是一个自我演化的系统。从一般理论意义上说，产业创新生态是由多个子系统组成并且子系统之间具有交互性、网络性和开放性，是从“线性创新范式”向“创新生态环境范式”的转变。

第二节　产业创新生态与市场结构

一、市场结构的新认识

尽管随着可竞争市场理论、交易费用理论和博弈论等理论的引入，产业组织理论的分析基础、手段以及方法取得了重大突破，但现阶段有关市场结构内涵的表述并不完全一致（见表3-1）。

表3-1　产业组织各主要流派有关市场结构的核心观点

学派名称	提出观点	观点内容
哈佛学派（结构主义学派）	“集中度—利润率”假说	高市场集中度导致超额利润，破坏了资源的配置效率，应该维护竞争性的市场结构
芝加哥学派（效率主义学派）	“生存检验”“价格理论回归”	否定“集中度—利润率”假说，相信市场自我调节能力，反对反垄断
新产业组织理论（厂商主义学派）	厂商博弈决定市场结构和绩效	不再集中研究何为最优的市场结构，强调潜在进入者对市场在位企业的压力
新奥地利学派（行为主义学派）	竞争行为论和竞争过程论	否定“集中度—利润率”假说，强调知识的学习和扩散对市场结构的改变

资料来源：笔者在“李丹，吴祖宏．产业组织理论渊源、主要流派及新发展［J］．河北经贸大学学报，2005，26（3）：48-55”的基础上进行整理。

产业组织理论中传统意义上的市场结构是指某个产业中的买者之间、卖者之间以及买者与卖者之间相互关系的特征和形态①；市场结构的研究主要包括两方面的内容，一是产业内企业间的市场关系，如竞争、垄断，二是产业内企业间的组织关系形态，如产业集群、产业联盟，并集中体现在市场竞争和市场垄断的关系方面②，这也引发了竞争和垄断何为最优市场结构形态的争论。

随着经济全球化的程度日益加深以及信息技术的不断发展，各种行业的市场环境和影响要素的变化节奏加快，企业等市场主体在日益完善的产业创新生态中

① 魏后凯．中国制造业集中与市场结构分析［J］．管理世界，2002（4）：63-71.

② 张丽芳，张清辨．网络经济与市场结构变迁——新经济条件下垄断与竞争关系的检验分析［J］．财经研究，2006（5）：108-118.

自组织、自成长、自平衡、共生存、共适应、共进化，各种市场主体之间形成了动态的复杂交互型关系，各种行业的最优市场结构形态呈现出较强的异质性。因此，在产业创新生态发展的背景下，现阶段的市场结构内涵应该更加注重市场主体之间关系形态的各种外部环境影响要素。

根据表3－1的总结以及产业创新生态的特点，本书认为从产业创新生态视角可以对市场结构进行以下四个方面的理解：

第一，产业创新生态是介于市场与企业之间的中介制度安排与组织形式。产业创新生态跨越了传统企业组织的界限，它的开放性使得企业与企业之间的边界具有模糊性、动态性以及相对性等特征，企业的生态位出现重叠的概率也更高。在产业创新生态的作用下，企业通过比较交易成本与竞争成本，来决定是否与其他企业建立合作或者竞争关系；当交易成本大于竞争成本时，即形成竞争关系，当竞争成本大于交易成本时，即形成合作关系；同时，产业创新生态通过提供各种创新资源及创新平台，使系统中的企业更好地在相互合作、相互依赖的关系中生存发展。因此，产业创新生态使得市场中企业之间竞合关系的不确定性进一步增强。

第二，在产业创新生态作用下，市场的竞争环境日益复杂，市场机制会逐步淘汰那些无法有效“进化”并适应市场环境的企业。如同自然生态中的生物为了适应自然环境需要不断进化一样，处于产业创新生态中的企业为了适应不断变化的市场环境，也要实现从低级向高级的进化，以保持不断发展的动力。因此，在产业创新生态中，“动态的适应能力”将成为企业的核心竞争力。

第三，产业创新生态为企业营造良好的创新氛围，知识要素对于市场结构的影响愈加重要。在新进企业的知识成果被市场所接受的情况下，在位企业的市场地位会受到不同程度的影响，市场竞争性会得到增强；知识的扩散、外溢以及学习使企业等市场主体可以在花费较小交易成本的前提下获取市场势力，这也促进了市场竞争。因此，在产业创新生态中，知识逐步成为影响市场结构最主要的因素之一。

第四，在产业创新生态中，影响市场结构的因素更加多元化，市场结构的形态也呈现出多元化。市场结构不同，其运行特点以及产品差别程度不尽相同；行业不同，影响市场结构的因素不同，各行业的最优市场结构形态也不尽相同。在产业创新生态的作用下，由于影响市场结构的因素的种类和数量更多，不同行业的市场结构的异质性特征也更为明显，另外，行业的市场结构的演化频率也更高。

综上所述，在产业创新生态视角下，某个行业的市场结构基于行业特点和外部环境的变化，具有较强的异质性，它不仅受到产品差异化、规模经济以及进入与退出壁垒的影响，还将受到市场主体的“动态适应能力”、知识流动以及市场主体“生态位”的作用。产业创新生态作为企业与市场间的制度安排，使市场结构呈现出动态性变化趋势；在产业创新生态中，市场结构的竞争性或垄断性更加难以确定。

二、关系机理与相关命题

根据以上有关市场结构的新认识，这里主要研究产业创新生态如何影响市场结构的垄断性或竞争性。

（一）产业创新生态有利于增加市场的垄断性

第一，结合创新生态理论、技术外溢理论以及先动优势理论可以发现，产业创新生态使得不同创新主体之间加强了技术交流和协调互动活动，增加了企业整合其内外部知识源的能力，也使技术领先者掌握了更为丰富的技术秘密、诀窍和经验，进而积累创新知识与经验以获得学习曲线效应，减少了竞争对手学习和模仿的机会，遏制竞争对手跟进，增强自身在市场中的竞争优势①，这实际上是产业创新生态的学习机制进一步加剧了市场的垄断程度（见图3-2）②③。

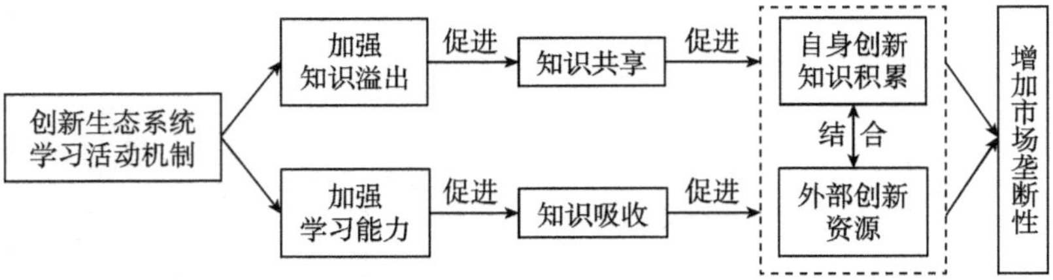

图3-2 创新生态学习机制对市场竞争作用关系

资料来源：笔者在“林健，曹静．论产业集群中的知识溢出与知识共享［J］．统计与决策，2007（14）：56-57”与“范黎波，张中元．基于网络的企业学习与治理机制［J］．中国工业经济，2006（10）：106-112”的基础上进行整理。

图3-2中，知识共享需要创新主体各方将隐性知识主动贡献出来，融合成合作创新所需的显性知识，此过程中所存在的知识溢出为创新主体各方之间的合作提供了知识基础；创新主体之间相互学习是一种合作创新的表现，这种创新不仅来源于创新主体自身的知识积累，更需要充分利用各创新主体之间的互补性知识，所以知识溢出是创新生态学习机制形成过程中必不可少的因素。在创新主体相互学习的过程中还需要对共享知识进行吸收并整合，学习能力将影响创新主体

① 姚小涛，席酉民．以知识积累为基础的企业竞争战略观［J］．中国软科学，2001（2）：101-105.

② 林健，曹静．论产业集群中的知识溢出与知识共享［J］．统计与决策，2007（14）：56-57.

③ 范黎波，张中元．基于网络的企业学习与治理机制［J］．中国工业经济，2006（10）：106-112.

各方对溢出知识的吸收转化能力，吸收转化能力越强，创新主体就能更大程度地获取和利用外部资源。

第二，结合创新生态理论、资产专用性理论以及资源依赖理论可以发现，产业创新生态中的弱势主体为了保持和提升自身的市场地位而开发技术，在此过程中，它们倾向于选择系统中的技术领先者作为合作伙伴，这使弱势主体追加的“专用性”协同研发资源很可能会变成沉没成本而无法收回，进而造成弱势主体“弱者更弱”的“马太效应”或者不敢轻易与强势主体合作。例如，在我国汽车产业中，“上游企业对下游企业的资产专用性”对上游企业的创新活动及其积极性具有不利影响，这使上游企业的固定资产投入越多，研发投入越少[①]。

（二）产业创新生态有利于增加市场的竞争性

第一，结合创新生态理论和网络外部性理论可以发现，产业创新生态中创新主体的发展在一定程度上建立在集成创新产品和互补配套技术之间所形成的依存关系中[②③]。当依存关系较弱时，市场竞争主要表现为在位企业间的竞争；当依存关系较强时，市场竞争不仅包括在位企业间的竞争，也包括新进企业的竞争威胁，市场竞争性相对更强；互补配套技术开发的难度与这种“依存关系”以及企业竞争优势呈反比。

互补配套技术开发难度越强，其要“发挥对集成创新产品的支持作用”所需的时间可能就越长；由于缺乏互补配套技术的有力支撑，集成创新产品将无法满足消费者所设定的技术轨道。集成创新产品能否满足消费者的需求不仅关系到产品能否实现商业化，也关系到产品的发展方向；创新生态中的企业主体外部边界日益模糊化，使得消费者能够参与到产品的设计、生产以及升级等活动中，消费者的“用中学”活动对于在位企业创新优势的获取日益重要。因此，缺乏互补配套技术使在位企业无法获得“消费者对于创新活动的驱动作用”，在位企业自身的创新和市场规模会受到严重限制；在这种情况下，不仅其他在位企业有充足的追赶和竞争空间，并且新进企业也会利用集成技术的外溢，实现产品的突破性创新，进入市场并占据一定的市场份额。

互补配套技术开发难度越强，在位企业为了获取技术垄断带来的超额利润，有可能进入互补配套产品的市场领域，开展多元化经营，使互补配套技术内部

---

① 孙晓华，郑辉．买方势力、资产专用性与技术创新——基于中国汽车工业的实证检验［J］．管理评论，2011，23（10）：162－170.

② 张利飞，吕晓思，张运生．创新生态系统技术依存结构对企业集成创新竞争优势的影响研究［J］．管理学报，2014，11（2）：229－237.

③ Adomavicius G，Bockstedt J，Gupta A，et al. Technology Roles and Paths of Influence in an Ecosystem Model of Technology Evolution［J］. Information Technology & Management，2007，8（2）：185－202.

化，这可能会造成在位企业的创新资源分散。另外，由于互补配套技术与集成创新产品之间的关系具有强烈动态性，在位企业在投资互补配套技术的情况下，必须能够保证自身不受其他创新项目资产“专用性”的影响，避免技术开发所形成的路径依赖。新进企业可以通过专业化生产，运用专利布局等手段，集中有限资源与在位企业竞争，形成局部竞争优势。其他在位企业基于相同目的，也有可能调整投资方向，进入互补配套产品领域；为避免与在位企业产生专利冲突，其他在位企业可能会选择投资其他互补配套产品，这在一定程度上削弱了在位企业的竞争优势。

第二，结合创新生态理论和企业竞争理论可以发现，产业创新生态所引发的商业模式创新有利于增强企业竞争力。商业生态系统是创新生态的重要组成部分，商业生态系统的创新将会引发商业模式的创新。随着社会网络化程度不断加深，现阶段的企业竞争已经转化为商业模式之间的竞争，而商业模式竞争的动力来源于商业模式的创新。所谓商业模式的创新是指企业价值创造方式的变革，它将新的商业模式引入到企业的生产体系，进而创造新的价值体系[①]。这种新价值体系的建立不仅需要摒弃单纯的“顾客价值”创造思维，还需要关注价值创造过程中“外显和内隐”的合作者，这有利于构建一个联结消费者、企业以及其他参与者的新型合作网络。

基于产业创新生态的商业模式创新主要包括两方面：一是对于新资源的充分挖掘以及现有资源的有效利用；二是商业创新与外部环境的匹配。前者的主要作用在于培养企业核心竞争力，后者的主要作用在于为企业可持续发展营造一个共生共赢的生存环境。两者对于提升企业竞争水平都具有重要作用。例如，我国电动汽车市场中，相对于在位企业，新进企业的竞争优势更为凸显，其主要原因在于后者的商业模式更具优势，这使新进企业的产品更能满足消费者的异质需求和个性化价值要求[②]。

（三）市场结构包含于产业创新生态之中

产业创新生态处于企业与市场的中间层次，使各个企业主体处于共生演化之中，企业的经济活动已嵌入到产业创新生态中，企业之间的关系已经不是单纯由产品价格、产品质量、企业规模以及市场份额来决定，而主要是由企业与其他主体之间的社会关系所影响。在市场中，企业已不再是单一的竞争者，而是作为创新

---

① 李剑玲，王卓．商业生态系统商业模式创新［J］．学术交流，2016（6）：124－129.

② 章博文，李显君．商业模式与新进入者领先：来自电动汽车产业的实证研究［J］．科技进步与对策，2018，35（2）：59－65.

生态的一部分参与竞争①，因此，市场竞争或者企业间竞争已经升级到企业所依赖的创新生态之间的竞争，市场结构变化所涉及的经济、社会等因素呈现出多元化。另外，产业创新生态的发展将进一步引发产业的空间关联，产业空间关联对产业转移具有显著影响②，而产业的转移与空间分布对产业的市场结构将产生不确定性影响。因此，在产业创新生态内，市场结构变化的不确定性进一步增强。

根据以上理论分析，在外部市场、技术环境的不确定性较强并且知识资源分布不均的前提下，基于“企业具有持续并高效地进行创新活动的需求”等条件，本书提出以下命题：

命题1a：产业创新生态为企业间技术交流的加强提供条件和环境，这增强了企业整合内外部创新资源的能力，提升了技术领先者的竞争优势，并遏制竞争对手跟进，进而增加了市场垄断性。

命题1b：产业创新生态促使弱势主体与技术领先者进行合作，“逼迫”弱势主体加强专用性资源的投入，使弱势主体形成大量沉没成本，形成了弱势主体“弱者更弱”的“马太效应”，进而增强了市场垄断性。

命题1c：产业创新生态的发展促使集成创新产品和互补配套技术之间形成较紧密的依存关系，互补配套技术开发难度越强，集成创新产品商业化难度越高，集成产品企业进入互补配套技术产品领域的动力越强，这促使其他在位企业积极进入相同产品领域以及新进企业积极进入市场，在位企业的竞争空间提升，进而增强了市场竞争性。

命题1d：产业创新生态的发展引发企业商业模式的创新，促使企业尽力挖掘各种资源，使企业竞争上升为商业模式的竞争，进而增强市场竞争性。

根据以上研究命题，可以进一步提出以下理论模型（见图3-3）：

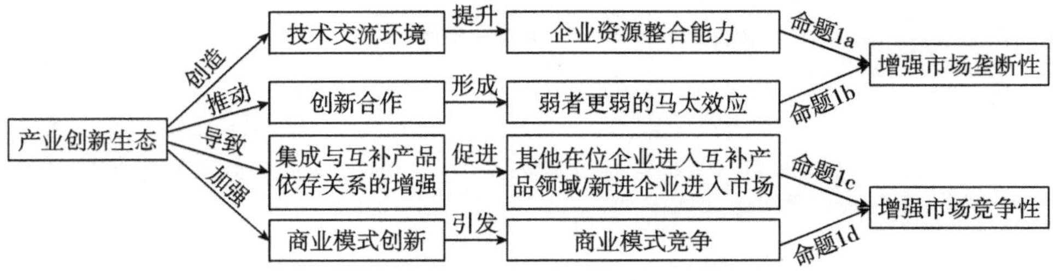

图3-3 产业创新生态与市场结构关系机理的理论模型

① 樊霞，贾建林，孟洋仪．创新生态系统研究领域发展与演化分析［J］．管理学报，2018，15（1）：151-158.

② 温科，张贵．京津冀产业空间关联网络特征及其转移效应研究［J］．河北工业大学学报（社会科学版），2019，11（1）：1-12.

第三节 产业创新生态与企业创新

一、企业创新的新理解

（一）企业创新与市场行为的关系

作为联结市场结构和市场绩效的中间环节，市场行为是指企业为达到自身经营目的和实现自身绩效而对现实做出的反应以及决策①，其中，企业的经营目的和自身绩效是其市场行为不断修正的动力和原因。企业的市场行为受到内外部各种要素的影响。其中，内部要素主要是指企业内部的权力关系，它决定着企业的性质及其演化；外部因素包括企业所在行业的市场结构和市场绩效，这在之前文献研究中已论述，另外还包括宏观的市场政策和制度。

市场行为主要包括以下三类：

第一，策略性行为，也称为定价行为或短期性市场行为。此类行为的主要目的是通过“阻止进入定价、驱除定价以及歧视定价”等行为阻止和限制竞争对手，具体表现为限制性定价②和掠夺性定价③。

第二，产品选择④⑤、成本控制⑥以及企业组织调整行为，也称为中期市场行为或中期策略性行为。在稍长的市场竞争过程中，当企业不能从短期的定价策略当中获取超额收益时，企业便会运用一些非价格的行为策略，具体表现为产品选择、成本控制、生产调整以及企业组织调整等方面，这些行为可以通过简单调整现行产品和可行成本的集合对产品特性和成本结构进行改变。

---

① 杨公朴，夏大慰．现代产业经济学（第二版）［M］．上海：上海财经大学出版社，2005.

② Bian J. A Note on Pricing in Monopoly and Oligopoly ［J］. American Economics Review, 1949, 39 (2): 448 – 464.

③ Romano R, Berg S. The Identification of Predatory Behavior in the Presence of Uncertainty ［J］. International Journal of Industrial Organization, 1985, 3 (2): 231 – 243.

④ Eaton B, Lipsey R. The Theory of Market Pre – emption: The Persistence of Excess Capacity and Monopoly in Growing Spatial Markets ［J］. Economica, 1979, 46 (182): 149 – 158.

⑤ Farrell J, Saloner G. Installed Base and Compatibility: Innovation, Product Preannouncements, and Predation ［J］. American Economic Review, 1986, 76 (5): 940 – 955.

⑥ Salop S, Scheffman D. Cost – Raising Strategies ［J］. Journal of Industrial Economics, 1987, 36 (1): 19 – 34.

第三，广告[①]和企业创新，也称为长期市场行为或长期策略性行为，它可以通过对现行产品和可行成本进行较大程度的改变和修正来优化产品特性和成本结构，进而扩大企业选择的范围。其中，广告行为对社会收益和成本、市场结构以及市场进入壁垒都具有重要影响。产业组织理论中研究的企业创新范畴主要是指技术创新[②]。作为市场行为的重要组成部分，同时也作为企业长期战略行为的主要表现，企业创新的具体作用体现在企业价格影响、专利保护以及标准竞争等方面。

综上所述，可以得出本书所研究的企业创新与市场行为的关系（见图3－4）[③]。

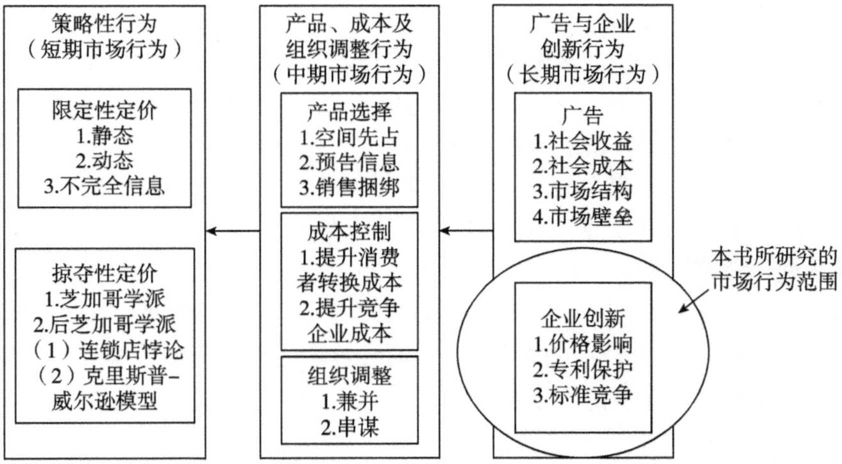

图3－4 企业创新与市场行为的关系

资料来源：笔者在“杨公朴，夏大慰．现代产业经济学（第二版）［M］．上海：上海财经大学出版社，2005”的基础上进行整理。

（二）企业创新

本书从产业组织理论角度分析了企业市场行为，并进一步探究企业创新在市场行为中的作用和地位，明确了企业创新在SCP分析范式中的重要性。与产业组织理论的重点研究方向相对应，本书将以技术创新作为企业创新的主要研究范畴。

基于本书的研究目的，还需从产业创新生态视角对企业创新的内涵进行剖析。自从熊彼特首先提出创新的“五新”内涵后（引进新产品、引用新技术、

① Nelson P. Advertising as Information［J］. Journal of Political Economy，1974，82（4）：729－754.

② 芮明杰，余东华．西方产业组织理论中技术创新思想的演进与发展［J］．研究与发展管理，2006，18（4）：1－7＋14.

③ 杨公朴，夏大慰．现代产业经济学（第二版）［M］．上海：上海财经大学出版社，2005.

开辟新市场、控制原材料的新来源以及实现工业的新组织），众多学者对产品和工艺视角下的创新内涵进行了大量讨论，更强调创新是新技术的首次应用①。综合来说，技术创新是企业基于市场需求将创新成果商业化的过程②；是企业家以获取商业利益为目标重新组织生产条件和要素的过程③。

随着信息技术的不断发展，产业创新生态的演化已经逐步超越企业、产业、区域以及国家的边界限制，创新资源加速流动、整合效率不断提高；创新主体之间交互日益频繁，并形成了网络交互关系，创新链条逐步生态化，这推动着企业创新由封闭转向开放。因此，产业创新生态从外部环境角度赋予了企业创新更多的意义：

第一，从线性创新转向网络创新。企业等创新主体进行创新活动的直接原因主要包括两方面，即市场竞争的拉动与技术竞赛的推动；为获取市场竞争力和创新成果带来的差别优势，企业等创新主体长期将创新活动看作是“基础研究→实验分析→实践应用→成果转化→价值实现”的线性的、周而复始的投入产出行为；尽管此种观点有利于推动企业产生“自主创新”意识，但也限制了其对外进行联合创新的主动性。另外，事实证明，创新成果与价值经常是基于创新的开放性和外溢性而产生，其与创新投入之间有时并无“必然联系”。随着现阶段各行业产业创新生态的逐步生成以及创新环境开放性、创新资源外溢性、创新制度完善性的不断增强，企业应不断提升其“成创新结点”“做创新链条”和“占据创新网络结构洞”的意识，修正自身单纯的“线性创新思维”，在培育自身所处“创新链”的基础上，与其他创新链条上的创新主体加强创新联系，做到“以点带链”“以链带网”“以网带面”，进而形成“产—产”“产—学—研”“政—产—学—研”以及“政—产—研—用”等多种创新链条交汇的创新网络，实现网络创新，进而节省自身的交易成本，获取超额收益。

第二，从封闭创新转向开放创新。产业创新生态为企业赋予了开放式的创新环境，在这其中，各个创新主体通过开放创新活动形成有效的竞合共生关系，进而促进资本、知识等创新资源流动，各创新主体共享价值观并且形成合作共赢的关系。因此，开放创新与封闭创新具有本质区别。

第三，从自主创新转向“自主创新+合作创新”。自主创新的主要特征是企业依靠自身创新能力和资源开发新产品、新工艺、新技术，它主要在企业内部展

---

① Utterback J M. Innovation in Industry and the Diffusion of Technology [J]. Science, 1974, 183 (4125): 620-626.

② 陈文化，彭福扬. 关于创新理论和技术创新的思考 [J]. 自然辩证法研究，1998 (6): 38-42+47.

③ 傅家骥. 论中国的技术改造及其理论基础 [J]. 技术经济，1988 (Z1): 2-9.

开；而合作创新的主要特征是各个创新主体基于共同目标和外部环境进行创新分工与合作，合作双方通过“契约”减少交易成本，确定合作边界，并按照契约内容共担风险、共享收益。

综上所述，产业创新生态视角下的企业创新还具有网络性、开放性及合作性等特点。

（三）企业创新的分类

现阶段，对企业创新的分类角度主要包括以下几种（见表3－2）：按照如何节省生产要素的投入进行分类，包括节省劳动的创新、节省资本的创新以及中性创新①；按照重要性进行的苏塞克斯（SPRU）分类，包括渐进性创新、突破性创新、技术系统变革以及技术—经济范式的变革②；按创新战略分类，包括自主创新、模仿创新以及合作创新③。

表3－2 传统的企业创新分类

分类基准	分类	类别内容
节省生产要素投入	节省劳动创新 节省资本创新 中性创新	使产品生产和价值中的“活劳动”比例减少的创新活动 使产品生产和价值中的“物化劳动”比例减少的创新活动 使产品生产和价值中的“活劳动”和“物化劳动”比例不变
重要性	渐进性创新 突破性创新 技术系统变革 技术—经济范式变革	连续地进行积累性质的技术改进，技术变化不大 首次引入的或者观念上的创新，使产品或工艺发生根本性改变 具有严密计划，使技术体系发生根本变革，可能产生新兴产业 多个技术体系发生变化，形成多个创新群，影响多个经济部门
创新战略	自主创新 模仿创新 合作创新	企业通过自身努力和积累进行技术攻关以及实现技术的商业化，进而获取经济收益和自主知识产权 企业通过向率先创新者学习创新的思路、经验和行为，通过购买或引进等方式获得先进技术，并对技术进行改进、吸收 企业、高校与研究机构等创新主体间进行联合创新，基于资源的共享或互补，组成创新分工集体，共同分享创新成果和收益

资料来源：笔者整理。

① Hicks J. The Theory of Wages [M]. London: Macmillan, 1932.

② Dosi G. Sources, Procedures, and Microeconomic Effects of Innovation [J]. Journal of Economic Literature, 1988, 26 (3): 1120－1171.

③ 傅家骥，仝允桓，高建，等. 技术创新学 [M]. 北京：清华大学出版社，1998.

由此可见，基于多元化的研究需要，学界企业创新并无统一的分类标准，但通过对以上企业创新内涵以及分类的研究可以发现，在具备创新能力的前提下，企业创新及其过程和手段都要在产品和工艺等载体上实施和展开；另外，产业创新生态视角下的企业创新具有网络性、开放性以及合作性等特征。因此，本书主要是从“创新能力”角度和“创新本质”角度对企业创新进行分类，如表3-3所示。

表3-3 本书的企业创新分类

分类角度	类别	行为属性	行为方向	行为功能
创新能力	研究与试验开发活动	自主创新	创新投入	基础、应用研究及试验开发
	技术购买和引进活动	开放创新	创新投入	从企业外部获取创新成果
	知识产权活动	自主与开放创新	创新产出	创新成果商品化的保障
创新本质	产品创新	自主创新	创新投入	调整和优化产品结构
	工艺创新	自主创新	创新投入	技术改造和吸收

资料来源：笔者整理。

从“创新能力”角度可将企业创新分为研究与试验开发活动①、技术购买和引进活动②、知识产权活动③。其中，研究与试验开发活动集中体现了企业的自主创新能力④；开放创新强调企业应充分利用内外部资源进行技术开发和创新活动⑤，而技术购买和引进活动能够表示企业的知识搜索能力和知识获取能力⑥，因此，从企业角度看，技术购买和引进活动等类别的创新活动在一定程度上能够

① Love J H, Roper S. The Determinants of Innovation: R&D, Technology Transfer and Networking Effects [J]. Review of Industrial Organization, 1999, 15 (1): 43-64.

② 谢子远，黄文军. 非研发创新支出对高技术产业创新绩效的影响研究 [J]. 科研管理，2015，36 (10): 1-10.

③ 陆介平，马维野，陈明媛，等. 基于专利创造的我国县域创新能力和产业竞争力分析 [J]. 科学学与科学技术管理，2015，36 (5): 42-50.

④ 曹洪军，赵翔，黄少坚. 企业自主创新能力评价体系研究 [J]. 中国工业经济，2009 (9): 105-114.

⑤ Chesbrough H. Open Innovation, the New Imperative for Creating and Profiting from Technology [M]. Boston: Harvard Business School Press, 2003.

⑥ Cohen W M, Levinthal D A. Innovation and Learning: The Two Faces of R&D [J]. The Economic Journal, 1989, 99 (397): 569-596.

代表企业的开放创新能力[①]；知识产权活动是自主创新和开放创新的成果体现[②]。

“创新能力”角度的各类创新行为的具体功能和内容体现在以下方面：

研究与试验开发活动（R&D 活动）：“是在一个系统基础上的创造性工作，其目的在于丰富有关人类、文化和社会的知识库，并利用这一知识进行新的进展”（OECD，1981），包括基础研究、应用研究以及试验开发三种活动。它是企业创新的前期阶段，是企业创新的投入及其成功的物质和科学基础。

技术购买和引进活动：企业购买境内和境外其他企业或创新主体的科技成果。

知识产权活动：主要包括三方面的内容：一是企业内部自身的发明创造或者创新成果要借助专利制度获得法律上的保护；二是企业与多个竞争对手同时处于开发研究的前提下，要及时进行专利申请；三是知识产权活动贯彻于“创新投入→创新实施→创新市场化→创新市场收益”的技术创新活动的始终[③]。

可见，对于技术创新而言，知识产权活动的主要内容就是专利活动。知识产权活动赋予了技术创新活动和创新成果的“排他性”，是创新成果权利化、商品化以及资本化的重要保障，激励和保护企业的技术创新活动。

从“创新本质”角度分类即是从“产品和工艺是创新载体”的创新行为本质出发可将企业创新分为产品创新和工艺创新[④]。

产品创新：包括采用新技术、新设计构思、生产全新产品、在产品材料以及内部结构上进行明显改进、在产品性能和功能上进行明显提升等活动。新产品开发对于推动企业技术更新换代、调整和优化产品结构、增强企业竞争能力、适应市场的需求和变化具有重要作用。实践证明，在企业运用创新资源进行产品创新时，需要发挥企业内部 R&D 能力的中介作用[⑤]，因此，产品创新表现企业内部的 R&D 能力，并在一定程度上体现企业的自主创新能力。

工艺创新：过程创新，它是对产品生产方法和技术的重大变革与改进，包括新技术、新方法、新设备以及新工艺等方面。工艺创新使企业获得成本优势，并通过改善产品的市场供给条件，使企业在市场竞争中处于有利地位。工艺创新主

① 倪自银，刘强．开放创新模式下企业技术创新能力的研究［J］．软科学，2013，27（10）：59－63.

② 保永文．知识产权保护、技术引进与中国制造业技术创新——基于面板数据的实证检验［J］．国际贸易问题，2017（6）：38－49.

③ 盛辉．论企业技术创新过程中的知识产权保护［J］．科技管理研究，2007（1）：145－147.

④ Abernathy W，Utterback J. Patterns Patterns of Industrial Innovation［J］. Technology Review，1978，80（7）：40－47.

⑤ 刘敏，田增瑞，徐凯．企业 R&D 能力在知识获取和产品创新间的中介作用［J］．研究与发展管理，2010，22（6）：90－96.

要包括技术改造和吸收活动①，其中，技术改造是将购买的科技成果应用于生产的各个领域，用先进技术、工艺以及设备代替落后的技术、工艺以及设备；技术引进是将从境外购买的技术成果进行掌握、模仿、复制而开展的工作。此项活动体现了企业的知识消化能力以及知识应用能力。可见，工艺创新在一定程度上是对技术购买和引进活动的“内化”，是将企业开放创新能力转化为自主创新能力的过程。

从以上分析可以看出，各类企业创新行为之间是相互联系、相互渗透的，如企业在进行 R&D 活动以及新产品开发活动时，新产品开发成果可能会被申请为专利，对外吸收或者对内购买的技术可能会成为新产品开发成果的重要技术条件；产品和工艺创新之间是互补关系。另外，“创新能力”和“创新本质”这两类企业创新行为之间也是相互关联的，前者为后者提供“能力条件”，即 R&D 等活动的展开为产品和工艺创新的进行创造了条件；后者则为前者提供“表现载体”，即企业创新能力，尤其是自主创新能力，在很大程度上是通过产品和工艺创新体现出来的（见图 3－5）。

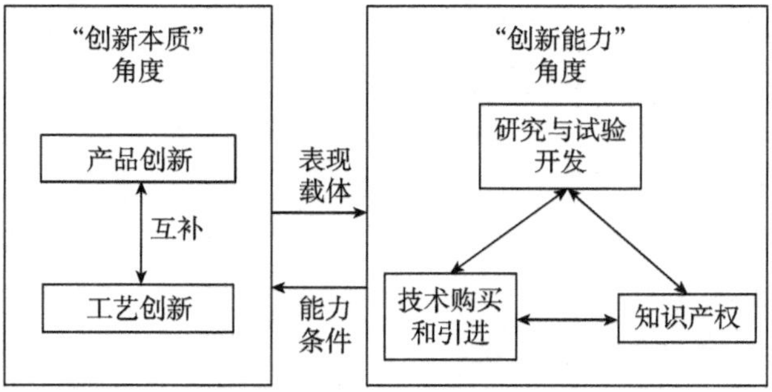

图 3－5　各类企业创新行为关系

二、关系机理与相关命题

（一）产业创新生态对企业创新的作用机理

产业创新生态可以在有效“供给”前提下，有效满足企业的“需求”；“供给”包括各种完善的制度、各种创新主体间的技术交流和外溢、银行等中介机构的辅助等方面；“需求”包括各类主体之间的“创新需求”和产业链内部各企业

① 毕克新，孙德花．基于复合系统协调度模型的制造业企业产品创新与工艺创新协同发展实证研究［J］．中国软科学，2010（9）：156－162＋192.

之间以及企业与消费者之间的产品价值交换关系，前者的实现有利于后者的实现。而位于产业创新生态与“供给—需求”链中心地位的企业，在运用价值与利益分配机制协调系统各类主体关系的同时，产业创新生态的“供给功能”也在创造和满足企业的创新需求。另外，产业创新生态有利于创新要素集聚并产生聚合反应，有利于创新网络形成并拓展，有利于形成创新要素集群栖息的途径、体制和机制，还有利于创新要素之间的协调整合，具有“动态性”“栖息性”和“生长性”等特征。

1. 产业创新生态对企业创新需求的作用

产业创新生态通过各类知识信息、物质能量以及社会关系的流动和转移，将企业等各种创新主体凝结在一起，并使创新主体之间相互合作和依存，在满足企业更多创新需求的同时，为企业创造出更多的创新收益。企业作为产业创新生态最重要的创新主体，其创新需求主要集中在知识共享、提升产品和工艺创新水平等方面。

第一，满足企业对于知识共享的需求。

产业创新生态对于知识共享的作用，主要体现在系统中各类创新主体基于自主创新和知识需求的导向作用，以产业创新生态为平台，将各自的知识、信息以及资源在各类主体之间进行共享的过程。产业创新生态通过自身独有的知识溢出效应，诱发和加速创新知识、信息和资源在各类创新主体之间流动，形成了具备整合知识资源和协调知识活动的创新网络。

第二，满足企业对于提升产品创新水平的需求。

在创新生态中存在着各种生态位，它们是指在一定时间和空间内，适合于特定主体创新活动的资源、环境以及创新对象的集合①；企业、创新种群、创新群落、创新环节以及创新模块都可以作为生态位的载体，各个生态位在系统中的分工和作用是不同的，生态位的变化将会引起创新生态的变化。

发挥产业创新生态在提升产品创新水平中的作用，要运用创新生态思维，为产品创新各个环节赋予生态位的各个功能，形成产品创新生态位，使其成为创新环境、消费者需求以及产品价值导向的集成体，促使企业不断通过改进和创新产品来催化消费者需求，反映消费者的价值导向和个性化需要②。

第三，满足企业对于提升工艺创新水平的需求。

现今，我国制造业工艺创新面临着诸多问题：创新过程的“基础研究投入

① 黄鲁成．基于生态学的技术创新行为研究［M］．北京：科学出版社，2007.

② 尹航，黄子娇，雷家骕，等．制造业企业产品创新过程的市场交易生态位分析模型构建与测评研究［J］．中国科技论坛，2014（3）：86－91.

大”“开发周期长”和“价值成果转换慢”等特点使产品创新对工艺创新的“替代效应”长期无法得到解决；企业工艺创新意识薄弱；依靠对外技术的购买和引进催化工艺创新发展的现象仍然普遍，以致企业自主创新能力不足，“引进—落后—再引进—再落后”的现象无法得到根本改善。产业创新生态能够有效实现产业链、创新链、金融链、服务链以及价值链的转变和完善，可以使传统制造业创新体系适应产业发展的需要，为工艺创新水平的提升提供有利条件①。

2. 产业创新生态对企业创新要素的作用

任何创新主体可以利用的创新要素都是稀缺的，并且具有分散性，即各种要素资源分散在不同的时空领域；创新要素又具有互补性，即创新成果产出以及创新项目完成需要不同种类、性质以及功能要素的有效集成。因此，创新主体要进行创新活动，获得创新成果，就需要聚集大量的创新要素资源，但这又要花费大量的交易成本。在创新生态中，企业等创新主体能够利用各种创新平台集聚、合理配置以及优化组合不同种类的创新要素资源，实现自身的创新目标。

创新要素的有效集聚依托于创新主体的有效集聚，创新生态系统本身就是各类创新主体集聚体（创新种群和创新群落）的集合体②。在产业创新生态中，主要包括以核心企业为主导的集聚模式、以政府支持为主导的集聚模式、以高校和研究机构为主导的集聚模式等创新主体集聚模式，每种主体集聚模式对创新要素的集聚都具有不同作用；另外，创新氛围等环境要素也对创新要素具有集聚作用③。

根据以上理论分析，在政府能够有效提供良好政策环境、创新服务以及维护公平市场环境的前提下，基于“创新主体具有资源共享的需求以及创新资源稀缺”等条件，本书可以得出以下命题：

命题2a：产业创新生态满足企业对于知识共享的需求、对于提升产品和工艺创新水平的需求，提升企业创新能力。

命题2b：在产业创新生态中，企业等创新主体能够利用各种创新平台集聚、合理配置以及优化组合不同种类的创新资源，实现自身的创新目标，进而提升企业创新能力。

根据以上研究命题，可以进一步提出以下理论模型（见图3－6）：

---

① 毕克新，黄平，施芳芳．基于知识管理的制造业企业工艺创新过程及模型［J］．系统管理学报，2012，21（4）：478－485.

② 曾国屏，苛尤钊，刘磊．从“创新系统”到“创新生态系统”［J］．科学学研究，2013，31（1）：4－12.

③ 林婷婷．产业技术创新生态系统研究［D］．哈尔滨：哈尔滨工程大学博士学位论文，2012.

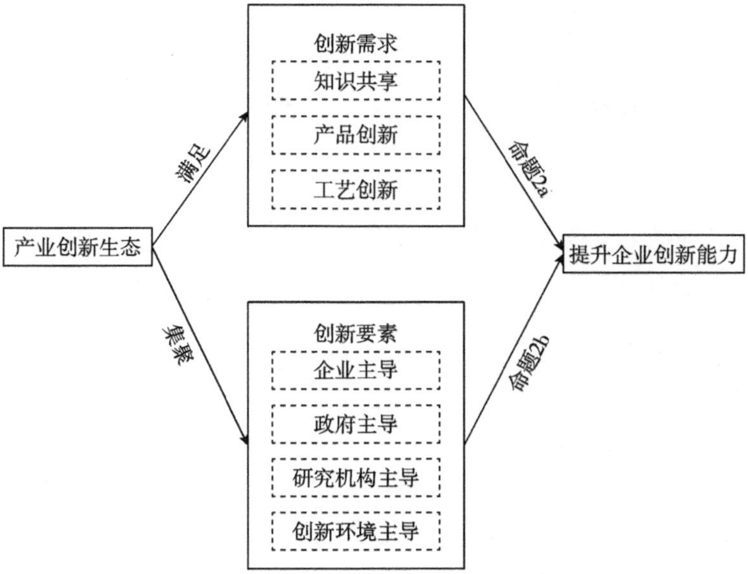

图3-6 产业创新生态对企业创新作用机理的理论模型

（二）企业创新对产业创新生态的反作用机理

1. 企业创新对产业创新生态的“催化”作用

随着外部环境变化程度日益加深，产业创新生态迫切需要创新主体及时地对外界传达的信息进行吸收和反馈，不断提升自身适应外界的能力，这对于提高系统主体创新思维以及创新活动和创新成果的时效性、客观性、可行性都具有重要意义。但基于不同创新主体对外界信息变化的反应的能力不尽相同，为提高创新活动的响应性和感应力，需要从系统整体角度对系统创新活动进行“催化”作用，此外，产业创新生态中各类创新主体间构成的正式或者非正式的创新网络也会对系统创新活动产生“催化”效应。

2. 企业创新对产业创新生态的“反哺”作用

所谓“反哺”是指企业等创新主体通过“学习”行为从产业创新生态中获取知识、信息、设计方案以及创新方法等创新资源后，获得了成长和社会价值，待创新主体进入一定的成长周期后，其将运用自身具备的经济与社会资源反过来对创新生态进行援助或者帮助。基于丰富的社会网络资本，产业创新生态具备创新主体进行反哺活动的显性和隐性资源，并能在最大程度上聚集“反哺”能量。“反哺”的内容和资源涉及资金、人才、技术以及风险规避等各个方面。创新主体进行反哺活动的途径主要包括两个方面：直接“反哺”和间接“反哺”。直接

“反哺”是指将创新主体在学习活动中所积累的人力、物力、技术以及知识等资源直接反作用于创新生态系统的过程；间接“反哺”是指创新主体在学习活动中所积累的人力、物力、技术以及知识等资源通过第三方间接“反哺”创新生态并促进创新生态的发展。

3. 企业创新对产业创新生态的“捕获”作用

这里的“捕获”是指企业等创新主体在从产业创新生态获取创新资源的基础上，通过系统内部的学习机制对创新资源进行消化、吸收进而提高自身创新能力的过程。

创新主体对产业创新生态的创新资源进行“捕获”的途径包括以下几个：

第一，创新学习。它是指创新主体在充分利用内部资源和外部条件的基础上，从其外部环境获取创新资源的过程。在此过程中，创新主体对创新资源进行吸收、消化以及利用，从而最终将其内化为自身的优势和能力。

第二，创新模仿。一种是完全的创新模仿，即对创新资源的完全复制，另一种是模仿后再创新，即对模仿后的创新资源进行消化吸收后，再进一步对其进行改造，使其比原有的创新资源更具有竞争力。

第三，创新获取。它表示创新资源获取的途径，具体包括内部分享和外部获取两个方面。内部分享主要包括“创新资源分享机制的建立”“创造资源分享文化的构建”以及“基于组织支持感的培育进而推动个体无偿分享其创新资源（尤其是隐性知识资源）”；外部获取主要包括技术购买、技术引进、创新外包、协同创新以及风险投资等方面。内外部不同的创新获取途径对于企业创新的影响是不同的①。企业创新对于产业创新生态的“捕获”特别强调外部获取方式的作用，这是由于以知识为基础的关系网络已成为创新生态发展的一个显著特征，而企业有效利用外部知识的能力是企业创造价值的重要来源，因此，企业必须充分利用创新生态所提供的外部创新知识源，并将其转化为内部知识。

根据以上理论分析，在创新主体具有较好的柔性意识、反哺意识以及创新资源获取意识的前提下，基于“创新主体具有创新发展的需求、一定的学习能力以及足够的风险承担意识”等条件，本书可以得出以下命题：

命题3：企业创新通过对产业创新生态的“催化”“反哺”以及“捕获”作用，加速产业创新生态运行，补充产业创新生态资源及发挥产业创新生态功能。

根据以上研究命题，可以进一步提出以下理论模型（见图3-7）：

① 刘景东，党兴华，谢永平．不同知识位势下知识获取方式与技术创新的关系研究——基于行业差异性的实证分析［J］．科学学与科学技术管理，2015，36（1）：44-52.

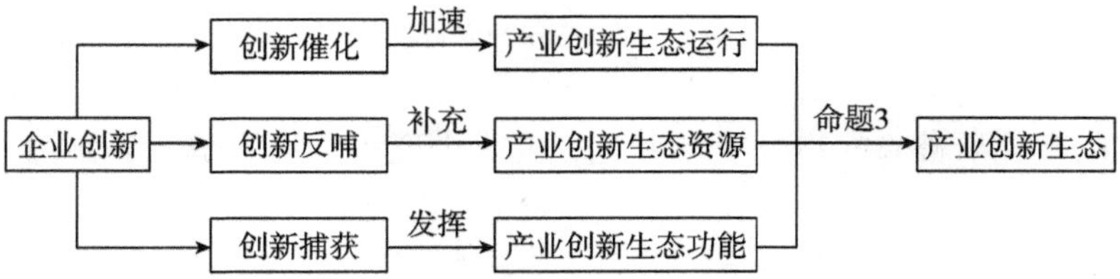

图3－7　企业创新对产业创新生态反作用机理的理论模型

第四节　产业创新生态与市场绩效

一、市场绩效的新判断

如果说市场结构是市场经济运行的基础和产业内部组织关系的表现形式，企业的市场行为是市场经济运行的过程和产业组织关系变化的动力，那么市场绩效则是市场经济运行的结果和产业组织是否合理化的判别标准。传统意义上的市场绩效主要包括以下内涵，即在某种市场结构背景下，市场行为能使产业的价格、成本、利润以及创新等方面所达到的最终状态①，以及此状态和其派生的成果对于企业、产业以及国民经济的效率、平等、稳定以及进步等目标所作的贡献。影响市场绩效的市场行为主要是内生的。

市场绩效评价主要的内容如下：一是包括资源配置效率，传统的产业组织理论认为它表示为社会福利的最大化，与市场垄断程度成反比，但以德姆塞茨为首的芝加哥学派对此观点进行了批判，提出高集中度产业中的高利润与其说是资源配置非效率引起的，不如说是高效率运营的结果，另外新产业组织理论也认为市场机制本身不是实现资源配置的最优状态，由于市场中存在各种不确定的因素（如创新行为），资源配置的常态并非总是帕累托最优，而是一种次优的纳什均衡状态，因此，有关“何种市场结构有利于市场绩效”并无定论；二是产业组织技术效率，它反映的是产业经济规模和规模效益的实现程度；三是企业内部效率，表示企业内部的有效组织和管理带来的效率。

因此，传统意义上的市场绩效问题主要是在SCP分析范式中进行讨论，而在

① 孙敬水．市场结构与市场绩效的测度方法研究［J］．统计研究，2002（5）：7－12.

产业创新生态视角下研究市场绩效则需要更加关注一些新的内外部因素。

第一，产业创新生态发展所引发的商业模式创新。在产业创新生态中，产品及其需求的变化所带来的市场发展变化，要求企业等创新主体不断地发展演化，包括不断把握市场定位、整合和利用现有资源、发现和挖掘潜在资源，以适应市场的不断变化，这实际上就是进行商业模式的创新。商业模式创新以客户价值识别为基础，通过对企业的组织结构、运营流程以及关系网络的再造，在进行各种创新活动适应市场变化的同时，使价格能够对产业内的资源流动起到导向作用，进而同时增加消费者剩余和生产者剩余，提升产业资源配置效率。

第二，产业创新生态发展引发的定价模式创新。在产业创新生态中，基于所拥有的资本、技术、信息等资源，包括企业在内的创新主体之间形成了各种正式或非正式权利关系，系统中创新资源丰富的企业将具有较强的定价能力①。当企业所拥有的专利等无形资产具有独占性时，消费者以及其他企业将很难通过产品差异化进行套利，相反，拥有独占性无形资产的企业可以通过差异化定价策略对客户渠道进行锁定，而实践也证明，企业的产品价格增长性越好，企业的生产规模经济参数越高②，因此，定价模式的创新将带来产业组织技术效率的提升。

第三，产业创新生态发展引发的网络关系创新。在产业创新生态中，企业等各个创新主体仅依靠自身控制的各种要素来获取绩效是不够的，还要进一步借助于整个创新网络的资源整合能力。产业创新生态可以使各个创新主体形成互利共生、利益共担以及资源共享的有效网络关系，此关系具有利益相关性、资源共享性以及联系传递性等特征，进而使创新主体的关系质量利益最大化。有效的网络关系可以使企业在关系和创新网络中找到所期望的联系对象，获得所需要的信息、资金以及技术等资源，增强企业内部知识共享的程度③，而知识共享能够对企业运营绩效产生正向作用④，因此，网络关系的改善能够有效提升企业内部效率、资源获取效率，进而提升企业的创新绩效。

综上所述，在产业创新生态中，研究市场绩效的视角需从企业内部转向外部，企业所处的外部环境更具有动态性和开放性，企业的商业模式、定价模式以

---

① 曾德明，邹思明，张运生．高科技企业创新生态系统定价模式研究［J］．中国科技论坛，2013（5）：30－35.

② 陈珠明，陈建梁．随机市场下企业并购的动态模型及在管理层收购定价中的应用［J］．经济科学，2004（2）：74－86.

③ 葛宝山，崔月慧．基于社会网络视角的新创企业知识共享模型构建［J］．情报科学，2018，36（2）：153－158.

④ Marouf L. The Role of Knowledge Sharing Culture in Business Performance［J］. Vine Journal of Information and Knowledge Management Systems，2016，46（2）：154－174.

及网络关系受到了外部环境因素的影响，这直接或者间接导致了企业资源配置效率、产业组织技术效率以及企业内部效率的变化。

二、关系机理与相关命题

产业创新生态有利于为企业创新发展营造良好的创新环境，促进在位企业与其他创新主体之间的资源共享，减少创新环境不确定性所带来的负外部性，避免企业单纯依靠自身发展所带来的创新资源短缺问题，实现企业创新资源的优化配置，有效提高企业市场绩效。

（一）创新资源协同对市场绩效的影响

产业创新生态的主要功能在于能够实现企业等单个创新主体无法实现的价值[①]，它有利于促进创新主体之间的相互配合，推动系统内的各个创新主体与其技术互补性主体相互协同。另外，根据资源基础理论，企业内生创新资源作为其产品创新的重要推动力量，需要外生的互补性资源共同发生作用才能更好地促进企业的市场绩效[②]；由于在资源互补过程中存在大量显性知识和隐性知识的交互行为，而知识资源具有一定的资产专用性，因此，互补性资源的形成过程具有较强的路径依赖性，互补性资源本身也具有难以模仿性，这都为企业保持持续性竞争优势创造了条件。因此，发现产业创新生态可以通过推动创新资源协同促进企业的市场绩效。

（二）创新网络对市场绩效的影响

创新生态的本质是创新主体基于共同愿景和目标，通过协同和整合生态中的创新资源，搭建通道和平台，共同构建以“共赢”为目的的创新网络[③]。因此，产业创新生态中的创新网络可以通过企业等创新主体在网络中的位置及关系影响市场绩效。

首先，创新网络通过企业在网络中的位置影响其市场绩效。处于创新网络中结构洞位置的核心企业，可以有效控制网络中传递的创新资源并影响其他创新主体：一是通过建立新的网络运行规则，减少自身与其他创新主体之间的交易成本，以此形成自身的相对竞争优势；二是通过自身在网络中的优势地位，运用较强的议价能力和资源控制力，使网络中其他主体的技术发展方向迎合自身需求，

---

① Euchner J. Innovation Ecosystems: An Interview with Ron Adner [J]. Research - Technology Management, 2014, 57 (6): 10 - 14.

② Teece D J. Profiting from Technological Innovation: Implications for Integration, Collaboration, Licensing and Public Policy [J]. Research Policy, 1986, 15 (6): 285 - 305.

③ 柳卸林，孙海鹰，马雪梅. 基于创新生态观的科技管理模式 [J]. 科学学与科学技术管理，2015，36 (1)：18 - 27.

产生正的网络外溢效应，推动企业市场绩效的有效实现。

其次，创新网络通过企业在网络中的关系影响其市场绩效。结合社会网络理论，创新网络主要是通过网络整体的密度以及稳定性影响企业等创新主体：一是企业所在的创新网络密度越高，网络的整体规模就越大，使网络中创新主体获取创新资源的概率更高，所能利用的创新资源更加多元化，企业提升其市场绩效的空间也更宽阔；二是企业所在的创新网络稳定性越强，各个创新主体之间的关系就越持久。在建立契约关系的前提下，这有利于减少关系双方因相互监督而产生的交易成本，加深关系双方进行资源共享的程度；同时，网络关系的专用性和路径依赖性使关系双方的机会主义行为明显减少，这都有利于提升企业的市场绩效。

（三）良好创新环境对市场绩效的影响

良好的产业创新生态可以为企业带来开放、共享、多元的创新环境，在这种情况下，企业在结合外部环境变化和自身资源能力的基础上，不再是仅依靠“企业自身力量或对小企业的利益剥夺和控制”获取市场绩效，而是通过自身所处的社会网络和专业化群体实现绩效的提升。良好的产业创新生态有利于生成开放式的创新环境，它能够突破传统的“点状”“线状”竞争模式，突破以核心企业为视角的商业体系，突破企业“仅关注于自身资源、能力和知识发展”的竞争策略，从多维度将不同组织的各类战略要素加以互补整合和优化。在良好的产业创新生态中，企业有条件将自身的资源相对优势与外部的资源、能力、主体、关系、网络、资本等战略要素相连接，将自身内外部的战略资源、创新网络关系在创新生态中进行集聚和粘连，并重新组织、整合，以适应外部环境的不断变化，并形成新的盈利能力。

根据以上理论分析，在资产专用性所带来的风险成本和交易成本小于创新合作收益的前提下，基于“创新主体具有较强的开放性创新和风险承担意识”等条件，本书可以得出以下命题：

命题4：企业通过产业创新生态获取互补性创新资源、控制创新资源以及联结内外部创新资源等方式提升市场绩效。

根据以上研究命题，可以进一步提出以下理论模型（见图3－8）：

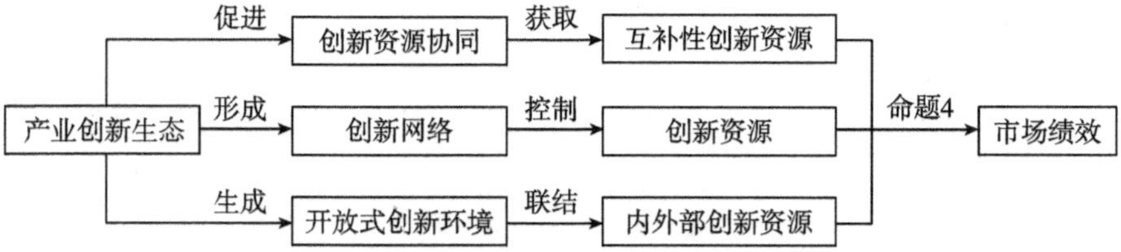

图3－8　产业创新生态对市场绩效作用机理的理论模型

第五节　市场结构与企业创新

一、关系机理与相关命题

（一）市场结构对企业创新的作用机理

传统意义上的市场结构对企业创新的作用研究，主要是在熊彼特、阿罗以及谢勒等研究的基础上，并结合 SCP 分析范式展开的，相关研究内容主要包括“宏观的市场结构形态视角”和“微观的市场结构影响要素视角”等方面（见表 3－4）①。

表 3－4　传统意义上的市场结构对企业创新的作用机理

市场结构影响企业创新的作用关系		完全竞争	垄断竞争	寡头垄断	完全垄断
创新动力		较小	大	较大	小
创新能力		弱	较弱	较强	强
创新类型（用“√”表示）	渐进型创新	√	√	√	√
	突破型创新			√	√
	产品创新		√	√	√
	工艺创新	√	√	√	√
静态	创新投入	反比	反比	正比	正比
	创新产出	正比	正比	反比	反比
动态	创新投入	正比	正比	反比	反比
	创新产出	反比	反比	正比	正比
创新差异度		低	较低	较高	高
创新产品替代率		高	较高	较低	低
创新技术垄断程度		低	较低	较高	高

资料来源：笔者在“刘黎清．市场结构与企业技术创新［J］．科学管理研究，2001（3）：10－12”的基础上进行整理。

“宏观的市场结构形态视角”依据经典的新古典经济学理论，将市场结构分为完全竞争、垄断竞争、寡头垄断以及完全垄断四种基本形态，并分别讨论完全

① 刘黎清．市场结构与企业技术创新［J］．科学管理研究，2001（3）：10－12.

竞争、垄断竞争以及中等程度竞争市场（垄断竞争市场和寡头市场）对企业创新的影响。其中，以阿罗为代表的学者认为完全竞争市场的产品垄断者更有动力进行技术创新行为，以熊彼特为代表的学者假设垄断的市场结构对企业创新更具有优势、大规模企业里更易展开创新行为和获得创新成果，以 Mansfield、Kamiern 和 Schwartz 为代表的学者提出“完全竞争和完全垄断都不利于企业的技术创新，而介于两者之间某种程度的市场结构最适合企业进行技术创新”① 的倒“U”形假说。“微观的市场结构影响要素视角”主要从市场结构的影响要素对企业创新的影响方面，分别就市场集中度、企业规模、进退壁垒以及产品差异化等要素对企业创新的有利或不利作用进行分析。

已有研究注重从静态角度、因果关系以及竞争范式等方面分析市场结构对企业创新的影响，而从产业创新生态范畴剖析此问题，则必须从动态角度、机理分析以及合作范式等方面展开讨论。

第一，产业创新生态中，市场结构可以通过知识溢出对企业创新产生作用。

知识溢出使不同在位企业之间以及新进企业对在位企业的创新模仿成为可能，这会降低市场的进入壁垒，使市场竞争程度得到加强。对于得到外溢效益的企业来说，创新动力会有所提高，对于失去外溢效益的企业来说，创新动力会有所减弱。

非完全竞争市场内部的在位企业之间可以通过合作创新而产生知识溢出，这会将创新知识的应用锁定在契约所规定范围之内，进而提高市场的垄断程度；当这种知识溢出所产生的创新成果使合作各方获得期望中的超额收益时，知识溢出会增加企业的创新动力；随着垄断程度的不断提升，当其他在位企业以及新进企业无法对创新合作各方产生威胁时，知识溢出及其引发的创新动力都会减弱。

在产业创新生态中，各创新主体之间基于协同创新相互发生作用，进行知识信息资源的输入、输出以及反馈，通过模仿学习、人员流动以及非正式交流，实现知识信息的开发、溢出以及应用②。知识具有显性和隐性之分，显性知识的模仿性和可复制性较强，其产生的溢出边际效益较低；而隐性知识由于具有较大价值、稀缺性、不可模仿性和难复制性，其溢出边际效益较高。人力资源是隐性知识的主要载体，当载有重要隐性知识的人员流动到其他企业中或进行独立创业时，市场竞争程度会增强，创新活动也会更加活跃。

---

① Kamien M I, Schwartz N L. Market Structure and Innovation: A Survey [J]. Journal of Economic Literature, 1975, 13 (1): 1-37.

② 吴绍波，顾新，吴光东，等. 新兴产业创新生态系统的技术学习 [J]. 中国科技论坛，2016 (7): 30-35+42.

第二，产业创新生态中，市场结构通过“不确定性的减少”对企业创新产生作用。

这里的不确定性包括两种情况：一是市场的不确定性，即企业无法确定未来市场的需求状况，也无法确定竞争企业的创新策略；二是技术的不确定性，即企业在增加或者确定创新投入的前提下，无法确定创新产出的数量和时间。这使社会对于技术创新的需求与企业所拥有的技术资源成为一种矛盾和对立状态。良好的产业创新生态能够使企业在共创价值网络和协同创新网络的协助下获取创新资源，生产出社会需要的创新成果，提升自身创新能力，而创新能力的加强又提升了企业对于创新资源的获取、消化和吸收能力，进而对创新生态的发展起到推动作用。因此，产业创新生态的良好运行有利于减少市场和技术的不确定性。

市场不确定性对企业创新的影响，在生产高质量产品的垄断市场中尤其明显。在这类市场中，消费者对于未来产品质量的预期较高，这会影响消费者对现有产品的购买决策。因此，在位企业对于产品升级创新的动力是过度的①。为了获取超额利润，在位企业不会将当期的研发技术应用于新产品的生产，而是将创新技术置于“沉睡”状态②，这就使得创新投入无法带来消费者福利的增加。由此看来，在技术不确定性的影响下，市场垄断程度越强，企业的创新产出越少。而在产业创新生态中，在位企业的创新动力将是适度的，避免了技术“沉睡”所带来的“消费者福利减少”等问题，使强垄断性市场中的企业更期望“贡献”自身的创新产出。

技术不确定性对企业创新的影响主要体现在渐进型创新和突破型创新两个方面。在渐进型创新中，技术不确定性主要是影响企业在产品创新和工艺创新方面的效率，而不会对已有技术产生影响；在突破型创新中，技术不确定性可能会否定所有的技术存量。在垄断性较强的行业中，由于突破型创新会造成企业已有技术系统的变革以及技术范式的变更，在位企业由于经营惯性、资源固化以及“替代效应”等原因，不愿或无法对突破型创新所带来的技术范式的剧烈演变做出反应；而规模较小的新兴企业则有可能通过采取突破型创新而迅速成长，成为在位企业的有力挑战者，使接近完全垄断的市场转变为寡头垄断市场。在产业创新生态中，由于技术不确定性的减少，垄断性较强的企业可能会基于丰富的超额利润，更愿意进行突破性创新，这就有可能打破“大企业进行渐进型创新”与

---

① Ellison G, Fudenberg D. The Neo - Luddite' s Lament: Excessive Upgrades in the Software Industry [J]. The RAND Journal of Economics, 2000, 31 (2): 253 - 272.

② Kutsoati E, Zábojník J. The Effects of Learning - By - Doing on Product Innovation by a Durable Good Monopolist [J]. International Journal of Industrial Organization, 2005, 23 (1 - 2): 83 - 108.

“小企业进行突破型创新”之间的平衡，使市场的垄断性更强。

根据以上理论分析，在创新主体能有效衡量创新溢出所带来收益的前提下，基于“创新主体对环境的不确定性能够进行有效估计”等条件，本书可以得出以下命题：

命题5a：市场结构及其影响要素可能会对企业创新产生线性影响，也可能产生倒“U”形等非线性影响。

命题5b：随着市场垄断程度的提升，当产业创新生态所引发合作创新形成的知识溢出带来的创新成果形成超额收益时，知识溢出会增加创新动力；当其他在位企业以及新进企业无法对在位企业产生威胁时，知识溢出及其引发的创新动力都会减弱。

命题5c：产业创新生态通过减少市场和技术“不确定性”，使强垄断性市场中的企业创新产出更多，使垄断性较强的企业更愿意进行突破性创新。

根据以上研究命题，可以进一步提出以下理论模型（见图3-9）：

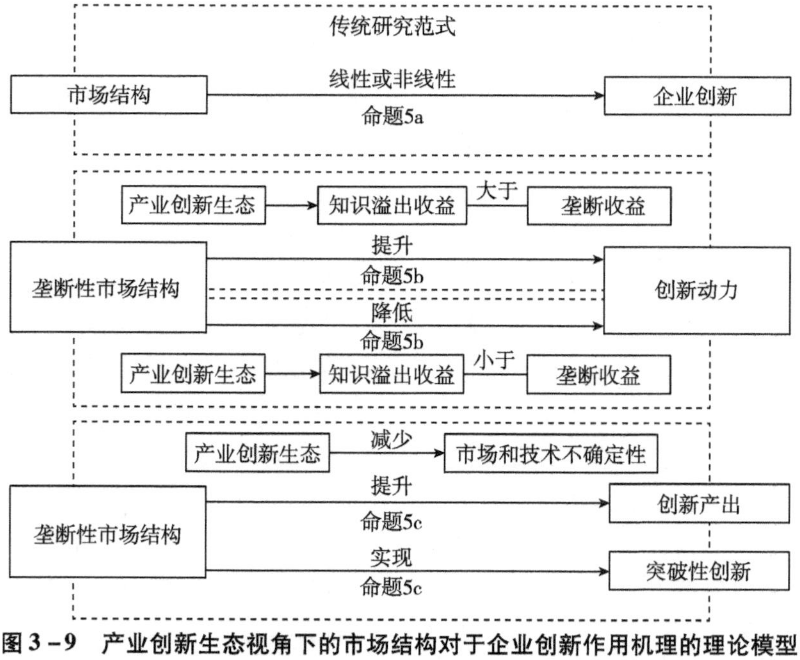

图3-9　产业创新生态视角下的市场结构对于企业创新作用机理的理论模型

（二）企业创新对市场结构的反作用机理

以谢勒等为代表的创新外生说学者一直没有停止与以阿罗、Solow[①] 等代表

① Solow R M. Technical Change and the Aggregate Production Function [J]. The Review of Economics and Statistics, 1957, 39 (3): 312-320.

的创新内生说学者的争论，并且随着产业组织理论中的“芝加哥学派”的兴起，“企业创新对市场结构的影响”逐步成为产业经济学和创新经济学研究的主要方向之一。传统的研究范式主要是从“宏观的市场结构形态视角”以及“微观的市场结构影响要素视角”等方面对此问题进行分析。前者强调产品创新和工艺创新在不同演化阶段会引起市场结构和组织结构的不同变化，强劲的在位企业可以运用工艺创新或者渐进性创新降低成本，倒逼实力落后的在位企业退出市场，促使新进企业无法进入市场，进而形成市场衰退；后者主要分析企业创新对市场均衡、产品差异化以及市场势力等市场结构影响要素的作用，强调创新有助于企业提升其盈利能力，建立新的市场，打破原有的市场均衡，并通过技术兼并可以获得创新所带来的超额收益，提升自身的市场势力，直至垄断市场。同市场结构对企业创新的作用研究相类似，已有研究注重从因果关系以及竞争范式等方面分析企业创新对市场结构的影响，而从产业创新生态范畴剖析此问题，可以从机理分析以及合作范式等方面展开讨论。

第一，在产业创新生态中，企业创新通过技术标准对市场结构产生作用。技术标准已经成为建设产业创新生态的重要手段，技术标准的开发推动企业之间按照“企业竞争→产业链竞争→产业创新生态竞争”的发展轨迹互利共生，这表明在创新生态中，企业的创新发展主要依赖于其他企业，如兼容技术开发商。技术标准通过互换性和可维修性可以最大限度地为消费者节省交易成本，使消费者在购买商品的同时，获得此商品所在“产品系统”的全部收益。因此，标准化改变了市场的竞争规则。

第二，在产业创新生态中，企业创新通过创新集群的形成对市场结构产生作用。企业的技术创新活动不是孤立的，也不是在时间和空间维度上均匀地进行分布，而是在某一空间和时间以创新流的形式集中地、成簇地出现。

创新流产生的原因主要包括以下两个方面：一是突破性创新对后续一系列渐进性创新起到带动作用。突破性创新的真正意义并不是对现有技术的“破坏”作用，而是对后续一系列的创新活动提供创造性思维。二是突破性创新活动有利于推动更多创新主体参与到创新活动中。突破性创新成果一旦实现商业化，其带来的边际收益将超过边际成本，众多企业为了能够参与到超额利润的分配中，将参与到创新活动中并加大创新投入。在这两种力量的带动作用下，众多的创新主体形成创新集群。与“物种多样性能够提高生态系统稳定性”类似，创新集群性的形成对于产业创新生态稳定性的提高具有促进作用。

根据以上理论分析，在产业技术标准以及创新集群能够顺利形成的前提下，基于“产业创新生态发展的稳定性”等条件，本书可以得出以下命题：

命题6a：在位企业可以通过渐进性创新倒逼弱势企业退出市场、新进企业无法进入市场，进而增加市场垄断性；企业创新可以通过产品差异化获得创新所带来的超额收益，提升自身的市场势力，进而垄断市场。

命题6b：在产业创新生态中，技术标准作为产业创新生态建设的主要手段，促进企业逐步由产品的功能竞争转向价格竞争，进而增加市场的竞争性。

命题6c：在产业创新生态中，率先进行功能竞争和配套产品竞争的企业，将以较低交易成本实现与上下游企业间的协调，进而增加市场的垄断性。

命题6d：在产业创新生态中，率先实行突破式创新的企业，将引发创新流的产生，形成创新集群，进而增加市场的竞争性。

根据以上研究命题，可以进一步提出以下理论模型（见图3－10）：

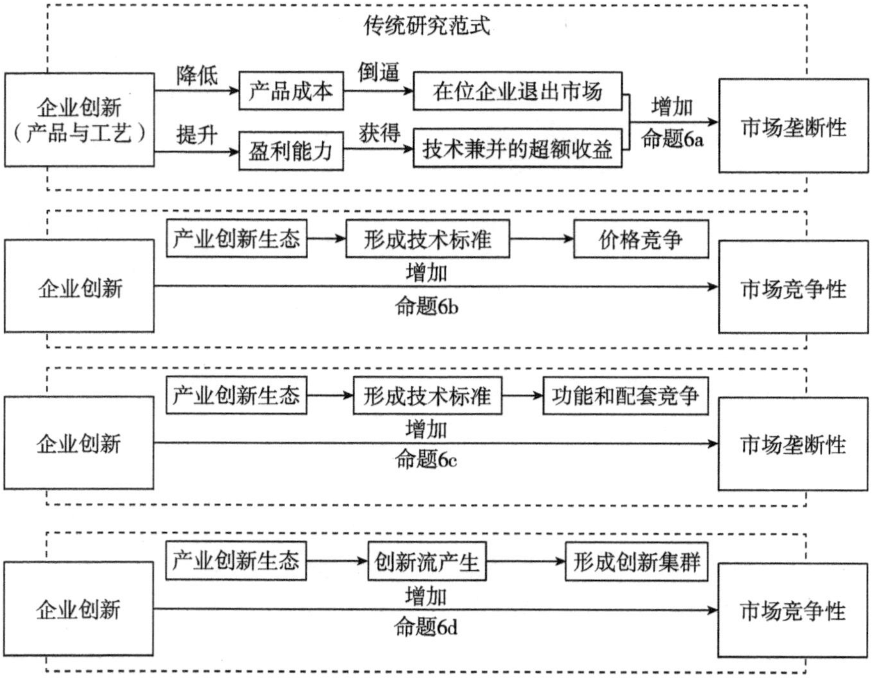

图3－10　产业创新生态视角下的企业创新对于市场结构反作用机理的理论模型

二、产业创新生态调节机制与相关命题

企业创新主要包含创新动力和创新能力两个要素，其中创新动力表现为外部市场压力和内部获利动力，技术创新能力表现为研究开发和资源投入等①。通过

① 李健，薛辉蓉，潘镇．制造业企业产品市场竞争、组织冗余与技术创新［J］．中国经济问题，2016（2）：112－125.

分析市场结构对企业创新的作用机理可以发现，市场结构可以通过影响这两种要素进而影响企业的创新行为。具体表现在：

市场结构可以影响企业的创新动力。首先，外部环境的竞争加剧会对企业形成巨大的市场压力。企业为建立竞争优势，往往通过创新进行主动竞争。其次，市场竞争会影响企业的创新动力，即市场竞争可以带来企业创新环境的不确定性，进而影响企业的创新成本和企业间的创新合作①。

市场结构可以影响企业的创新能力。首先，市场竞争可以影响行业内企业间的资源溢出，进而对企业的技术引进和知识学习产生影响。其次，市场竞争可以影响企业对于众多资源要素的需求以及资源要素质量的提升。最后，市场竞争可以影响行业内基础设施的建设。

从以上的分析可以得出，市场竞争可以通过激发企业的创新需求以及为企业创新带来要素上的支持来影响创新动力和创新能力，进而对企业创新产生作用。而产业创新生态对创造和满足企业创新需求以及有效整合创新要素也具有重要作用，它可以直接作用于企业创新。因此，市场结构与产业创新生态对于企业创新具有共同的作用点，即市场结构变量需要通过满足创新需求和整合创新资源来提升企业创新动力和创新能力进而影响企业创新，而产业创新生态对满足创新需求和整合创新资源也具有直接作用。因此，产业创新生态可以通过作用于创新需求和创新资源等要素来调节市场结构对于企业创新的作用（见图3-11）。

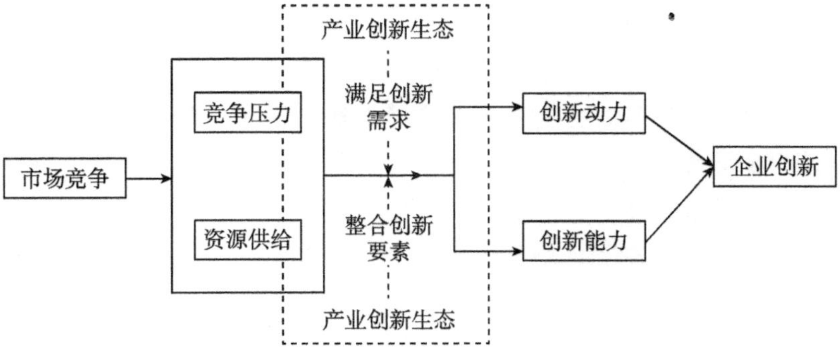

图3-11 产业创新生态在市场结构对企业创新作用过程中的调节效应

本章在结合产业创新生态、市场结构以及企业创新各自发展特征的基础上，提出产业创新生态在市场结构作用于企业创新中的调节功能包括反馈性、多样性

① 翁君奕．竞争、不确定性与企业间技术创新合作［J］．经济研究，2002（3）：53-60+95.

以及稳定性三个方面①。

（一）产业创新生态在市场结构对企业创新影响中的反馈性调节机理

产业创新生态同自然生态一样，是一个开放系统，系统内部主体与外部环境之间进行物质、能量以及信息的交互。企业等创新主体通过产业创新生态的监测作用，在从事创新活动时将从这种交互作用中获取反馈效应。

当获得正反馈时，即从创新活动中获得创新成果时，企业等创新主体受到激励，将进一步加强创新力度；当获得负反馈时，即没有从创新活动中获得预期创新成果时，企业将转换创新方式。另外，企业的市场发展目标不仅决定企业创新目标，也直接决定企业竞争战略，而企业竞争战略将直接影响市场的竞争程度。

综上所述，产业创新生态的反馈调节功能是指当企业的创新活动结果与市场的发展目标发生偏差时，可以借助产业创新生态的功能和作用，通过采取经济手段、法律手段、行政手段以及技术标准，对企业的市场行为实施某种制约、对创新活动进行引导。

（二）产业创新生态在市场结构对企业创新影响中的多样性调节机理

基于创新过程和环境的复杂性和多样性，企业创新的“独立性”和“自主性”受到限制，因此，企业要加强与其他类型创新主体（包括消费者、同行业竞争者、研究机构、银行以及政府等）的创新合作，进而形成“多元创新主体的互动发展”；在此基础之上，产业创新生态通过技术专利许可、协作研究与开发以及技术标准合作等方式对企业创新环境和资源冗余度进行调节以实现其整体耦合②。

第一，当企业的资源和环境冗余度较大时，说明企业与其他创新主体之间联结关系过多。当联结数量过多时，企业环境中某一个创新主体的变化为企业带来的积极或消极影响就会增强。这时需要增加创新主体的种类和数量，提高创新主体的丰富程度，用创新主体的多样性代替创新关系的多样性。

第二，当企业的资源和环境冗余度较小时，说明与企业发生关系主体的数量和种类超出了企业所能控制的关系边界。这时最重要的不是提高企业环境中创新主体的丰富程度，而是增加企业与其他创新主体的联结数量，这有助于增加企业创新活动的多样性，并直接影响企业创新过程。

（三）产业创新生态在市场结构对企业创新影响中的稳定性调节机理

稳定性调节可以使企业在一种相对稳定的环境中进行创新活动。稳定性是指

---

① 黄鲁成．基于生态学的技术创新行为研究［M］．北京：科学出版社，2007.

② 李健，马捷．信息多样性对社会网络生态系统平衡的调节机制研究［J］．情报科学，2015，33（8）：39－43＋71.

环境结构、状态以及行为的恒定性，它能够提升企业等创新主体进行市场和创新决策时以及主体之间进行相互作用时的抗干扰能力。产业创新生态有利于系统内的主体避免承受来自环境、主体间关系以及主体自身的各种扰动，这种扰动一般都会使系统内主体以及主体间关系的结构、状态和行为有所偏离，从而影响企业的市场竞争决策对创新行为的影响①。

产业创新生态的稳定性调节作用主要从以下两个方面展开：

第一，提升抵抗力。所谓抵抗力是指系统主体以及主体间关系抵抗外界干扰并发挥自身结构与功能的能力，是系统主体以及主体间关系保持稳定、抵御风险、得以生存的重要能力。系统主体间通过“竞合”作用，将有利于主体发展的“惯例”和“制度”传承和发展，将不利于主体发展的“惯例”和“制度”淘汰和更替，推动主体间“分工体系”的形成，提升系统主体的应变能力和稳定发展。

第二，提升恢复力。所谓恢复力是指在外部环境的干扰和破坏下，系统创新主体以及主体间关系恢复原有功能和结构的能力。产业创新生态通过营造良好的人文环境，倡导创新精神，实现技术推动型的技术创新，进而提升创新主体的创新动力和创新能力，这有利于企业的创新发展。

根据以上理论分析，在产业创新生态能够有效满足创新主体创新需求和整合创新要素的前提下，基于“市场结构可以有效影响企业的创新动力和能力”等条件，本书可以得出以下命题：

命题7a：产业创新生态为企业反馈的市场信息将直接影响企业采取何种竞争方式，进而影响企业的创新战略和方向。

命题7b：产业创新生态对于企业等创新主体间关系多少和质量的调节将直接影响市场竞合方式和企业竞争决策，进而影响企业的创新战略和方向。

命题7c：产业创新生态能否为企业提供稳定的发展环境将直接影响企业竞争策略能否有效作用于企业的创新策略和方向。

根据以上研究命题，可以进一步提出以下理论模型（见图3-12）：

① 于娟．产学研联盟稳定性研究［D］．哈尔滨：哈尔滨工程大学博士学位论文，2016.

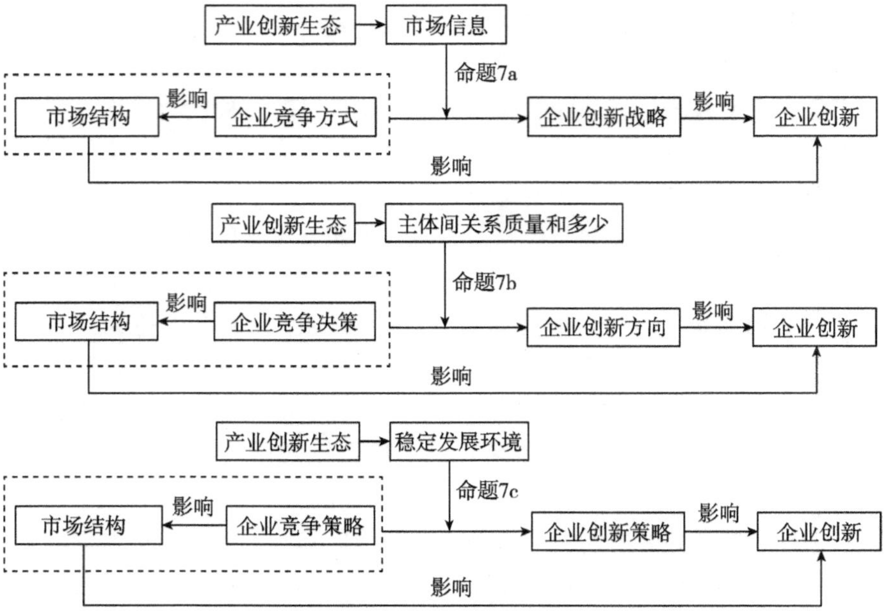

图3-12　产业创新生态在市场结构与企业创新关系中的调节机制的理论模型

第六节　市场结构与市场绩效

一、关系机理与相关命题

（一）市场结构对市场绩效的作用机理

传统意义上的市场结构对市场绩效的作用研究主要为“市场力量学说”和“相对市场力量学说”，前者认为在不完全竞争市场中，由于生产成本降低、利润增加、企业规模扩张等原因，大型企业之间的共谋成本下降，更容易达成共谋协议，这使大型企业的市场力量以及价格控制能力得到增强并获得垄断所带来的超额利润；后者认为不完全竞争市场的垄断利润不是来自企业共谋行为，而是企业自身市场力量提升的结果。无论是何种观点，都强调市场结构对市场绩效的直接作用，但都假设企业市场绩效的提升建立在社会绩效下降的基础之上。与有关“市场绩效”的传统观点类似，以上有关“市场结构对市场绩效作用”的传统观点同样也受到了来自以德姆塞茨为首的芝加哥学派以及新产业组织理论的批判，前者认为高集中度产业中的高利润是企业经营效率提升与高效率运营的结果，是企业内生力量的作用，后者认为资源配置的常态并非总是帕累托最优，市场集中度下降并不一定背离长期效率的要求，而是优胜劣汰的作用。

已有研究成果主要是从大型企业间的合作或者企业内生角度等方面就市场结构对市场绩效的作用进行分析，而从产业创新生态视角研究此问题，可以从多元化主体合作以及外生角度等方面展开分析。

第一，在产业创新生态中，市场结构可以通过价值共创行为作用于市场绩效。从普遍意义上来说，创新生态中的企业等创新主体的主要活动包括价值创造和价值获取两个方面①，前者是不同层面创新主体相互合作共同创造价值的过程，即价值共创，后者是创新主体获取绩效的过程，它们之间具有“价值共创→价值获取”的关系。在创新生态中，由于中小型企业、新进企业以及初创企业基于专业化领域的比较优势，能够有效捕获市场的创新需求，创新动力较强，但创新资源有限；大型企业具有较为丰富的创新资源，但基于创新路径和意识的锁定效应，创新动力不如中小企业高涨。因此，市场中各个规模层次的企业具有彼此相互协作的动力和需求，大型企业与中小型企业都需要彼此的资源和服务以提升自身绩效，这形成了一种类似于“网络型寡占市场结构→市场绩效”的关系，企业规模、市场集中度等被传统认为对市场绩效具有直接影响的市场结构要素所产生的作用更不明显，市场结构对市场绩效作用的不确定性增强。

第二，在产业创新生态中，市场结构可以通过创新联盟作用于市场绩效。不断发展的产业创新生态中，具有良好的创新合作氛围、优越的创新政策支持，这为建立创新联盟创造了条件。创新联盟不是一般的创新集群，它具有法律约束力的契约作为保障，企业等创新主体之间形成联合开发、优势互补、利益共享、风险共担的技术创新合作组织关系。通过建立创新联盟这一平台，可以实现财务资源、技术资源以及市场资源的有效整合，使各个创新主体共同开发新产品、共享创新资源、共同实现创新成果的产业化，进而实现更高的市场绩效。由于不同规模联盟成员在契约的基础上，地位相对更加平等，这是形成了一种类似于“可竞争市场结构→市场绩效”的关系，市场结构对市场绩作用的不确定性也在加强。

根据以上理论分析，在不同规模创新主体的创新动力和资源可以有效互补的前提下，基于“创新主体具有较好的创新合作意识”等条件，本书可以得出以下命题：

命题8a：由于生产成本降低、利润增加、企业规模扩张等原因，企业共谋成

---

① 戴亦舒，叶丽莎，董小英．创新生态系统的价值共创机制——基于腾讯众创空间的案例研究［J］．研究与发展管理，2018，30（4）：24-36.

本的下降或市场势力的上升将使其获取垄断超额利润或提升市场力量。

命题8b：在产业创新生态中，大型企业与中小型企业都需要彼此的资源和服务以提升自身的市场绩效，这直接导致企业间的价值共创行为，形成了“网络型寡占市场结构→市场绩效”的经济关系，市场结构对市场绩效作用的不确定性增强。

命题8c：在产业创新生态中，企业间创新联盟的形成，导致了“可竞争市场结构→市场绩效”的经济关系，市场结构对市场绩效作用的不确定性在加强。

根据以上研究命题，可以进一步提出以下理论模型（见图3－13）：

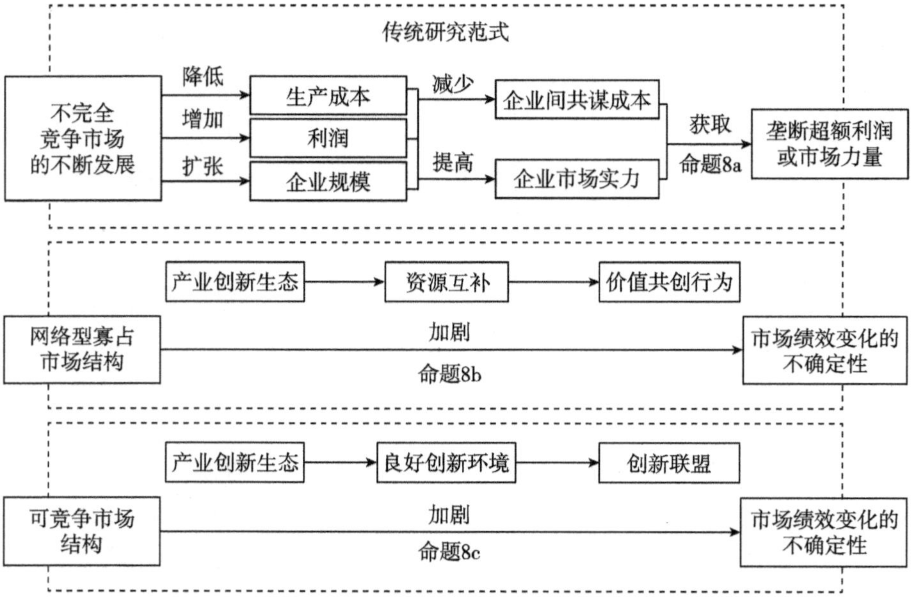

图3－13　产业创新生态视角下的市场结构对于市场绩效作用机理的理论模型

（二）市场绩效对市场结构的反作用机理

传统意义上的市场绩效对市场结构的反作用研究主要包括芝加哥学派的效率结构学说、规模效率假说以及X效率结构学说，它们认为市场绩效决定市场结构，强调企业的利润和绩效来自其经营效率，而不是规模效应以及市场集中程度等市场结构要素的影响，即认为市场结构的变化是内生的。之后的“修正有效结构学说”① 以及“混合有效结构学说”② 在坚持效率要素作用的同时，又进一步

① 威廉·谢泼德，乔安娜·谢泼德．产业组织经济学（第五版）［M］．北京：中国人民大学出版社，2007.

② Schmalensee R. Collusion Versus Differential Efficiency: Testing Alternative Hypotheses ［J］. The Journal of Industrial Economics, 1987, 35 (4): 399－425.

突出了市场份额和集中度等市场结构要素对于市场绩效的作用。正如“修正有效结构学说”以及“混合有效结构学说”所指出的那样，已有的研究成果过于注重企业自身内生力量在市场绩效中的作用。从产业创新生态的视角研究市场绩效对市场结构的反作用问题，要更多考虑外生角度的影响要素。

第一，在产业创新生态中，市场绩效可以通过“新战略资源和新核心能力”形成的“新李嘉图租金”作用于市场结构。所谓新战略资源，即在产业创新生态视角下的战略资源观，它重视整合企业暂不具备的外部创新资源，在获取资源价值属性的基础上，进一步通过制度属性组织创新资源，以发现新的战略性资源；所谓新核心能力，即在产业创新生态视角下的系统性核心能力观，它摒弃“仅从企业内部探寻核心能力提升的方法”，重视“从企业内外部视角探析企业核心能力提升的途径”，即以企业内部核心能力的提升带动其外部资源获取能力的增强，达到“内外能力”的相互协同，进而促进企业的自我发展能力①。

第二，在产业创新生态中，市场绩效可以通过“新行业结构和新组织关系”形成的“新张伯伦租”作用于市场结构。所谓新行业结构，即通过打造协同创新平台，突破企业和行业的各种壁垒，以信息技术带动和实现企业与同行业其他企业、销售商以及供应商的竞合与共生，进而实现企业间以及行业间的跨界融合；所谓新组织关系，即除了市场交换、兼并、收购等关系外，在平等、自愿的前提下，企业间基于创新资源互补、创新效率提升、开拓新市场等目的所建立的合作共生、同生共栖以及互惠互利的关系，如产业技术创新联盟、产业协同创新共同体、产业联盟等。在新行业结构与新组织关系的作用下，企业不再是仅通过其自身竞争优势建立“行业进入壁垒”以及“效率边界”，而是通过整合自身与其合作企业的创新资源，升级优化自身竞争力，扩大自身能力边界，形成企业间新的差异化优势，进而构建起基于“新进入壁垒”（原有的行业进入壁垒主要基于“企业自身竞争优势”，“新进入壁垒”来自“企业通过创新合作建立的竞争优势”）的“新张伯伦租”。根据行业结构理论，企业业绩差异来源于所谓的“张伯伦租金”②。

根据以上理论分析，在创新主体能够有效融合并应用其内外部创新资源的前提下，基于“创新主体具有较强的竞合意识”等条件，本书可以得出以下命题：

命题9a：企业可以通过经营效率影响自身市场绩效，进而影响企业规模效应以及市场集中度等市场结构要素。

① 杨荣．网络能力的竞争优势基于经济租金的视角［J］．商业经济研究，2017（8）：87－90.

② 吴瑶，陈帆，蒋开东．科技企业孵化器价值创造路径研究［J］．中国科技论坛，2017（12）：97－105.

命题9b：在产业创新生态中，通过新战略资源、新核心能力、新行业结构以及新组织关系，企业获取各种资源以及建立市场壁垒的途径更加多样化，这直接导致企业提升市场绩效的途径更加多样化，市场绩效影响市场结构的不确定性增强。

根据以上研究命题，可以进一步提出以下理论模型（见图3－14）：

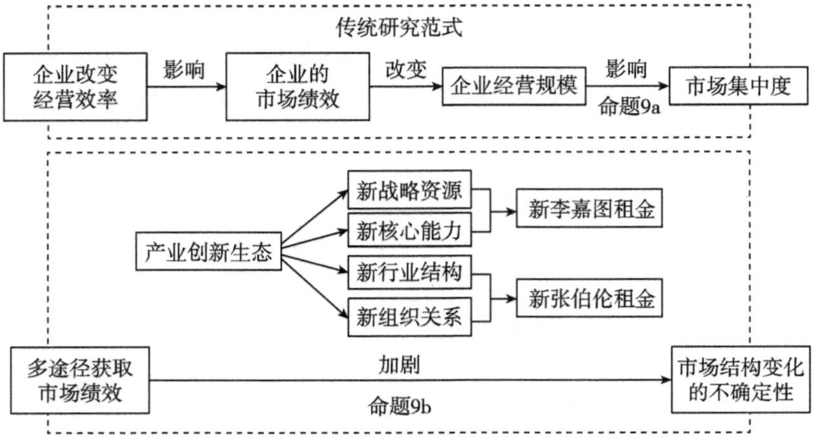

图3－14　产业创新生态视角下的市场绩效对于市场结构反作用机理的理论模型

二、产业创新生态调节机制与相关命题

（一）产业创新生态在市场结构对市场绩效影响中的作用机理

已有观点已揭示出制度等环境要素在市场结构对市场绩效的作用具有调节作用①②。产业创新生态可以被视作“企业间协作环境”和“创新型商业环境”等情境范式③。前者强调产业创新生态是社会、经济以及政策等环境要素的集成，是多种创新主体动态合作的表现；后者强调产业创新生态是一种开放式商业模式，企业等创新主体间相互联系并共同促进创新外溢与扩散。因此，产业创新生态在市场结构对市场绩效作用的过程中具有调节效应：一是通过完善技术市场调

① Winter S G. Schumpeterian Competition in Alternative Technological Regimes［J］. Journal of Economic Behavior & Organization, 1984, 5（3－4）：287－320.

② Acs Z J, Audretsch D B. Innovation, Market Structure, and Firm Size［J］. The Review of Economics and Statistics, 1987, 69（4）：567－574.

③ 刘钒，吴晓烨. 国外创新生态系统的研究进展与理论反思［J］. 自然辩证法研究，2017，33（11）：47－52.

节市场势力对市场绩效的作用，二是通过保护知识产权调节垄断利润对市场绩效的作用（见图3-15）。

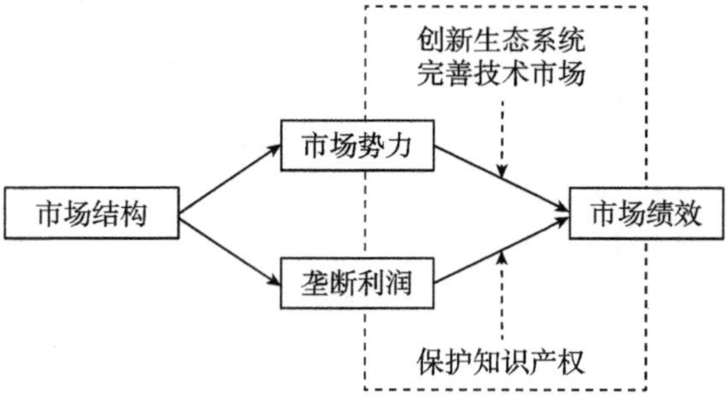

图3-15 产业创新生态在市场结构对市场绩效作用过程中的调节效应

1. 完善技术市场所形成的调节作用

技术市场是技术成果各种交换和供求关系的总和，完善的技术市场本质上是指能够有效推动技术成果生产、研发、流动、交易并最终转换为生产力的生态系统。产业创新生态对于完善和发展技术市场具有重要作用。产业创新生态为创新要素的有效栖息提供了广阔空间，栖息性有利于创新资源的有效汇集，推动系统中各创新主体的创新成本下降。产业创新生态汇集的创新资源具有多样性，并通过创新生态的创新链、知识链以及产业链流入到技术成果的产业化进程中，推动技术市场发挥作用。当技术市场运行良好时，在位企业可以运用其市场势力发挥其市场影响力，在技术市场中获取其所需的技术、信息以及知识等创新资源，推动产品及工艺创新，实现创新利润。因此，技术市场的完善在市场结构对市场绩效的作用过程中具有调节作用。

2. 知识产权保护所形成的调节作用

产业创新生态为知识产权的保护和管理提供了良好环境，而以“产权为基础”的创新资源，如“必要专利”①，是产业创新生态中各创新主体利润产生的核心源泉。首先，拥有“必要专利”的企业通过构建技术壁垒提升自身在市场中的“谈判力”“索价能力”和话语权，在协调自身与其他创新主体关系的过程中占据优势地位；其次，拥有“必要专利”的企业可以通过产权制度申请产权保护，有效消除技术成果的公共性和外部性，从更大程度上获取垄断技术成果所带来的市场效益，这种垄断性行为又反作用于企业创新活动，进一步推动企业创

① 王学先，杨异．技术标准中必要专利的认定［J］．学术论坛，2011，34（10）：40-43+61.

新投入，使创新活动带来的市场效益具有持续性。因此，知识产权有效保护在市场结构对市场绩效作用过程中具有调节作用。

根据以上理论分析，在产业创新生态具备“完善技术市场”和“保护知识产权”条件的前提下，基于“企业具有一定的市场势力和垄断利润”等条件，本书可以得出以下命题：

命题10a：在产业创新生态的作用下，企业从技术市场有效获取创新资源的能力将影响企业市场势力对其绩效的影响。

命题10b：在产业创新生态的作用下，企业借助专利保护制度垄断创新成果的能力将影响企业垄断利润对其绩效的影响。

根据以上研究命题，可以进一步提出以下理论模型（见图3-16）：

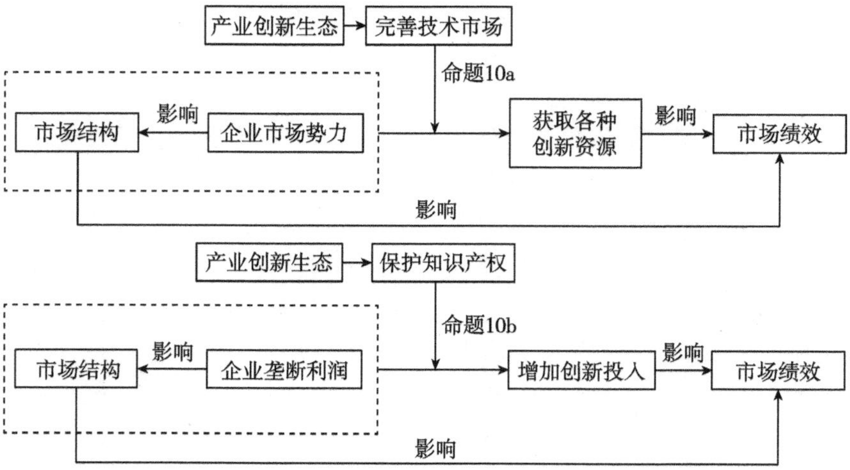

图3-16　产业创新生态在市场结构对市场绩效作用中的调节机制的理论模型

（二）产业创新生态在市场绩效对市场结构影响中的作用机理

基于市场结构的内生理论可以得知，相对于市场结构来说，企业的运营效率对市场绩效的作用更强。但在产业创新生态中，企业必须考虑战略柔性与运营效率的平衡①，其中，战略柔性体现在资源柔性和关系柔性两个方面。

首先，产业创新生态通过提高共享主体的捕获能力、减少流动阻力或交易障碍来保证资源的公开与共享，引起企业内部和外部资源的使用方式、范围以及成本的变化，这不仅影响了企业的运营效率，也使不同创新主体间的竞争与合作方

① 侯玉莲．动态环境中企业效率与战略柔性的平衡［J］．河北学刊，2003（6）：202-205.

式发生改变。其次，产业创新生态无论是在生产结构还是在地理区位上都使产业内创新主体之间以及企业内部各成员之间更加密切地结合在一起，实现共生进化；企业内部和外部关系的不确定性进一步加剧，企业的管理等运营成本控制的难度更大，进而影响企业的运营效率。因此，产业创新生态所带来的战略柔性在市场绩效对市场结构作用中具有调节效应。

根据以上理论分析，在产业创新生态能为创新资源共享以及创新主体密切交流创造条件的前提下，基于“企业能够根据外部环境变化调整战略”等条件，本书可以得出以下假设：

命题 11a：产业创新生态带来的资源柔性，会带来企业内外部资源使用方式的变化，影响企业运营效率，进而增强主体间竞合方式的不确定性。

命题 11b：产业创新生态带来的关系柔性，会使企业等创新主体内外部关系的不确定性加剧，影响企业的运营效率，进而增强主体间竞合方式的不确定性。

根据以上研究命题，可以进一步提出以下理论模型（见图 3－17）：

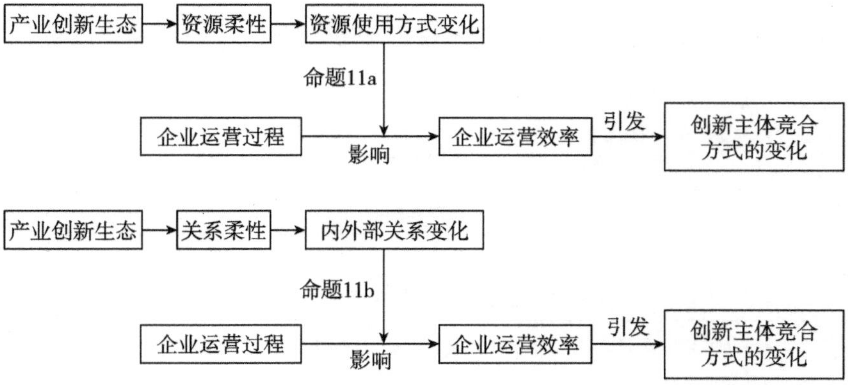

图 3－17 产业创新生态在市场绩效对市场结构作用中的调节机制的理论模型

第七节 企业创新与市场绩效

一、关系机理与相关命题

（一）企业创新对市场绩效的作用机理

根据前面文献综述中有关企业创新对市场绩效作用的研究，可以发现，企业创新促进市场绩效的主要途径包括以下三个方面：

第一，主要通过创新活动获取新知识进而促进企业的竞争优势，这是由于新知识的获取可以使企业等创新主体及时适应外部环境的动态变化和发展，开辟新市场，增强企业的长期竞争力，实现未来收益①，这主要体现在突破性创新、创新投入等方面。

第二，主要通过创新活动完善企业的产品性能以及工艺流程，推动企业生产能力和运营能力更好地提升和扩展，为现有市场中的顾客进行更好的服务，进而提升企业的经营业绩和市场绩效②③，这主要体现在产品创新、工艺创新以及渐进性创新等方面。

第三，通过有效的组织设计，在综合考虑组织的发展环境、发展条件和能力的基础上，对组织结构和制度进行设计，进而有效整合企业的各种资源，提升企业的经营效率，这主要体现在组织创新以及管理创新等方面④。

因此，传统意义上有关企业创新对市场绩效作用的主要观点是：企业创新的目标是提升组织的经营效率和目标，实现和提高企业的组织绩效；在其他条件一定的前提下，采取创新活动的企业比不采取创新活动的企业绩效要高⑤；不同的创新模式对市场绩效都具有显著影响（见表3－5）。

表3－5 不同创新模式对市场绩效产生的作用

创新模式	对市场绩效产生的作用
产品创新	基于市场导向以及产品发展趋势，促使企业采取产品差异化战略，提高产品的技术含量，满足消费者的多元化和动态化需求，增强企业的市场拓展能力
工艺创新	通过技术创新活动可以优化产品的生产工艺和加工流程，提高生产效率，降低产品成本，增加企业的边际收益和市场绩效⑥

① Kogut B, Zander U. Knowledge of the Firm, Combinative Capabilities, and the Replication of Technology [J]. Organization Science, 1992, 3 (3): 383－397.

② Soni P, Lilien G, Wilson D. Industrial Innovation and Firm Performance: A Re－conceptualization and Exploratory Structural Equation Analysis [J]. International Journal of Research in Marketing, 1993, 10 (4): 365－380.

③ Atuahene－Gima K, Ko A. An Empirical Investigation of the Effect of Market Orientation and Entrepreneurship Orientation Alignment on Product Innovation [J]. Organization Science, 2001, 12 (1): 54－74.

④ Garcia R, Calantone R, Levine R. The Role of Knowledge in Resource Allocation to Exploration Versus Exploitation in Technologically Oriented Organizations [J]. Decision Sciences, 2003, 34 (2): 323－349.

⑤ Damanpour F, Evan W M. Organizational Innovation and Performance: The Problem of "Organizational Lag" [J]. Administrative Science Quarterly, 1984, 29 (3): 392－409.

⑥ Damanpour F. Organizational Innovation: A Meta－Analysis of Effects of Determinants and Moderators [J]. Academy of Management Journal, 1991, 34 (3): 555－590.

续表

创新模式	对市场绩效产生的作用
创新投入	通过 R&D、新产品研发、工艺创新、技术购买和引进等活动研究形成新的产品、工艺以及技术，推动产品和工艺的更新换代，增加产品的规模和范围经济效应，提高产品销售额
创新产出	企业为了保护自身的创新成果，通过专利申请和授权提升创新成果的竞争性和排他性，降低创新成果的外溢效应，独占其带来的垄断超额利润，进而获得专利权、企业声誉、技术、形象以及产品标准制定权等无形资产①
突破性创新	利用新知识和新技术突破产品原有的技术轨迹，开展技术变革并使新技术代替原有技术，进而迎合新兴市场的消费需求，提高产品的生产效率和竞争优势②
渐进性创新	企业基于其已有知识、技术和产品技术轨迹，通过提升产品质量和改进产品工艺满足于现有市场的顾客需求，增加顾客满意度，提升盈利水平③

资料来源：笔者整理。

已有研究主要是从内生角度考虑创新行为与市场绩效的因果关系。由于产业创新生态为企业与消费者之间的价值共创行为创造了良好的外部条件，因此，在产业创新生态中，新进企业在进行创新行为时就不能不考虑消费者需求偏好的易变性；另外，系统动态性会引起市场动态性，企业创新对市场绩效的作用方式也会发生变化。

第一，在产业创新生态中，对于新进企业而言，企业创新可以通过颠覆性创新引发的渠道创新作用于市场绩效。所谓颠覆式创新，是指企业可以通过为市场提供简单、低价和低性能的产品，逐步入侵主流市场，在市场份额达到一定程度后，提升其产品性能，进而威胁在位企业的市场地位。为了能与在位企业在主流市场中进行有效竞争，新进企业可以通过与政府以及非营利组织进行合作开发低端市场，增强产品在市场的嵌入程度；也可以通过与其他企业的供应商、销售商进行合作，逐步建立自身的价值链、产业链和创新链，这有利于企业降低交易成本，影响消费者的需求偏好，增加市场份额，进而增加自身与消费者之间的沟通质量和频率，提升消费者的满意度和忠诚度，投资于潜在的以及未被发现的市场机会。

第二，在产业创新生态中，对于在位企业而言，企业创新可以通过市场创新

① Blind K, Edler J, Frietsch R, et al. Motives to Patent: Empirical Evidence from Germany [J]. Research Policy, 2006, 35 (5): 655-672.

② Benner M J, Tushman M L. Exploitation, Exploration, and Process Management: The Productivity Dilemma Revisited [J]. The Academy of Management Review, 2003, 28 (2): 238-256.

③ Danneels E. The Dynamics of Product Innovation and Firm Competences [J]. Strategic Management Journal, 2002, 23 (12): 1095-1121.

作用于市场绩效。所谓市场创新，是指企业在保证主流市场份额的前提下，尽可能地挖掘不同于主流市场的顾客价值，开发新的细分市场①。按照“市场创新→市场地位→市场绩效”的理论逻辑②，通过市场创新可以开发新市场，通过提供新产品满足客户的差异化需求，进而形成差异化优势，扩大市场份额，提升市场绩效；通过市场创新可以开拓现有市场的新需求，这可以避免开拓新市场过程中所要花费的成本，进而提升市场绩效。

根据以上理论分析，在新进和在位企业具有较强的创新失败风险承担意识的前提下，基于“企业管理者具有开拓进取的企业家精神”等条件，本书可得出以下命题：

命题12a：企业可以通过创新提升经营效率，进而提高自身的市场绩效。

命题12b：在产业创新生态中，对于新进企业而言，企业创新可以通过颠覆性创新引发的渠道创新提升市场绩效。

命题12c：在产业创新生态中，对于在位企业而言，企业创新可以通过市场创新提升市场绩效。

根据以上研究命题，可以进一步提出以下理论模型（见图3-18）：

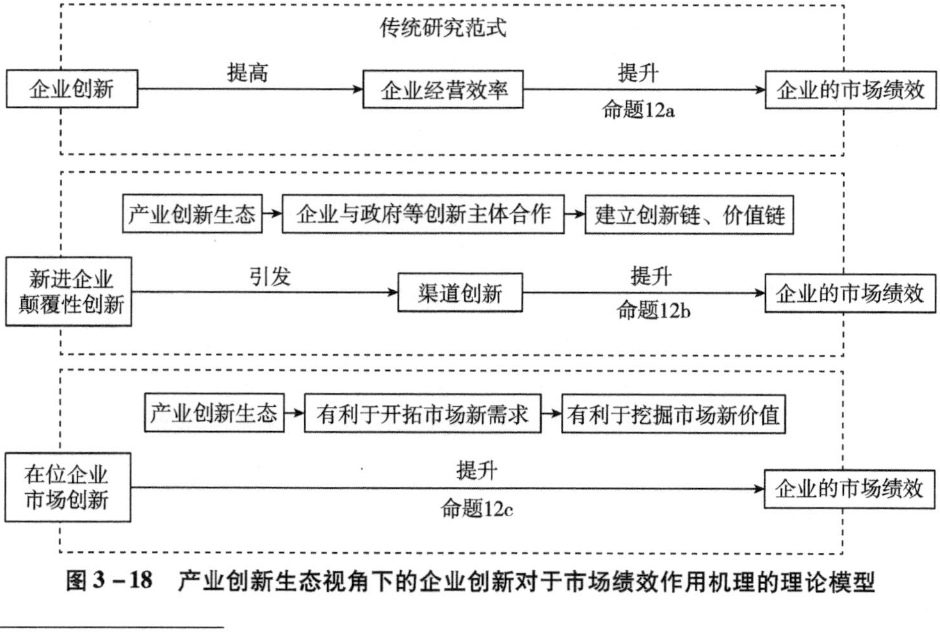

图3-18　产业创新生态视角下的企业创新对于市场绩效作用机理的理论模型

① 张峰，邱玮．探索式和开发式市场创新的作用机理及其平衡［J］．管理科学，2013，26（1）：1-13.

② Day G S, Wensley R. Assessing Advantage: A Framework for Diagnosing Competitive Superiority［J］. Journal of Marketing, 1988, 52（2）: 1-20.

（二）市场绩效对企业创新的反作用机理

传统意义上的市场绩效对企业创新反作用研究的主要观点是：从创新活动的起源看，无论是技术推动、需求拉动还是企业家精神，企业进行创新的最主要动力和根本出发点总是追求利润最大化。一是市场绩效对企业创新具有导向作用，企业通过分析利润、销售额等市场绩效的来源，准确定位产品需求方向，可以有效解决技术创新与市场需求的错位问题；二是市场绩效的累积效应为企业创新的强度提升奠定基础，即企业的盈利能力越强，资金积累越多，企业创新的规模经济性发挥得就越充分，创新活动强度提升的潜力就越大；三是市场绩效通过提升劳动力成本作用于企业创新，即通过高劳动力成本吸引高质量和高水平人才，而高质量和高水平人才有利于提升创新活动的成功概率，降低创新结果的不确定性。

在产业创新生态中，市场绩效所形成的市场导向效应可以通过市场拉动力作用于企业创新。这里的市场拉动力是指面对日益激烈、愈发复杂的市场需求，促进创新主体做出“必须进行协同创新”的选择，形成企业进行创新决策的外在动力。为满足消费者的多样化与个性化需求，企业等创新主体需要在“模块化思维”指导下选择“战略合作伙伴”，以消费者需求的变化为依据，通过整合和集成资源生产产品。由此可见，在市场需求多样性的驱使下，企业等创新主体单独进行创新活动已无法延续，必须选择合适的协同创新伙伴组建成产业创新生态，才能应对市场的复杂性和动态性。

根据以上理论分析，在企业已无法单独收集足够的市场信息并进行有效创新活动的前提下，基于“企业敢于承担协同创新失败的风险”等条件，本书可以得出以下命题：

命题 13a：市场绩效可以通过其市场导向作用和资本累积效应为企业创新强度的提升提供动力。

命题 13b：在产业创新生态中，面对市场的多样化需求，企业必须在自主和合作创新中做出选择，进而有效发挥市场拉动力在创新中的积极作用。

根据以上研究命题，可以进一步提出以下理论模型（见图 3－19）：

二、产业创新生态调节机制与相关命题

（一）产业创新生态在企业创新对市场绩效影响中的作用机理

组织生态学强调与环境发展相适应的企业才能够生存下来，认为环境是企业取得绩效的重要条件；企业发展不仅依赖环境，还需要使自身的行动策略与环境相匹配。将组织生态学与创新生态理论结合后可以发现，企业有效进行创新行为策略的前提条件就是要明确自身在创新生态环境中的生态位，形成企业的“系

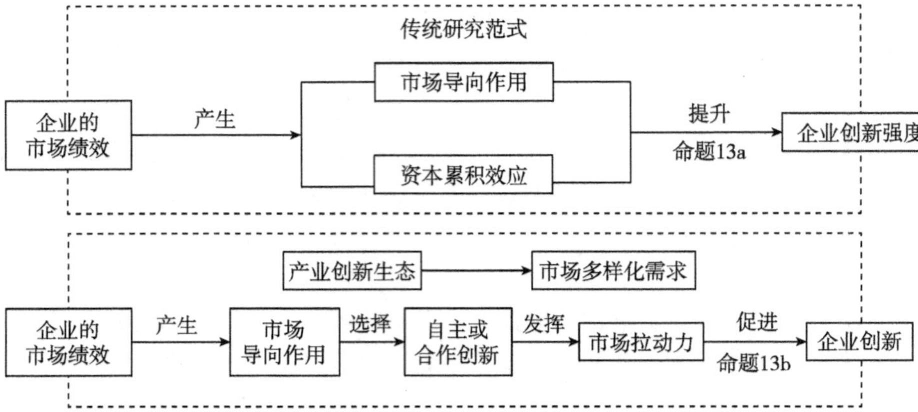

图3-19　产业创新生态视角下的市场绩效对于企业创新反作用机理的理论模型

统一创新行为策略匹配”生存范式。因此，产业创新生态在企业创新对市场绩效作用的过程中具有调节作用；调节效应主要体现两个方面，一是制度调节，二是动态性调节（见图3-20）。

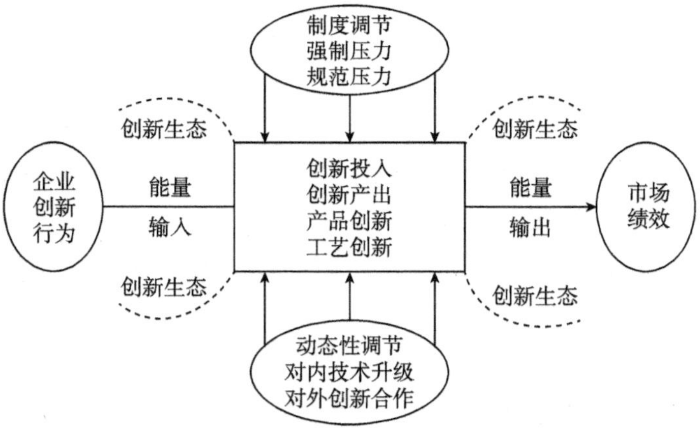

图3-20　产业创新生态在企业创新对市场绩效作用过程中的调节效应

1. 制度调节

创新生态是由影响创新活动的组织、制度以及各种环境要素组成的。因此，制度会为处于产业创新生态中的企业带来各种外生压力，它来自各种企业需要服从的合法性机制，这种合法性表示社会对企业行为的接受程度，体现了企业行为的适当性和合意性。随着我国环境污染、资源浪费等问题的日益严峻，相关的法律、法规以及政策等制度要求众多制造业企业实现“提高经济效益”与“实现环境保护”的双重目标，在此制度压力下，众多企业开始加快产品和工艺的改进和创造，实现企业在生产、设计以及经营方面的绿色创新。另外，制度压力也来自顾客共同认同感之上的行业规范以及消费者市场的专业化期望，体现企业的社会和经济适用性[①]，其中社会适用性要求企业行为更能为社会所接受，经济适用性要求承担更多的经济责任，不同企业由于经营方式和内容的多元化，强制压力影响的方式和程度有所不同。这两种制度压力来源一是通过与企业创新和资源能力产生交互作用带来异质性绩效结果，二是通过影响企业的创新环境和获利机会对企业的市场绩效产生调节作用。

2. 动态性调节

创新生态是创新主体与创新环境之间通过资本、信息等各种资源的相互传输形成的动态演化的开发和复杂系统。而产业创新生态的动态性演化使得企业已有技术不能更好地适应环境变化，进而影响企业的市场绩效。因此，产业创新生态的动态性在企业创新对市场绩效影响的过程中具有调节作用：第一，创新生态的动态性演化促使企业进行技术升级，采用新技术、新工艺和新知识，以适应消费者对企业产品技术变更的需求；第二，创新生态的动态性演化使企业依靠自主研发获得竞争优势和市场绩效的能力受到限制，促使企业加强与市场中其他相关企业进行创新合作并获得外部知识，以紧跟行业技术的发展趋势，提升市场绩效。

根据以上理论分析，在产业创新生态可以带来较完备的市场制度的前提下，基于“市场环境的动态性演化和快速演变”等条件，本书可以得出以下命题：

命题14a：在产业创新生态的作用下，企业为了适应产业创新生态中形成的各种正式以及非正式制度，进而调整自身的创新行为以及战略，以更好地确认创新投入的方向，提升企业的市场绩效。

命题14b：在产业创新生态的作用下，企业为了适应消费者对于产品技术变更的动态化需求，加大技术创新力度，进而提升企业的市场绩效；为了摆脱自主创新带来的劣势，企业需要加强合作创新，以提升企业的市场绩效。

根据以上研究命题，可以进一步提出以下理论模型（见图3－21）：

（二）产业创新生态在市场绩效对企业创新影响中的作用机理

企业在进行创新行为的过程中，必须对创新成果进行价值评估，在产业创新生态中，企业建立创新优势的一般途径是：根据企业所在的行业特征，结合环境

① 薛天山．企业社会责任的动力机制研究——经济驱动抑或制度推进［J］．软科学，2016，30（8）：88－91.

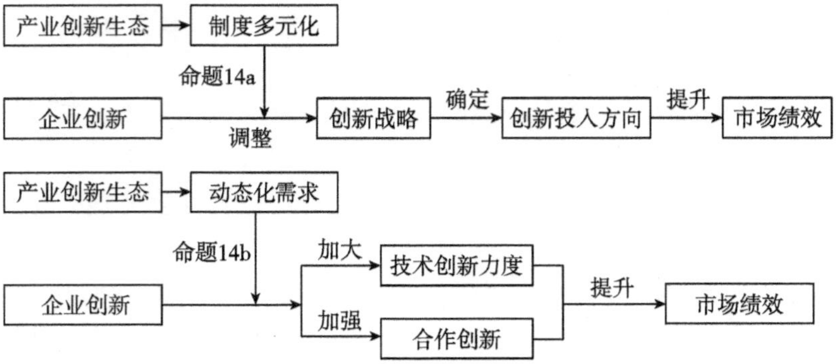

图3－21　产业创新生态在企业创新对市场绩效作用中的调节机制的理论模型

的不确定性，以市场为导向，对创新活动的成果进行价值评估与衡量，确定符合市场需求的创新战略，将创新活动转化为能够带来效益的创新成果（产品或服务），建立创新优势（见图3－22）。因此，市场与客户导向对于企业创新的作用更为明显，产业创新生态在市场绩效对企业创新的影响中具有调节效应。

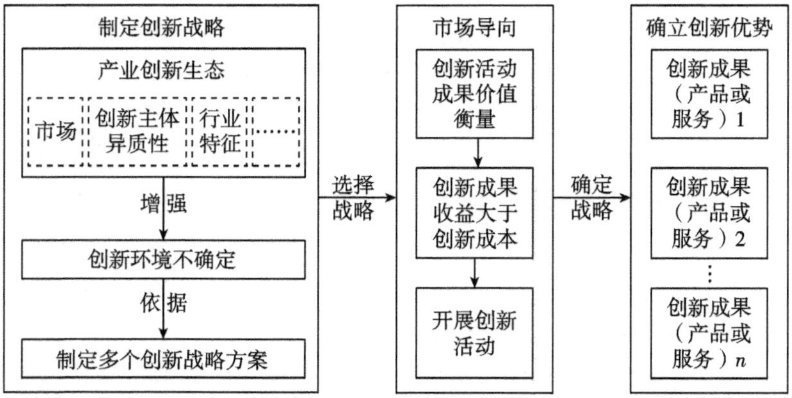

图3－22　产业创新生态中企业建立创新优势的途径

资料来源：笔者在“张婧，祁超．出口企业竞争战略对产品创新的影响：以市场导向为中介变量[J]．管理评论，2011，23（7）：53－61”的基础上进行整理。

1. 适应性调节

产业创新生态是一个具有自适应、自调节和自组织功能的复合体，它的演化以及内部循环将企业发展置于动态环境之中，企业根据自身的绩效目标以及外部发展环境的变化，采取不同的行为（包括创新行为）策略，以适应自身发展和环境变化的需要。例如，随着近些年来"《中华人民共和国电信条例》的出台""通信与媒体服务等产业逐步融合""信息化与工业化的融合"以及"云计算技术的不断成熟"等产业创新生态环境的不断变化，中国移动通信集团有限公司为了保持与提升自身的经营绩效，逐步实施了"服务与业务领先""新跨越"以及"可持续发展"等绩效目标与创新战略①。因此，产业创新生态在市场绩效对创新行为作用的过程中具有适应性调节作用。

企业主要是通过产品创新、渐进性创新以及利用式创新获得长期收益或者利润，这些创新行为模式能够使企业得益于已有的知识和技能并以较低成本获得利润，保持企业市场份额；但当创新生态环境变化较为剧烈时，企业将面临市场技术和顾客需求变化快等问题，这些创新行为模式就无法适应企业的绩效目标。

企业主要是采用工艺创新、突破性创新以及探索式创新获得短期收益或者利润，这些创新行为模式通过开发新的技术方案以及探索新的创新渠道，建立竞争优势，获得垄断利润；但当创新生态系统较为稳定时，企业花费大量成本采用新工艺以及新技术将会对绩效产生挤压效应，这使工艺创新、突破性创新以及探索式创新将无法适应企业的绩效目标。

2. 企业学习能力调节

所谓企业学习能力是指企业在运营过程中的一种组织活动能力，它是在创造、获取、传递以及整合知识的基础上，修正自身行为、产生新的认知进而提升自身的过程②。在花费大量资本进行企业创新的过程中，创新活动的有效性也会受到企业学习能力等外生力量的作用，而基于产业创新生态的网络关系对企业学习能力具有直接影响。

首先，有效的学习行为有利于促进学习主体捕捉其他创新主体溢出的知识，使学习主体以较少的交易成本获取创新资源；有效的学习行为有利于学习主体积累更多的创新观点，提升产品和工艺创新的能力。其次，系统中各个创新主体之间的关系强度对于知识以及信息等学习资源的转移以及交换具有显著的影响作用。因此，企业学习能力在企业的市场绩效对创新行为作用的过程中具有调节作用。

根据以上分析，在企业具有环境适应能力和学习能力的前提下，基于"企业的管理者具有开拓进取的企业家精神"等条件，本书可以得出以下命题：

---

① 王茂祥，李东．外部环境变化对企业战略创新的影响及其案例分析［J］．现代管理科学，2015（4）：36－38.

② 谢洪明，张霞蓉，程聪，等．网络关系强度、企业学习能力对技术创新的影响研究［J］．科研管理，2012，33（2）：55－62.

命题 15a：在产业创新生态的作用下，企业根据自身绩效目标以及外部发展环境的变化，采取不同的行为（包括创新行为）策略，以适应自身发展和环境变化的需要。

命题 15b：在产业创新生态的作用下，企业通过有效创造、获取以及整合市场绩效中所反映的市场信息，修正自身创新行为、产生新的创新认知进而提升创新能力。

根据以上研究命题，可以进一步提出以下理论模型（见图 3-23）：

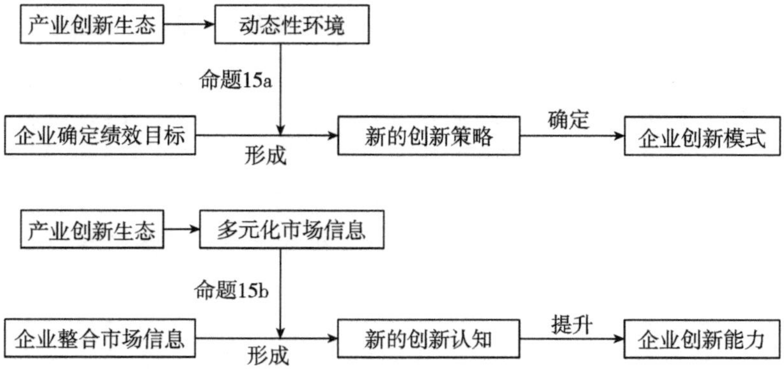

图 3-23　产业创新生态在企业创新对市场绩效作用中的调节机制的理论模型

本章小结

本章的主要目的是对产业创新生态、市场结构、企业创新以及市场绩效的关系机理进行分析并提出相应的研究命题，为之后实证分析中理论假设的建立提供理论依据，并为后面的实证研究提供理论上支撑以及方法论上的指引。

第一，对产业创新生态进行理论概述。基于产业创新生态的形成和演化，提出了产业创新生态的全新概念；揭示产业创新生态包括创新主体、创新模式、创新条件以及创新环境四大要件；剖析了产业创新生态的“自我发展和适应”“生态位分化”“复杂性强且复制难度大”“非封闭性且资源共享”等特征。第二，除一般角度外，本章还从产业创新生态角度对市场结构、企业创新以及市场绩效的内涵进行新的认识和理解。在产业创新生态环境下，动态环境的适应性、知识扩散以及企业“生态位”状况都会影响市场结构；企业创新更多的是网络创新、开放创新以及合作创新；商业模式创新、定价模式创新以及网络关系创新对市场绩效的提升十分重要。第三，揭示产业创新生态与市场结构、企业创新、市场绩效的关系机理。第四，从产业创新生态视角，剖析市场结构、企业创新与市场绩效的关系机理。第五，分析产业创新生态在市场结构、企业创新与市场绩效相互影响中的作用机理。

通过以上关系机理的总结，可以发现，本书有关“市场绩效—企业创新—市场绩效”关系的研究不同于“以梅森、贝恩为代表的结构主义强调市场结构对市场绩效的决定性影响，即高集中度—高利润率”，不同于“以斯蒂格勒为代表的效率主义，强调企业行为对市场绩效的重要影响”，也不同于“熊彼特和鲍莫尔等学者提出的创新理论和新制度经济学观点，强调的技术创新和制度变革、企业家精神、破坏性创造对于经济增长具有决定性的推动作用”。前三者都是以工业化为背景，探讨企业发展和经济增长，随着第四次工业革命的深度发展，产业边界模糊化，企业创新平台化等现象出现，使原有的经典理论都需要寻找新的理论逻辑起点。因为，产业创新生态本质上是一种制度安排，是介于企业与市场之间的全新的机制变革，由此，产业创新生态化必然对哈佛学派和芝加哥学派的观点产生颠覆性改造，相对于经典 SCP 理论，市场结构应架构在特定的产业生态系统之内，企业创新也必然置身于一定的产业创新生态之中。

综上所述，将“产业创新生态”进一步融入“市场结构—企业创新—市场绩效”的关系研究中，可以得出本书的理论框架，如图 3－24 所示。

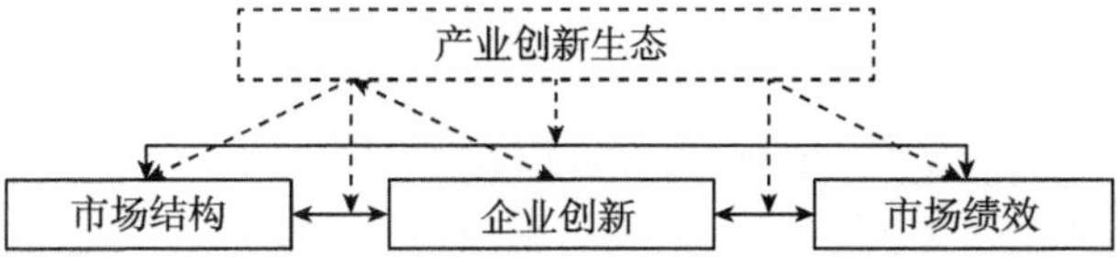

图 3－24 理论框架

在图 3－24 中，通过理论探索，可以发现，市场结构、企业创新以及市场绩效之间具有双向互动关系，用实线表示；虚线表示的都是与“产业创新生态”有关的关系内容，其中产业创新生态对市场结构、市场结构具有直接影响，产业创新生态与企业创新互为影响，产业创新生态在“市场结构与市场绩效”以及“企业创新与市场绩效”的互动关系中具有调节效应，产业创新生态在市场结构对企业创新作用的过程中具有调节效应，而在企业创新对市场结构的反作用过程中没有发现调节效应。

第四章　相关变量的测度及分析

在第三章对产业创新生态、市场结构、企业创新以及市场绩效的关系机理进行总结和分析的基础上，本章以2005～2015年规模以上工业的27个制造业行业为研究对象，进一步对产业创新生态、市场结构、企业创新以及市场绩效等变量进行测度并分析，为下文的实证研究进一步提供数据上的依据。

在进行测度研究之前，本书首先对规模以上工业的制造业各行业进行分类处理：一是确定所需要研究的具体制造业行业部门，二是为了从更为宏观的角度对各个变量的测度结论进行比较分析，这有利于从行业特征角度对测度结论形成的原因进行深入挖掘。本书依据2017年的《国民经济行业分类注释》① 以及李强和郑江淮（2013）的研究成果②，将制造业27个行业部门③分为劳动密集型、资本密集型以及技术密集型三个产业门类，如表4－1所示。

表4－1　制造业行业部门分类表

产业门类	行业门类
劳动密集型	农副产品加工业，食品制造业，饮料制造业，烟草制造业，纺织业，服装鞋帽业，皮革、毛皮制品业，木材加工业，家具制造业，造纸及纸制品业，印刷业，文教体育用品业，橡胶和塑料制品业

① 国家统计局.2017国民经济行业分类注释［M］.北京：中国统计出版社，2018.

② 李强，郑江淮.基于产品内分工的我国制造业价值链攀升：理论假设与实证分析［J］.财贸经济，2013（9）：95－102.

③ 相关统计年鉴中的制造业行业部门实际为31个，其中，金属制品、机械和设备修理业到2012年才作为统计门类出现；其他制造业在2012年前称为工艺品及其他制造业，为避免统计口径不一致，本书的研究对此行业不予研究；废弃资源和废旧材料回收加工业在很多年中统计数据是缺失的；从2012年开始，原有的橡胶制造业与塑料制造业的相关数据被统一到橡胶和塑料制造业一个行业门类中进行统计。

续表

产业门类	行业门类
资本密集型	石油加工业，非金属矿物制品业，黑色金属冶炼业，有色金属冶炼业，金属制品业，通用设备制造业，专用设备制造业，仪器仪表制造业
技术密集型	化学制品制造业，医药制造业，化学纤维制造业，交通设备制造业，电气机械制造业，计算机制造业

资料来源：笔者整理。

第一节 产业创新生态的测度与分析

一、测度方法

根据对产业创新生态内涵、构成以及特征的分析，并结合系统论的观点，可以发现产业创新生态的两个本质：一是复杂系统；二是动态演化的创新网络。前者表明产业创新生态是一个非线性的复合系统并包含着众多子系统，后者表明各个子系统之间是相互依赖、相互协同的，可以共同进化[①]。因此，对产业创新生态的测度即是对其各个子系统之间的协同和运行状态进行分析，根据协同论原理，系统运行的好坏或者有序与否不在于系统是否平衡，而在于子系统之间或者系统要素之间是否协调，它能够决定系统的发展规律，协同度是这种协调作用的主要度量指标，它代表着产业创新生态的总体运行状况，同时也表明系统要素或者子系统之间相互协调一致或者和谐的程度[②]。涉及协同度的具体测度模型有很多种，常见的包括复合系统变量相互关系模型、系统动态协同度模型以及系统耦合度模型等（见表 4－2）。

在汲取表 4－2 中经验研究方法优缺点的基础上，本书决定采用“复合系统协同度”法对产业创新生态的协同状况进行测度。采用这种方法的优点主要体现

① 任腾，周忠宝．复合系统的动态协同演化分析——以保险、信贷与股票金融复合系统为例［J］．中国管理科学，2017，25（8）：79－88.

② 武玉英，魏国丹，何喜军．基于耦合系数模型的高技术制造业与要素协同度测度及实证［J］．系统工程，2017，35（7）：93－100.

表 4－2　传统的协同度测度方法

测度方法	依据原理	测度标准	优点	缺点
复合系统变量相互关系模型	耗散结构论	系统要素间的协整检验系数	要素变量的平稳性得到了检验	协整检验时，每个要素变量的差分阶数必须相等；无法检验子系统之间的关系
系统动态协同度模型	系统论	动态协同函数	从动态的角度揭示系统协同程度	各子系统两两比较分析，计算烦琐；动态时点选择通过主观确定
系统耦合度模型	生态学	耦合度	建立回归方程分析子系统之间的耦合关系及规律	各子系统两两比较分析，计算烦琐；回归方程设计过程主观性强

资料来源：笔者整理。

在以下三个方面：第一，摒弃经验方法的缺点，为每个系统要素和子系统分配权重。每个系统要素在其子系统中发挥的作用是不同的，因此有必要为其设定权重；设置配套子系统和协同子系统，通过各协同子系统与配套子系统之间的关系计算子系统的权重，这充分体现了各协同子系统在产业创新生态中的地位和作用，比熵权法和模糊层次分析法更加客观，也更能体现系统特征。第二，汲取经验方法的优点，在进行协同度计算的同时考虑动态时间要素。第三，避免通过时间序列来对协同系数进行计算，减少了变量平稳性检验以及差分计算等烦琐步骤。

“复合系统协同度”法的测度步骤如下：

步骤1，定义子系统与序参量。假设创新生态 S 由 s_1，s_2，…，s_m，s_{m+1} 等 m 个协同子系统和1个配套子系统组成，配套子系统用 s_{m+1} 表示，即 $S=\{s_1, s_2, \cdots, s_m, s_{m+1}\}$，如用函数表示则为 $S=f(s_1, s_2, \cdots, s_m, s_{m+1})$。配套子系统中包含的是整个产业创新生态运行依赖的基本资源要素，它的主要功能是用来计算各个协同子系统的权重，并不直接作为协同度计算的依据。在此基础上，进一步假设产业创新生态中的某个子系统为 s_k，$k\in[1, m+1]$，s_k 中包含 j 个要素，其中 $1\leqslant j\leqslant n$，在系统论中也称之为序参量，每个序参量用 x_{kj} 表示，即 $x=\{x_{k1}, x_{k2}, \cdots, x_{kj}\}$。

步骤2，计算序参量的有序度。假设 x_{kj} 的上限和下限分别为 α_{kj} 和 β_{kj}，即 $\beta_{kj}<x_{kj}<\alpha_{kj}$，其中，在 $\alpha_{kj}>x_{kj\max}$，$\beta_{kj}<x_{kj\min}$ 的情况下，α_{kj} 和 β_{kj} 可以根据计算的简便性自行取值，一般是取与 $x_{kj\max}$ 和 $x_{kj\min}$ 最为接近的整数值。对子系统的有序化起到正向影响作用的序参量取值越大，有序度越高；对子系统的有序化起到负向影响作用的序参量取值越小，有序度越高，如式（4－1）所示：

$$U_k(x_{kj}) = \begin{cases} \dfrac{x_{kj} - \beta_{kj}}{\alpha_{kj} - \beta_{kj}},\ (x_{kj}+) \\ \dfrac{\alpha_{kj} - x_{kj}}{\alpha_{kj} - \beta_{kj}},\ (x_{kj}-) \end{cases} \tag{4-1}$$

式（4－1）中，$U_k(x_{kj})$表示 s_k 中 x_{kj}的有序度，$U_k(x_{kj}) \in [0,\ 1]$。$U_k(x_{kj})$越大，表示 x_{kj}对创新生态有序运行的影响就越大，反之亦然。

步骤3，计算各个子系统的有序度以及各个序参量的权重。运用因子分析法确定每个序参量在其子系统中的权重，运用几何平均数法可得各个子系统的有序度，如式（4－2）所示：

$$U_k(x_k) = \sqrt[n]{\prod_{j=1}^{n} \lambda_{kj} U_k(x_{kj})} \tag{4-2}$$

式（4－2）中，用 U_k（x_k）表示子系统 s_k 的有序度。运用因子分析法可得每个序参量的因子系数 γ_{kj}，通过将其归一化计算可得序参量的权重，即 $\lambda_{kj} = \dfrac{\gamma_{kj}}{\sum_{j=1}^{n} \gamma_{kj}}$，其中，$\lambda_{kj} > 0$，$\sum_{j=1}^{n} \lambda_{kj} = 1$。$U_k$（$x_k$）越大，$s_k$ 对创新生态有序运行的影响就越大，反之亦然。

步骤4，计算各子系统的权重。假设所研究系统的初始时间点为 T_0，在这时各个子系统的有序度为 $U_k^0(x_k)$，当各个子系统演化到时间点 T_1 时，各个子系统的有序度为 $U_k^1(x_k)$。假设各个协同子系统和配套子系统的协同度为 B_1，B_2，…，B_m，如式(4－3)所示：

$$B_k = \sqrt{|U_k^1(x_k) - U_k^0(x_k)| \times |U_{m+1}^1(x_{m+1}) - U_{m+1}^0(x_{m+1})|},\ k \in [1,\ m] \tag{4-3}$$

那么可得各个协同子系统的权重为 δ_1，δ_2，…，δ_m，如式（4－4）所示：

$$\delta_k = \frac{B_k}{\sum_{k=1}^{m} B_k},\ k \in [1,\ m] \tag{4-4}$$

步骤5，计算创新生态的协同度 TR，如式（4－5）所示：

$$TR = \theta \sqrt[m]{\prod_{k=1}^{m} |U_k^1(x_k) - U_k^0(x_k)|^{\delta_k}} \tag{4-5}$$

式（4－5）中，TR 值越大，说明整个创新生态的协同度也越大。其中，θ 值的计算如式（4－6）所示：

$$\theta = \frac{\min[U_k^1(x_k) - U_k^0(x_k) \neq 0]}{|\min[U_k^1(x_k) - U_k^0(x_k) \neq 0]|} \tag{4-6}$$

因此，可知 $TR \in [-1,\ 1]$。

二、测度体系

根据复合系统协同度法的建模思路以及本书的研究目的，必须要确定产业创新生态的配套子系统和协同子系统以及各个子系统中的要素内容。

众多学者对产业创新系统以及产业创新生态的子系统构成进行了大量研究，但由于研究视角和对象的不同，并没有对此问题形成统一的观点（见表4-3）。

表4-3 产业生态系统/产业创新生态各子系统构成的文献梳理

学者	子系统构成
Leydesdorff and Zawdie①	创新主体、创新制度、创新环境
卢涛和周寄中②	创新技术、创新政策、创新环境
汪秀婷和杜海波③	战略、核心网络、知识技术、环境
汪良兵等④	创新环境、技术研发、技术吸收、创新产出
龚常和游达明⑤	社会发展、环境压力、产业经济、可持续发展
董豪等⑥	创新环境、技术创新、制度创新、产业成长
李维梁和高雅⑦	产业内部需求、产业外部需求、产业内部供给、产业外部供给

资料来源：笔者整理。

表4-3中，产业生态系统或者产业创新生态主要包括创新主体类、创新技术类以及创新环境类子系统。现有研究将创新主体类和创新环境类子系统作为相互独立的对象进行分析并不符合产业创新生态的特征，由于产业创新生态强调创

① Leydesdorff L, Zawdie G. The Triple Helix Perspective of Innovation Systems [J]. Technology Analysis & Strategic Management, 2010, 22 (7): 789-804.

② 卢涛，周寄中．我国物联网产业的创新系统多要素联动研究［J］．中国软科学，2011（3）：33-45.

③ 汪秀婷，杜海波．系统视角下战略性新兴产业创新系统架构与培育路径研究［J］．科学管理研究，2012，30（1）：10-14.

④ 汪良兵，洪进，赵定涛，等．中国高技术产业创新系统协同度［J］．系统工程，2014，32（3）：1-7.

⑤ 龚常，游达明．区域产业生态创新系统健康评价研究——以长株潭城市群为例［J］．经济学家，2015（6）：41-47.

⑥ 董豪，曾剑秋，沈孟如．产业创新复合系统构建与协同度分析——以信息通信产业为例［J］．科学学研究，2016，34（8）：1152-1160.

⑦ 李维梁，高雅．供需协同的产业创新生态系统构建及对策研究［J］．华东经济管理，2016，30（11）：180-184.

新主体之间以及创新主体与环境之间的相互联系，因此本章设立主体交互子系统来体现这种联系的重要性。从系统论的角度看，产业创新生态作为有机系统同自然生态系统一样也是有投入和产出的，这也是创新技术作用的体现，而现有研究很少将投入和产出子系统同时纳入到产业创新生态内进行研究，基于此，本章将分别设立资源投入子系统和成果产出子系统。这里要指出的是，系统资源投入和系统成果产出之间具有密切联系，但并不是投入必然会引起产出的简单线性关系，产出子系统并不完全是投入子系统的成果体现。另外，设立和培养产业创新生态的目的是要提高整个产业的成长和竞争水平，推动产业的高质量发展，本章在借鉴有关研究中设立产业成长以及产业需求等子系统的基础上，进一步设立竞争活力子系统作为产业创新生态成长发展的重要体现。尽管产业的发展规模对产业创新生态的发展没有直接作用，但它却通过对其他子系统产生影响而对产业创新生态产生间接作用，因此本书还将设立产业规模子系统作为产业创新生态的配套子系统。

综上所述，本章将产业创新生态分为四个协作子系统和一个配套子系统，其中，协作子系统分别为资源投入子系统、成果产出子系统、竞争活力子系统以及主体交互子系统，配套子系统为产业规模子系统，它们也是产业创新生态的测度维度，其内容和功能如下：

（一）资源投入子系统

产业创新生态中的系统资源具有广义和狭义之分，广义上的系统资源涵盖各种创新主体所提供的土地、厂房、设备、资金以及人力等各种要素，狭义上的系统资源则是以企业所提供的各种创新要素，如 R&D 资源等。尤其是制造业各行业的创新生态，它是典型的以企业为主导的资源集聚模式，在这种模式中，企业主体发挥最为重要的作用，其他主体都围绕企业展开创新活动，因此，本章是从狭义角度探讨资源投入子系统的作用。与产业创新生态的集聚作用类似，资源投入子系统对整个产业创新生态的系统资源具有集聚作用，它通过增强企业主体的资源吸收能力解决系统内部资源需求和分配的矛盾，形成更多的系统产出，提升企业和整个产业创新生态的创新能力。

（二）成果产出子系统

同系统资源投入类似，产业创新生态中的成果产出也具有广义和狭义之分，广义上的成果产出是产业创新生态中各种创新主体成果产出的集成体现，狭义的成果产出是指企业的创新产出。本章主要是从狭义的角度分析投入子系统。创新成果产出是产业创新生态满足科技进步需求的判断依据，尤其是在制造业各行业的产业创新生态中，企业创新产出的提升可以带动甚至决定创新生态绩效的提升。成果产出子系统明确了创新主体创新活动的方向，能够反映系统产出对于社会发展和科技进步的现实需求的满足程度，提升产业创新生态投入产出的效率和创新能力。

（三）竞争活力子系统

制造业各行业的产业创新生态是企业创新群落的平台和载体，而企业创新群落的竞争力，决定了某个产业创新生态能够比其他产业创新生态更能向市场提供有效产品或服务的实力和潜力，因此，提升企业和产业的总体竞争力，是构建产业创新生态总体目标和建立产业创新生态比较优势的重要条件。而竞争活力子系统能够表现出创新生态的竞争力，是产业及其创新生态的生产、技术、销售、产品（或服务）更新等方面发展趋势的综合体现。

（四）主体交互子系统

主体交互子系统是以专业化分工为基础，使主体之间形成复杂而稳定的网络关系，在产品、服务以及信息等方面进行交流和互动，这有利于降低企业的创新成本，增强整个产业创新生态获取和积累知识的能力，产生网络外部性效应，推进产业创新生态能量输入和能量输出的不断转换。鉴于产业创新生态是实现产业协同创新的主要途径以及产业创新生态的协同创新网络本质属性，这里的主体交互关系主要表示创新主体间的协同创新关系。

（五）产业规模子系统

产业规模子系统是产业创新生态的配套子系统，包含的是产业发展的一般基础要素，表示的是产业发展的宏观经济状况，尽管它不能直接作用于创新主体以及产业创新生态，但是作为产业创新生态发展的重要基础，它可以通过与不同协作子系统间的交互作用间接影响产业创新生态及其系统主体，这在制造业各行业中表现得尤为明显。

根据以上对各个子系统的作用和特点的分析，可以得出相应的子系统关系模型（见图 4－1）。

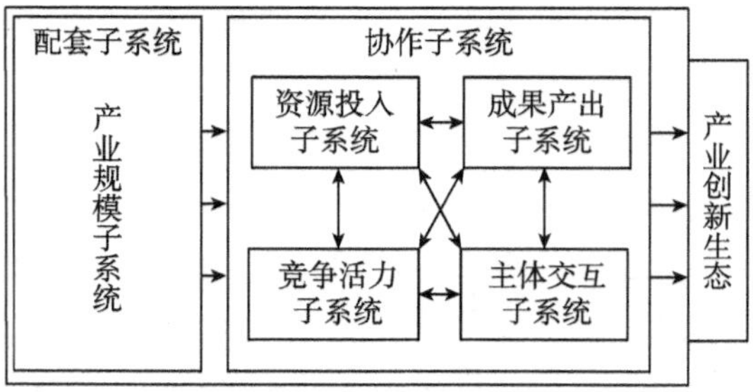

图 4－1　产业创新生态各子系统作用关系

本章在明确产业创新生态的各子系统及其相互关系后，将进一步建立产业创新生态测度体系（见表4－4）。

表4－4　产业创新生态运行状况评价维度以及指标体系

子系统分类	子系统/维度	维度功能	子系统评价指标（序参量）	指标含义	单位
协作子系统	资源投入	集聚系统资源	R&D人员折合全时当量	产业劳动力要素的高级化程度	人年
			高端人才比例	系统创新活动所需的人才环境	%
			R&D经费内部支出	投入到创新活动中的产业资本数量	万元
			R&D经费内部支出中的资产性支出	创新生态成长所需的技术要素及技术创新基础设施投入	万元
	成果产出	系统产出对于社会和科技发展需求的满足程度	国家知识产权局审批授权的专利数量	系统技术创新能力的直观表现	件
			新产品收入率	系统将创新投入转化为收入的能力和系统创新产品更新速度的大小	%
	竞争活力	表征创新生态的竞争力	销售利润率	表征系统的总体竞争水平	%
			出口销售率	表征系统的对外竞争水平	%
	主体交互	反映不同创新主体之间的相互关系	使用来自政府部门的科技活动资金	政策支持环境量化的直观表现	万元
			R&D经费内部支出中的政府资金	系统内政府对技术创新活动所需基础设施建设的支持程度	万元
			R&D经费内部支出中的其他资金	代表金融等中介机构对系统的支持	万元
			对境内研究机构研发经费支出比	代表企业与国内研究机构的创新联系	%
			对境内高等学校研发经费支出比	代表企业与国内高校的创新联系	%
配套子系统	产业规模	体现产业发展的一般要素	企业单位数	系统成长的直观表现	个
			平均用工人数	从劳动要素角度反映投入规模	万人
			总资产	从资本要素角度反映投入规模	亿元

三、测度结果分析

表4－4中所需指标数据主要来源于历年的《工业企业科技活动统计年鉴》

《中国科技统计年鉴》以及《中国统计年鉴》。根据所确定的产业创新生态测度体系和方法，本章有关产业创新生态的测度过程如下：

（一）计算产业创新生态各个子系统的有序度

利用因子分析方法对27个制造业行业的面板数据进行分析。首先，运用典型相关方法对标准化后的原始数据进行分析可得各个子系统间的相关系数（见表4－5）。

表4－5 产业创新生态各子系统间的相关系数

子系统	资源投入	成果产出	竞争活力	主体交互	产业规模
资源投入	1.000				
成果产出	0.980	1.000			
竞争活力	0.729	0.597	1.000		
主体交互	0.924	0.840	0.545	1.000	
产业规模	0.981	0.822	0.756	0.872	1.000

表4－5中，发现各子系统间相关系数大于0.5，相关性较高，因此，可以拒绝各子系统间相互独立的假设，即说明各子系统间具有较强相关关系；通过对所有变量数据进行分析，发现其KMO值为0.622，Sig值为0.000，因此，变量数据总体上适合做因子分析。在此基础上，可得各序参量的因子系数γ_{kj}和权重系数λ_{kj}（见表4－6）。

表4－6 各子系统序参量的因子系数和权重系数

资源投入	因子系数	γ_{11}	γ_{12}	γ_{13}	γ_{14}	
	系统值	0.985	0.684	0.964	0.810	
	权重系数	λ_{11}	λ_{12}	λ_{13}	λ_{14}	
	系数值	0.286	0.199	0.280	0.235	
成果产出	因子系数	γ_{21}	γ_{22}			
	系统值	0.861	0.776			
	权重系数	λ_{21}	λ_{22}			
	系数值	0.526	0.474			
竞争活力	因子系数	γ_{31}	γ_{32}			
	系统值	0.624	0.761			
	权重系数	λ_{31}	λ_{32}			
	系数值	0.451	0.549			

续表

主体交互	因子系数	γ_{41}	γ_{42}	γ_{43}	γ_{44}	γ_{45}
	系统值	0.866	0.635	0.547	0.583	0.648
	权重系数	λ_{41}	λ_{42}	λ_{43}	λ_{44}	λ_{45}
	系数值	0.264	0.194	0.167	0.178	0.197
产业规模	因子系数	γ_{51}	γ_{52}	γ_{53}		
	系统值	0.810	0.879	0.833		
	权重系数	λ_{51}	λ_{52}	λ_{53}		
	系数值	0.321	0.349	0.330		

表4－6中，某个序参量的权重系数值越大，它在其所在子系统中所起的作用就越重要。在资源投入子系统中起较重要作用的序参量为“R&D人员折合全时当量”和“R&D经费内部支出”；在成果产出子系统中起较重要作用的序参量为“有效发明专利数”；在竞争活力子系统中起较重要作用的序参量为“出口销售率”；在主体交互子系统中起较重要作用的序参量为“来自政府部门的科技活动资金”，其次是“R&D经费内部支出中的政府资金”；产业规模子系统中的序参量所起作用的程度基本一致。在对各个序参量的有序度进行计算之后，可得各个子系统的有序度（见附录A）。

（二）计算各个协同子系统的权重

通过计算协作子系统与配套子系统的协同度可以得到各行业创新生态系统协作子系统的权重值（见表4－7）。

表4－7 2005～2015年创新生态子系统权重均值

产业门类	行业门类	资源投入	成果产出	竞争活力	主体交互
劳动密集型	农副产品加工业	0.180	0.152	0.330	0.339
	食品制造业	0.174	0.219	0.295	0.312
	饮料制造业	0.159	0.260	0.245	0.335
	烟草制造业	0.185	0.364	0.197	0.254
	纺织业	0.105	0.200	0.424	0.271
	服装鞋帽业	0.130	0.208	0.391	0.271
	皮革、毛皮制品业	0.107	0.206	0.403	0.284
	木材加工业	0.144	0.242	0.293	0.321
	家具制造业	0.110	0.272	0.384	0.234

续表

产业门类	行业门类	资源投入	成果产出	竞争活力	主体交互
劳动密集型	造纸及纸制品业	0.144	0.183	0.341	0.332
	印刷业	0.153	0.235	0.331	0.280
	文教体育用品业	0.129	0.204	0.419	0.247
	橡胶和塑料制品业	0.167	0.218	0.353	0.262
均值		0.145	0.228	0.339	0.288
资本密集型	石油加工业	0.156	0.220	0.296	0.328
	非金属矿物制品业	0.159	0.288	0.265	0.287
	黑色金属冶炼业	0.205	0.223	0.309	0.263
	有色金属冶炼业	0.198	0.187	0.265	0.350
	金属制品业	0.123	0.172	0.367	0.338
	通用设备制造业	0.176	0.287	0.272	0.265
	专用设备制造业	0.161	0.263	0.268	0.309
	仪器仪表制造业	0.152	0.214	0.358	0.277
均值		0.166	0.232	0.300	0.302
技术密集型	化学制品制造业	0.196	0.236	0.197	0.371
	医药制造业	0.157	0.275	0.240	0.329
	化学纤维制造业	0.105	0.270	0.344	0.281
	交通设备制造业	0.208	0.281	0.229	0.283
	电气机械制造业	0.192	0.242	0.307	0.260
	计算机制造业	0.174	0.296	0.319	0.211
均值		0.172	0.267	0.273	0.289

表4-7中，制造业各行业的子系统权重分布各有不同，其中，资源投入子系统权重最高的行业占比为0，成果产出子系统权重最高的行业占比为11.11%，竞争活力子系统权重最高的行业占比为51.85%，主体交互子系统权重最高的行业占比为37.04%。从制造业整体情况看，系统竞争力对于产业创新生态的运行影响最大，其次是系统主体之间的交互关系以及系统的成果产出和资源投入。从各产业门类情况看，劳动密集型产业的竞争活力子系统权重均值最大，说明创新成果商业化、市场绩效提升以及企业竞争能力的增强对劳动密集型产业各行业创新生态发展的影响较强；资本密集型产业和技术密集型产业的主体交互子系统权重均值最大，说明创新主体之间的技术和信息交流、分工合作以及政府对企业的支持对资本密集型产业和技术密集型产业的创新生态影响较强。

（三）计算各个行业创新生态的协同度

在获取各行业创新生态子系统有序度及权重的基础上，由式（4－5）和式（4－6）计算可得各行业创新生态的协同度，以此来明确各行业创新生态的运行状态和现状（见表4－8）。

表4－8 2005～2015年制造业各行业创新生态的协同度

产业门类	行业门类	2005年	2007年	2009年	2011年	2013年	2015年
劳动密集型	农副产品加工业	-0.288	-0.293	-0.330	-0.287	-0.264	-0.314
	食品制造业	-0.322	-0.318	-0.298	-0.266	-0.229	-0.281
	饮料制造业	-0.370	-0.309	-0.298	-0.256	-0.270	-0.278
	烟草制造业	-0.263	-0.264	-0.231	-0.303	-0.226	-0.261
	纺织业	-0.349	-0.359	-0.371	-0.342	-0.196	-0.270
	服装鞋帽业	-0.318	-0.379	-0.353	-0.359	-0.239	-0.282
	皮革、毛皮制品业	-0.348	-0.357	-0.371	-0.310	-0.167	-0.303
	木材加工业	-0.364	-0.332	-0.357	-0.374	-0.232	-0.285
	家具制造业	-0.338	-0.399	-0.347	-0.327	-0.229	-0.242
	造纸及纸制品业	-0.312	-0.326	-0.346	-0.336	-0.219	-0.276
	印刷业	-0.273	-0.347	-0.324	-0.390	-0.252	-0.267
	文教体育用品业	-0.342	-0.423	-0.398	-0.314	-0.270	-0.275
	橡胶和塑料制品业	-0.349	-0.321	-0.373	-0.341	-0.255	-0.270
均值		-0.326	-0.341	-0.338	-0.323	-0.234	-0.277
资本密集型	石油加工业	-0.333	-0.285	-0.256	-0.282	-0.225	-0.291
	非金属矿物制品业	-0.339	-0.318	-0.392	-0.394	-0.257	-0.300
	黑色金属冶炼业	-0.256	-0.242	-0.315	-0.311	-0.200	-0.307
	有色金属冶炼业	0.278	-0.325	-0.357	-0.267	-0.300	-0.273
	金属制品业	-0.313	-0.375	-0.399	-0.386	-0.225	-0.274
	通用设备制造业	-0.343	-0.382	-0.351	-0.345	-0.321	-0.332
	专用设备制造业	-0.447	-0.365	-0.364	-0.367	-0.271	-0.332
	仪器仪表制造业	-0.352	-0.378	-0.352	-0.376	-0.226	-0.278
均值		-0.263	-0.334	-0.348	-0.341	-0.253	-0.298
技术密集型	化学制品制造业	-0.330	-0.316	-0.383	-0.364	-0.286	-0.315
	医药制造业	-0.351	-0.355	-0.328	-0.358	-0.290	-0.303
	化学纤维制造业	-0.228	-0.294	-0.340	-0.288	-0.172	-0.257

续表

产业门类	行业门类	2005 年	2007 年	2009 年	2011 年	2013 年	2015 年
技术密集型	交通设备制造业	-0.401	-0.406	-0.426	-0.320	-0.277	-0.318
	电气机械制造业	-0.352	-0.343	-0.344	-0.355	-0.281	-0.321
	计算机制造业	-0.412	-0.385	-0.475	-0.282	-0.291	-0.324
均值		-0.346	-0.350	-0.383	-0.328	-0.266	-0.306

表4-8中，各行业每年的创新生态协同度普遍为负值，这说明我国制造业各行业创新生态持续处于运行不良和不协调状态。另外，各产业门类创新生态的总体运行状况基本趋于一致，即各行业创新生态和各产业门类的“技术含量”之间的相关系数较小，这与现有的研究结论并不一致：创新生态系统是以技术标准为创新耦合纽带而形成的技术创新体系。可见，“技术”要素对于我国制造业各行业创新生态有效运行的作用十分有限，“劳动力”以及“资本”等要素也可能在产业创新生态发展的过程中起到重要作用。

各行业创新生态的发展还具有以下特点：

第一，协同度逐步上升，说明各行业创新生态运行状态正在得到改善，但速度较慢，这是由于各子系统和序参量的有序度发展较慢造成的。

第二，运行过程振荡起伏不定，如劳动密集型产业中的纺织业和造纸及纸制品业、资本密集型产业中金属制品业以及专用设备制造业、技术密集型产业中的医药制造业以及交通设备制造业等，它们的协同度在个别年份出现了“由负到正”的跳跃式变化，这说明产业创新生态的发展过程具有“突变”现象，另外也说明某些行业创新生态内部的协同关系并不稳固。

第三，各行业创业生态的协同度差距较小，基本分布在-0.4～-0.2，这说明制造业各行业创新生态的发展与行业异质性关系不大，产业创新生态的发展问题在制造业各行业内具有普遍性。

（四）进一步讨论

首先，对造成各行业创新生态发展不协调的因素进行分析（见表4-9），找出产业创新生态运行不良的原因。

表4-9中，资源投入子系统有序度下降的行业只有3.7%，成果产出子系统有序度下降的行业占到74.07%，竞争活力子系统下降的行业占到了88.89%，主体交互子系统有序度下降的行业则占到了77.78%，总体上看，制造业各行业创新生态运行不良主要是由资源投入子系统与其他子系统之间的发展不协调造成的。这说明制造业各行业投入到产业创新生态中资源的利用效率较低，这些资源在提升产业创新生态绩效、增强产业创新生态竞争力以及促进创新主体相互关联

等方面没有起到应有的作用。

表 4－9 2005～2015 年创新生态子系统发展趋势现状

产业门类	行业门类	资源投入	成果产出	竞争活力	主体交互
劳动密集型	农副产品加工业	↑	↑	↓	↑
	食品制造业	↑	↓	↑	↓
	饮料制造业	↑	↓	↑	↑
	烟草制造业	↓	↑	↓	↓
	纺织业	↑	↓	↓	↓
	服装鞋帽业	↑	↓	↓	↓
	皮革、毛皮制品业	↑	↓	↓	↑
	木材加工业	↑	↓	↓	↓
	家具制造业	↑	↓	↓	↑
	造纸及纸制品业	↑	↑	↓	↓
	印刷业	↑	↑	↓	↑
	文教体育用品业	↑	↓	↓	↑
	橡胶和塑料制品业	↑	↓	↓	↓
资本密集型	石油加工业	↑	↓	↑	↓
	非金属矿物制品业	↑	↓	↓	↓
	黑色金属冶炼业	↑	↓	↓	↓
	有色金属冶炼业	↑	↓	↓	↓
	金属制品业	↑	↓	↓	↓
	通用设备制造业	↑	↓	↓	↓
	专用设备制造业	↑	↑	↓	↓
	仪器仪表制造业	↑	↑	↓	↓
技术密集型	化学制品制造业	↑	↓	↓	↓
	医药制造业	↑	↓	↓	↓
	化学纤维制造业	↑	↓	↓	↓
	交通设备制造业	↑	↓	↓	↓
	电气机械制造业	↑	↓	↓	↓
	计算机制造业	↑	↑	↓	↓

从各产业门类情况看，协同度是按照“劳动密集型产业 > 资本密集型产业 > 技术密集型产业”进行分布的，这可以从驱动产业创新生态运行的要素异质性等

方面进行解释，即产业创新生态运行需要人力、资金、技术以及物质等各种要素的有效供给。

综上所述，劳动密集型产业和资本密集型产业各行业的创新生态运行相对较好，更多的是基于非技术要素的优势，这在一定程度上说明我国制造业各行业的创新生态都处于较初级阶段，其发展动力主要来自资源禀赋。另外，从技术层面看，各个产业门类的创新生态并不存在优劣之分。

其次，结合表4－8和表4－9的结论可以发现，产业创新生态在各个子系统相互协调的情况下是可以正常运行的，如2006年的纺织业、2012年的木材加工业、2008年的专用设备制造业以及2014年的交通设备制造业等。在创新生态内生发展力量不足的情况下，通过政策、制度等外生力量对创新生态进行及时调整，推动各子系统之间相互协调，将有可能会引发创新生态的“突变”，使其运行轨迹更加正常。

最后，判断各行业创新生态发展的潜力状况。

在借鉴贾晓霞和杨乃定（2003）[①] 以及叶姮等（2015）[②] 的研究结论基础上，本书分为5步对各行业协同度潜力值进行推算：

以表4－4中的产业创新生态运行状况评价指标体系为基础，潜力值测度的步骤1、步骤2以及步骤3与产业创新生态协同度的计算过程一致，分别用来定义“子系统与序参量”、计算“序参量的有序度和权重”以及“子系统的有序度”。在步骤4的“计算各子系统的权重”中，假设某个时间点T时的协同子系统有序度为$U_k^T(x_k)$，配套子系统有序度为$U_{m+1}^T(x_{m+1})$，各个协同子系统和配套子系统的协同度为$B=\sqrt{U_k^T(x_k)\times U_{m+1}^T(x_{m+1})}$。其中，$k$表示子系统的个数，$x_k$表示第$k$个子系统的序参量，$k\in[1, m]$，$m$的上限为4；另外，与式（4－4）一致，即$\delta_k=\dfrac{B_k}{\sum_{k=1}^{m}B_k}$，$k\in[1, m]$，$\delta_1$，$\delta_2$，…，$\delta_m$表示各子系统的权重。在步骤5的“创新生态的协同度潜力值”计算中，可得$TR_q=\sqrt[m]{\prod_{k=1}^{m}U_k^T(x_k)^{\delta_k}}$，$TR_q$表示产业创新生态协同度的潜力值。

它表示各个时间点的子系统完全没有受到前一个时间点子系统的干扰，充分

① 贾晓霞，杨乃定．基于复合系统的区域发展潜力评价［J］．科学学与科学技术管理，2003，24（3）：44－47.

② 叶姮，李贵才，李莉，等．国家级新区功能定位及发展建议——基于GRNN潜力评价方法［J］．经济地理，2015，35（2）：92－99.

发挥了子系统间的协同作用，体现了产业创新生态在完全发挥潜力后所能达到的最好运行和协同状态，表示产业创新生态所能发挥出的最大潜力（见表4－10）。因此，本质上，潜力值是现有状态下的产业创新生态在发挥最大潜力后的结果。

表4－10　2005～2015年创新生态协同度的潜力值

产业门类	行业门类	2005年	2007年	2009年	2011年	2013年	2015年	发展潜力
劳动密集型	农副产品加工业	0.452	0.459	0.457	0.466	0.479	0.467	低
	食品制造业	0.485	0.467	0.467	0.472	0.480	0.469	低
	饮料制造业	0.464	0.444	0.424	0.437	0.443	0.426	低
	烟草制造业	0.394	0.392	0.372	0.352	0.366	0.381	低
	纺织业	0.514	0.501	0.504	0.503	0.492	0.482	低
	服装鞋帽业	0.515	0.514	0.511	0.501	0.504	0.488	一般
	皮革、毛皮制品业	0.499	0.493	0.512	0.508	0.501	0.495	一般
	木材加工业	0.497	0.477	0.488	0.430	0.446	0.429	低
	家具制造业	0.537	0.505	0.514	0.501	0.478	0.478	一般
	造纸及纸制品业	0.459	0.460	0.460	0.438	0.438	0.433	低
	印刷业	0.485	0.489	0.493	0.452	0.442	0.436	低
	文教体育用品业	0.543	0.512	0.518	0.518	0.512	0.505	一般
	橡胶和塑料制品业	0.546	0.527	0.526	0.514	0.517	0.504	一般
均值		0.492	0.480	0.480	0.469	0.469	0.461	低
资本密集型	石油加工业	0.442	0.431	0.425	0.383	0.397	0.399	低
	非金属矿物制品业	0.524	0.532	0.523	0.491	0.493	0.475	一般
	黑色金属冶炼业	0.510	0.507	0.490	0.481	0.481	0.469	低
	有色金属冶炼业	0.510	0.513	0.487	0.486	0.490	0.469	低
	金属制品业	0.533	0.521	0.510	0.505	0.525	0.511	一般
	通用设备制造业	0.585	0.575	0.567	0.560	0.579	0.564	高
	专用设备制造业	0.575	0.574	0.565	0.571	0.580	0.563	高
	仪器仪表制造业	0.565	0.561	0.574	0.574	0.552	0.548	高
均值		0.531	0.540	0.531	0.506	0.512	0.500	一般
技术密集型	化学制品制造业	0.565	0.546	0.525	0.545	0.554	0.544	一般
	医药制造业	0.581	0.566	0.560	0.559	0.569	0.556	高
	化学纤维制造业	0.438	0.452	0.444	0.442	0.442	0.435	低
	交通设备制造业	0.616	0.597	0.598	0.599	0.600	0.592	高
	电气机械制造业	0.629	0.627	0.610	0.607	0.605	0.601	高
	计算机制造业	0.686	0.666	0.661	0.688	0.689	0.691	高
均值		0.586	0.576	0.566	0.573	0.577	0.570	高

表4-10中，本书将协同度潜力值的平均值小于0.5的产业创新生态定位为低发展潜力创新生态，将协同度潜力值的平均值大于等于0.5小于0.55的产业创新生态定位为一般发展潜力创新生态，将协同度潜力值的平均值大于等于0.55的产业创新生态定位为高发展潜力创新生态。技术密集型产业中发展潜力值平均水平最高，其次是资本密集型产业，最后是劳动密集型产业。因此，技术密集型产业应该成为今后制造业创新生态培育的重点。而要发挥高潜力产业创新生态的作用，需要对多个创新生态子系统之间的关系进行协调，并对有序度不断下降的子系统进行调整，使其不断发展和上升并成为创新生态发展的动力。

第二节 市场结构的测度与分析

一、测度方法

对市场结构的测度实质上就是运用量化指标对其进行测量。传统的SCP分析范式主要是从产品差异程度以及市场集中度等方面测度市场结构。前者包括需求和供给的交叉价格弹性等方法，后者包括绝对集中度和相对集中度，其中绝对集中度包括行业集中率、赫芬达尔-赫希曼指数、海纳-凯指数、熵指数、罗森布鲁斯指数以及CCI指数等方法，相对集中度包括洛伦茨曲线以及基尼系数等方法。

以上方法是从企业角度层面对市场结构进行测度，计算数据量大，准确度不高，不适合多个行业市场结构的测度问题研究。考虑到本书的研究目的及以上方法的不足，本书将采用价格成本差额法（PCM法）作为市场结构的测度方法①，如式（4-7）所示：

$$PCM_{it} = \frac{VA_{it} - W_{it}}{F_{it}} \tag{4-7}$$

式（4-7）中，VA_{it}为行业的工业增加值，W_{it}为行业的劳动力成本，F_{it}为行业的工业总产值，i表示不同行业，t表示不同时间。PCM_{it}值越高则市场垄断程度也越高。另外，本书选取PCM法衡量市场结构的原因还主要包括以下三个方

① Cheung Y W, Pascual A G. Testing for Output Convergence: A Re-examination [J]. Oxford Economic Papers, 2004, 56 (1): 45-63.

面：一是相关研究证明 PCM 法对从事单一业务线的企业近似有效①，因此，PCM 法很适合从宏观角度和产业层面测度市场结构；二是 PCM 法在很多实证研究中被广泛应用②③，体现了市场结构的总体状况④；三是 PCM 法已经被检测可以作为度量市场结构的绝对集中度的重要替代方法，如 Domowitz 等（1986）的研究表明 PCM 值与 CR_4 呈正向相关⑤。但传统 PCM 法也有其不足之处，其中最重要的是其未考虑资本成本，这在一定程度上会造成测度结果失真。因此，本书决定使用改进后的 PCM 法对市场结构进行测度，如式（4-8）所示：

$$PCM_{it}=\frac{VA_{it}-W_{it}-D_{it}}{F_{it}} \tag{4-8}$$

式（4-8）中，VA_{it}为行业的工业增加值；W_{it}为行业的劳动力成本；F_{it}为行业的工业总产值；D_{it}为行业的资本成本；i 表示不同行业；t 表示不同时间。其中资本成本的测度借鉴王兵（2008）的研究成果⑥，即 $D_{it}=\frac{1}{2}\left(R_{i(t-1)}\frac{V_{it}}{V_{i(t-1)}}+R_{it}\right)$，$R_{it}$ 表示 i 行业在 t 年时实际净收益，V_{it}表示表示 i 行业在 t 年时资产值。

二、测度结果分析

测度市场结构所涉及的工业增加值和工业总产值等指标数据来源于 2006～2016 年的《中国统计年鉴》；劳动力成本由行业工资总额表示，所涉及的指标数据可从 2006～2016 年的《中国劳动力统计年鉴》中获得；计算资本成本所涉及的实际净收益和资产值等指标数据可从 2005～2016 年的《中国工业经济统计年鉴》中获得。将指标数据代入式（4-8）后，可得制造业各行业的市场结构测度结果（见表 4-11）。

表 4-11 中，从各行业的纵向发展情况看，我国制造业大部分行业市场结构的竞争性有所提升。劳动密集型产业中，除造纸及纸制品业外，其他行业的市场

---

① 丹尼斯·卡尔顿，杰弗里·佩罗夫．现代产业组织［M］．上海：上海人民出版社，1998.

② 汪贵浦，陈明亮．邮电通信业市场势力测度及对行业发展影响的实证分析［J］．中国工业经济，2007（1）：21-28.

③ 孙巍，赵奚．研发行为会改变市场结构吗？——来自中国制造业的经验证据［J］．经济管理，2013，35（2）：135-143.

④ 陈彩慧．干中学的渗入和溢出效应对市场结构的影响研究［D］．南京：南京理工大学硕士学位论文，2017.

⑤ Domowitz I，Hubbard R G，Petersen B C. Business Cycles and the Relationship Between Concentration and Price-Cost Margins［J］. The RAND Journal of Economics，1986，17（1）：1-17.

⑥ 王兵．盈余质量与资本成本——来自中国上市公司的经验证据［J］．管理科学，2008（3）：67-73.

表 4－11　2005～2015 年制造业各行业市场结构测度结果

产业门类	行业门类	2005 年	2007 年	2009 年	2011 年	2013 年	2015 年
劳动密集型	农副产品加工业	0.216	0.210	0.160	0.112	0.099	0.108
	食品制造业	0.236	0.225	0.179	0.127	0.108	0.101
	饮料制造业	0.282	0.265	0.219	0.156	0.129	0.141
	烟草制造业	0.556	0.600	0.548	0.510	0.433	0.463
	纺织业	0.202	0.205	0.193	0.140	0.163	0.167
	服装鞋帽业	0.203	0.209	0.173	0.160	0.105	0.100
	皮革、毛皮制品业	0.205	0.211	0.196	0.158	0.101	0.095
	木材加工业	0.221	0.231	0.189	0.167	0.143	0.149
	家具制造业	0.205	0.197	0.162	0.128	0.102	0.098
	造纸及纸制品业	0.213	0.206	0.187	0.155	0.173	0.189
	印刷业	0.212	0.221	0.173	0.166	0.108	0.094
	文教体育用品业	0.186	0.193	0.197	0.183	－0.005	－0.009
	橡胶和塑料制品业	0.184	0.203	0.177	0.141	0.134	0.142
均值		0.240	0.244	0.212	0.177	0.138	0.141
资本密集型	石油加工业	0.143	0.167	0.152	0.074	0.091	0.121
	非金属矿物制品业	0.230	0.234	0.174	0.128	0.124	0.135
	黑色金属冶炼业	0.192	0.193	0.197	0.153	0.172	0.236
	有色金属冶炼业	0.176	0.172	0.216	0.137	0.164	0.182
	金属制品业	0.191	0.200	0.168	0.143	0.116	0.130
	通用设备制造业	0.195	0.191	0.155	0.135	0.154	0.161
	专用设备制造业	0.185	0.188	0.149	0.117	0.110	0.117
	仪器仪表制造业	0.177	0.174	0.150	0.121	0.169	0.163
均值		0.186	0.190	0.170	0.126	0.138	0.156
技术密集型	化学制品制造业	0.185	0.196	0.175	0.115	0.123	0.143
	医药制造业	0.245	0.250	0.194	0.143	0.120	0.112
	化学纤维制造业	0.150	0.156	0.192	0.095	0.143	0.171
	交通设备制造业	0.163	0.176	0.136	0.091	0.076	0.069
	电气机械制造业	0.193	0.188	0.157	0.125	0.123	0.124
	计算机制造业	0.159	0.146	0.148	0.124	0.108	0.110
均值		0.183	0.185	0.167	0.116	0.116	0.122

结构 *PCM* 值都呈下降趋势，说明这些行业的竞争性正在增强，垄断性减弱。资

本密集型产业中，技术含量和知识密度较高的行业，市场结构趋于竞争，如非金属矿物制品业、专用设备制造业以及仪器仪表制造业等行业。资本密集型中技术含量和知识密度较低的行业，如石油加工业、黑色金属和有色金属冶炼业等行业，近年来开始逐步由竞争向垄断方向发展。与资本密集型产业类似，技术密集型产业中知识密集比较高的行业，市场结构趋于竞争，如医药制造业、交通运输设备制造业、电气机械制造业以及计算机制造业等行业；这些行业产品的生命周期短、产品成长性强、附加值高、更新速度快、市场渗透能力强、市场不确定性不断提升，这都使市场竞争性不断增强。

从各行业的横向发展情况看（见图4-2），在行业性质由劳动密集型产业向技术密集型产业变化的过程中，行业竞争性有所增强。垄断性较强的行业基本都集中在劳动密集型产业中。资本密集型产业垄断性较高的行业包括黑色金属冶炼业以及有色金属冶炼业等行业，这两个行业也是典型的资源密集型产业和国有垄断行业，具有资源依赖度高、市场内向化、产业联系强、规模效应显著等特点。技术密集型产业垄断性较高的行业主要为医药制造业，2005~2010年各年的医药行业分析报告显示，我国的医药制造业处于相对垄断地位，这与本书的研究结论基本一致。

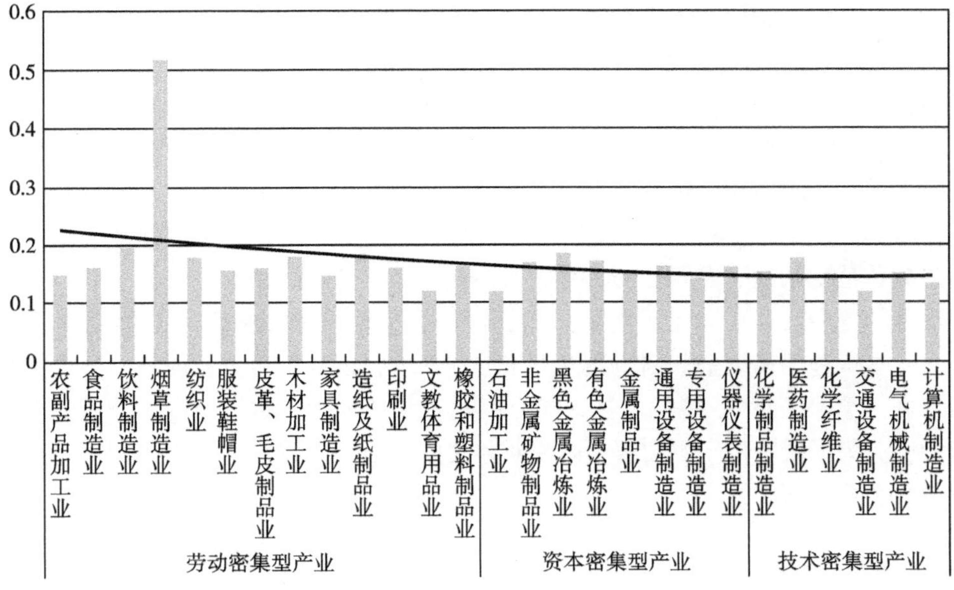

图4-2 2005~2015年制造业各行业PCM均值

从各产业门类情况看，劳动密集型产业和技术密集型产业的市场结构总体上趋于竞争；资本密集型产业的市场结构在 2011 年之前竞争性持续增强，但 2011 年之后垄断性又有所提升。由于行政垄断对劳动密集型产业大部分行业的影响，在 2013 年之前，市场竞争性总体上是按照"技术密集型产业 > 资本密集型产业 > 劳动密集型产业"进行分布的；随着大部分劳动密集型产业竞争性的不断增强，以及石油加工业、黑色金属和有色金属冶炼业等高资本投入性行业垄断性的提升，到 2013 年后，市场竞争性总体上是按照"技术密集型产业 > 劳动密集型产业 > 资本密集型产业"进行分布的。在劳动密集型产业以及技术密集型产业竞争性不断提升的带动下，制造业全行业的竞争性也在不断提升。

第三节　企业创新的测度与分析

一、测度方法

企业创新测度的主要作用一是有利于分析企业创新与其他现象变量之间的关系；二是有利于认识企业创新的规律；三是有利于对不同的企业创新行为进行比较。企业创新的测度与其他很多经济指标相似：一是需要建立测度指标；二是收集与指标相关的数据，但指标的选择与人们对创新过程的认识有关。

随着科学和经济的发展速度日益加快以及不确定性不断增强，在否定了创新的技术推动线性学说、需求引导学说以及两种学说的二元对立后，"链环—回路"模型①等复杂的创新模型思想逐步被人们所接受，它们更强调技术与创新之间的关系是复杂的、多元化的、有反馈的。另外，创新活动是涉及多个环节、多种因素的复杂活动，需要运用不同的创新指标反映技术创新活动的不同侧面②。因此，本章基于传统企业创新测度方法的优缺点，以本书对企业创新的分类标准为依据（见第三章），拟从"创新能力"角度和"创新本质"角度对企业创新进行测度。为了便于对于不同规模研究对象之间的横向比较，本章将运用相对数指标测度企业创新。

① Kline S J, Rosenberg N. An Overview of Innovation [A] //Landan R, Rosenberg N (Eds.), The Positive Sum Strategy [M]. Washington D. C.: National Academy Press, 1986: 275 – 305.

② 柳卸林. 技术创新经济学（第 2 版）[M]. 北京：清华大学出版社，2014.

（一）“创新能力”角度的企业创新测度方法

它主要包括研究与试验开发活动、技术购买和引进活动以及知识产权活动 3 大类创新行为测度指标。

1. 研究与试验开发（R&D）活动指标

此类活动主要表示企业的自主创新能力。依据前面分析中提到的 R&D 投入人员、R&D 经费总量支出以及 R&D 外部经费支出等指标应用中出现的问题，本书决定采用 R&D 内部经费支出强度测度 R&D 活动，如式（4 –9）所示：

$$R\&D_{IS} = \frac{R\&D_{IE}}{Industry_{SR}} \tag{4-9}$$

式（4 –9）中，$R\&D_{IS}$表示某行业 R&D 内部经费支出强度，$R\&D_{IE}$表示某行业 R&D 内部经费支出总额，$Industry_{SR}$表示某行业的销售收入，它是主营业务收入和其他收入之和，比主营业务收入的内涵更丰富、更全面。

2. 技术购买和引进活动指标

此类活动主要表示企业的开放创新能力，主要通过“技术购买和引进经费支出强度”测度，如式（4 –10）所示：

$$PI_{IS} = \frac{Pur_F + lm_F}{Industry_{SR}} \tag{4-10}$$

式（4 –10）中，PI_{IS}表示某行业技术购买和引进经费支出强度，Pur_F 表示某行业购买国内技术经费支出总额，lm_F 表示某行业引进技术经费支出总额，$Industry_{SR}$表示某行业的销售收入。

3. 知识产权活动指标

此类指标具有“产出”性质，是自主创新和开放创新的成果体现。依据前面的分析可以发现专利申请量更适合作为知识产权活动的测度指标，但其作为绝对数并不适合不同规模研究对象的比较，因此本书采用专利效率测度知识产权活动，如式（4 –11）所示：

$$Patent_{GR} = \frac{Patent_t}{R\&D_{IE}} \tag{4-11}$$

式（4 –11）中，$Patent_{GR}$表示专利效率，$Patent_t$ 表示某行业的专利申请量，$R\&D_{IE}$表示某行业 R&D 内部经费支出总额。

（二）“创新本质”角度的企业创新测度方法

它主要包括产品创新和工艺创新两大类创新行为测度指标。

1. 产品创新指标

此类指标体现企业的自主创新能力，包括投入和产出两个方面，其中投入指标为新产品开发经费，产出指标为新产品产值和新产品销售收入。依据前面的分析可以发现新产品产出指标面临着指标内容失真等问题，因此，本书主要基于“投入”方面使用新产品类指标，即采用新产品开发经费支出强度测度产品创新活动，如式（4－12）所示：

$$NEW_{IS}=\frac{NEW_F}{Industry_{SR}} \tag{4-12}$$

式（4－12）中，NEW_{IS}表示某行业产品创新经费支出强度，NEW_F 表示某行业产品创新经费支出总额，$Industry_{SR}$表示某行业的销售收入。

2. 工艺创新指标

此类指标体现企业的自主创新能力，主要通过“技术改造和吸收经费支出强度”测度，如式（4－13）所示：

$$TA_{IS}=\frac{Tra_F+Ab_F}{Industry_{SR}} \tag{4-13}$$

式（4－13）中，TA_{IS}表示某行业技术改造和吸收经费支出强度，Tra_F 表示某行业技术改造经费支出总额，Ab_F 表示某行业消化吸收经费支出总额，$Industry_{SR}$表示某行业的销售收入。

二、测度结果分析

本章研究所涉及的各行业 R&D 活动、技术购买和引进活动、知识产权活动、产品创新以及工艺创新等各类创新行为指标数据来源于 2006～2016 年的《中国工业企业科技统计年鉴》；所需要的销售收入等指标数据可从 2006～2016 年的《中国工业经济统计年鉴》中获得。将相关指标数据代入式（4－9）至式（4－13）后，可得 27 个制造业行业各类企业创新行为的测度结果（见附录 B）。

（一）“创新能力”角度企业创新测度结果分析

1. R&D 活动指标的测度结果分析

从各行业的纵向发展情况看，R&D 内部经费支出强度大都有小幅上升的态势。劳动密集型产业中，支出强度显著提升的行业较少。资本密集型产业中，支出强度显著提升的行业包括仪器仪表制造业、石油加工业以及黑色金属冶炼业。技术密集型产业中，支出强度显著提升的行业较多，包括医药制造业、化学纤维业、计算机制造业以及化学制品制造业。从以上分析中可以看出，产业的技术密集度越高，R&D 内部经费支出强度的上升趋势就越显著。但总体上看，我国制造业 R&D 内部经费支出强度在全球范围内仍处于较低水平，如专用设备制造业在 2010 年达到了 2.0%，在各行业中处于最高水平，但与主要发达国家制造业 2.5%～4% 的平均投入强度相比，仍然具有较大差距。

从各行业的横向发展情况看（见图 4－3），在行业性质由劳动密集型产业向技术密集型产业变化的过程中，R&D 内部经费支出强度有明显提升。技术密集型产业中支出强度在1%以上的行业占到了66.7%，资本密集型产业为37.5%，劳动密集型产业为0。技术密集型产业中，支出强度最高的是医药制造业，年均支出强度为1.6%。

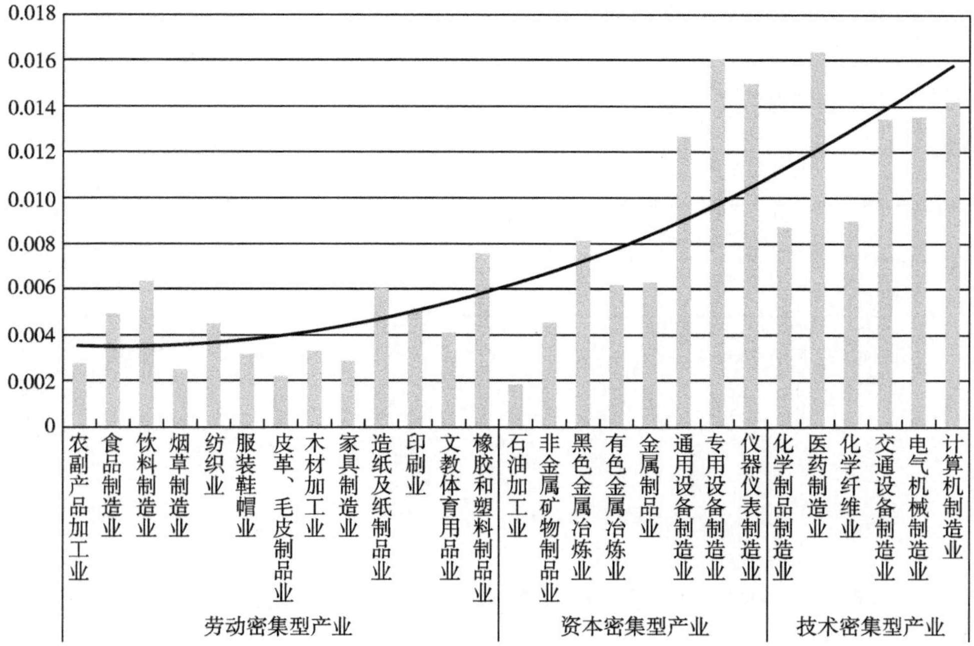

图4-3　2005~2015年制造业各行业R&D内部经费支出强度均值

从各产业门类情况看，R&D 内部经费支出强度总体上是按照“技术密集型产业>资本密集型产业>劳动密集型产业”进行分布的；技术密集型产业以及资本密集型产业的支出强度高于制造业全行业的一般水平。

2. 技术购买和引进活动指标的测度结果分析

从各行业的纵向发展情况看，购买和引进技术经费支出强度大都在下降，其中，支出强度下降幅度最大的行业也是R&D内部经费支出强度水平较高的行业，这在一定程度上可以说明制造业的总体自我研发和创新能力有所提升。

从各行业的横向发展情况看（见图4-4），在行业性质由劳动密集型产业向技术密集型产业变化的过程中，技术购买和引进经费支出强度有所提升。技术密集型产业中，支出强度最高的行业是交通设备制造业，年均支出强度为0.294%。资本密集型产业中，支出强度最高的行业是黑色金属冶炼业，年均支出强度为

0.249%。劳动密集型产业中，支出强度最高的行业是造纸及纸制品业，年均支出强度分别为0.199%。

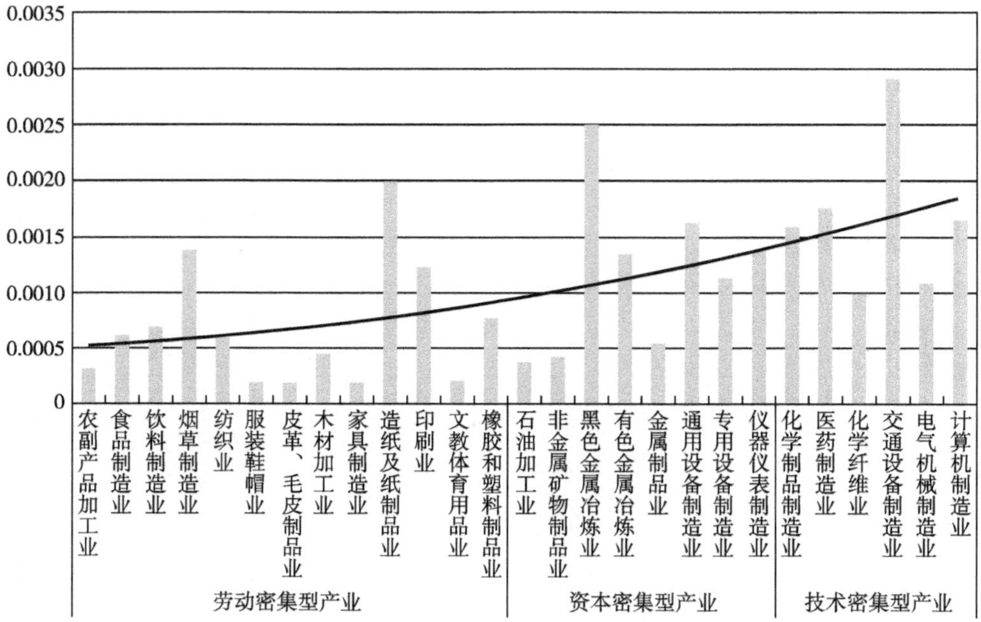

图4-4　2005~2015年制造业各行业技术购买和引进经费支出强度均值

从各产业门类情况看，技术购买和引进支出强度总体上是按照“技术密集型产业>资本密集型产业>劳动密集型产业”进行分布的；技术密集型产业和资本密集型产业的支出强度总体上高于制造业全行业的一般水平。

3. 知识产权活动指标的测度结果分析

从各行业的纵向发展情况看，专利效率大都有所上升。劳动密集型产业中，除食品制造业以及文教体育用品业外的大部分行业专业效率都有所提升；资本密集型产业中专利效率下降的行业较多，包括石油加工业等行业；技术密集型行业中除医药制造业外的其他行业的专利效率都在上升。结合R&D类创新行为的测度结论可以发现，通用设备制造业以及医药制造业等行业的R&D内部经费支出强度在有所提升的情况下，专利效率都有所下降，这在一定程度上说明这些行业产品的技术含量有所提升，专利成果产出门槛增高。

从各行业的横向发展情况看（见图4-5），在行业性质由劳动密集型产业向技术密集型产业变化的过程中，专利密度呈下降趋势。技术密集型产业中专利效率在1以上的行业比例为0，资本密集型产业为12.5%，劳动密集型产业为30.77%。结合图4-4的分析结论，可以发现R&D内部经费支出强度与专利效率具有一定的负相关关系。究其原因：一是与企业对创新资源的利用效率有关。现阶段我国制造业各行业多存在资源错配现象①，尤其是资本密集型和技术密集型产业分布具有资本配置普遍过剩以及劳动力配置存在明显缺口等问题，前者会使创新资源投入基数过大，后者会直接影响创新资源的利用效率，它们会对专利效率的提升产生不利影响。二是与产业及其产品的性质和特点有关，如医药制造业要获得新产品或者专利等创新成果，要经过大量和昂贵的试错过程，这使产品的开发成本很高以及要素投入的单位产出很低；而文教体育用品制造业等行业的产品，技术构造相对简单，研发周期短，专利门槛低，因此，专利效率相对较高。

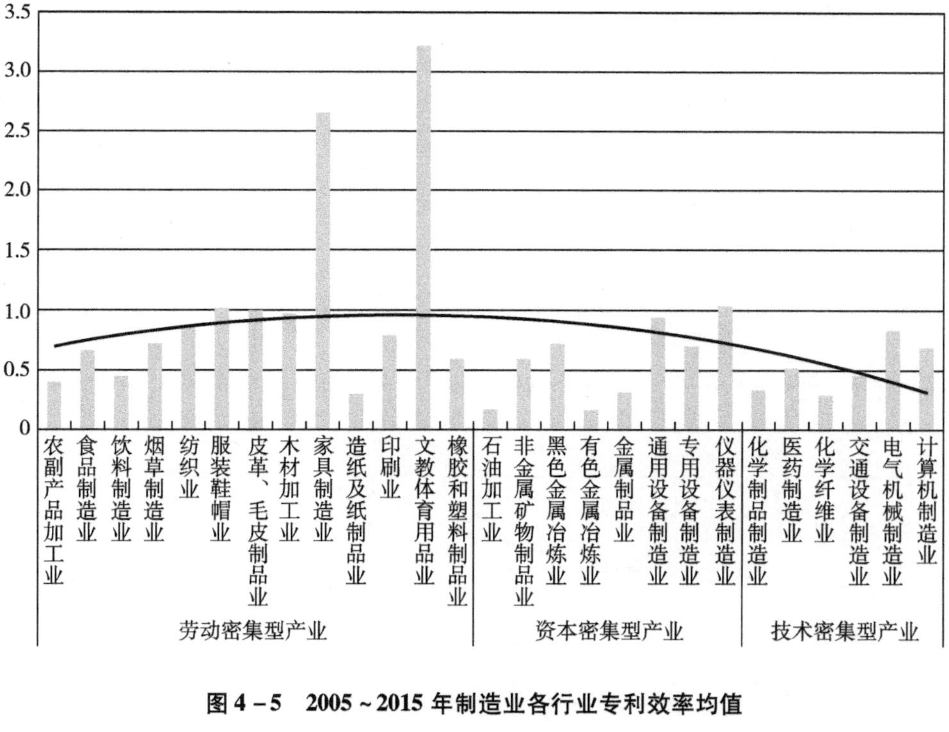

图4-5 2005~2015年制造业各行业专利效率均值

从各产业门类情况看，专利效率总体上是按照“劳动密集型产业>资本密集型产业>技术密集型产业”进行分布的。技术密集型产业和资本密集型产业的支

① 朱英明．产业集聚对资源错配的改善效果研究［J］．中国工业经济，2016（6）：73-90.

出强度低于于制造业全行业的一般水平。

（二）“创新本质”角度企业创新的测度结果分析

1. 产品创新指标的测度结果分析

从各行业的纵向发展情况看，新产品开发经费支出强度大都有小幅上升的态势。劳动密集型产业中，支出强度显著上升的行业主要包括皮革、毛皮制品业，食品制造业。资本密集型产业中，支出强度显著上升的行业主要包括仪器仪表制造业。技术密集型产业中，支出强度显著上升的行业为计算机制造业以及化学纤维制造业。新产品开发经费支出强度下降的行业大都支出强度水平较高，制造业产品创新活动的动力有所下降。

从各行业的横向发展情况看（见图4－6），在行业性质由劳动密集型产业向技术密集型产业变化的过程中，新产品开发经费支出强度有所提升。技术密集型产业中支出强度在1%以上的行业占到了83.3%，资本密集型产业为37.5%，劳动密集型产业为7.7%。技术密集型产业中，支出强度最高的是医药制造业，年均达到1.8%。从各产业门类情况看，新产品开发经费支出强度总体上是按照“技术密集型产业＞资本密集型产业＞劳动密集型产业”进行分布的；技术密集型产业和资本密集型产业的支出强度高于制造业全行业的一般水平。

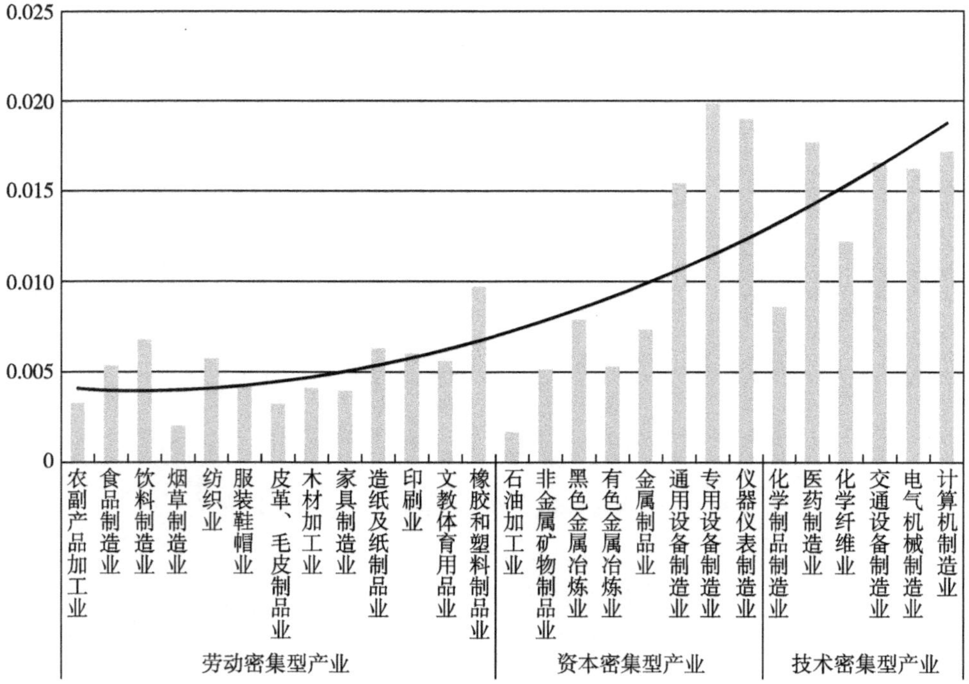

图4－6　2005～2015年制造业各行业新产品开发经费支出强度均值

2. 工艺创新指标的测度结果分析

从各行业的纵向发展情况看，技术改造和吸收经费支出强度大都有所下降。究其原因：一是各行业技术购买和引进经费支出强度都在下降，这可能会直接导致技术改进和吸收的经费绝对量和相对量减少；二是技术改造和吸收的效率有所提升；三是“重引进、轻消化吸收”现象依然存在。

从各行业的横向发展情况看（见图4－7），在行业性质由劳动密集型产业向技术密集型产业变化的过程中，技术改造和吸收经费支出强度有所提升；技术购买和引进经费支出强度高的行业的技术改造和吸收经费支出强度也都较高。一是说明技术改造作为一种依靠增量投入引导质量和增量调整的投资方式，是企业最终实现创新成果产业化的重要途径，同时也表明我国制造业各行业在耗费大量成本购买技术后也在积极探索如何能够将技术实现内部化以促进自身的持续发展；二是说明花费较大成本对外引进技术的行业也在加大消化吸收技术的力度，以实现技术的再创新，推动产品结构、工艺方法以及材料配方的改变和优化。但是对引进技术和技术消化吸收的强度进行比较后发现，制造业各行业依然存在“重引进、轻消化吸收”现象，如果不注重加强学习和消化吸收，努力形成独立的产品开发能力，制造业各行业在技术引进问题上依然很难避免陷入“引进—落后—再引进—再落后”的被动局面。

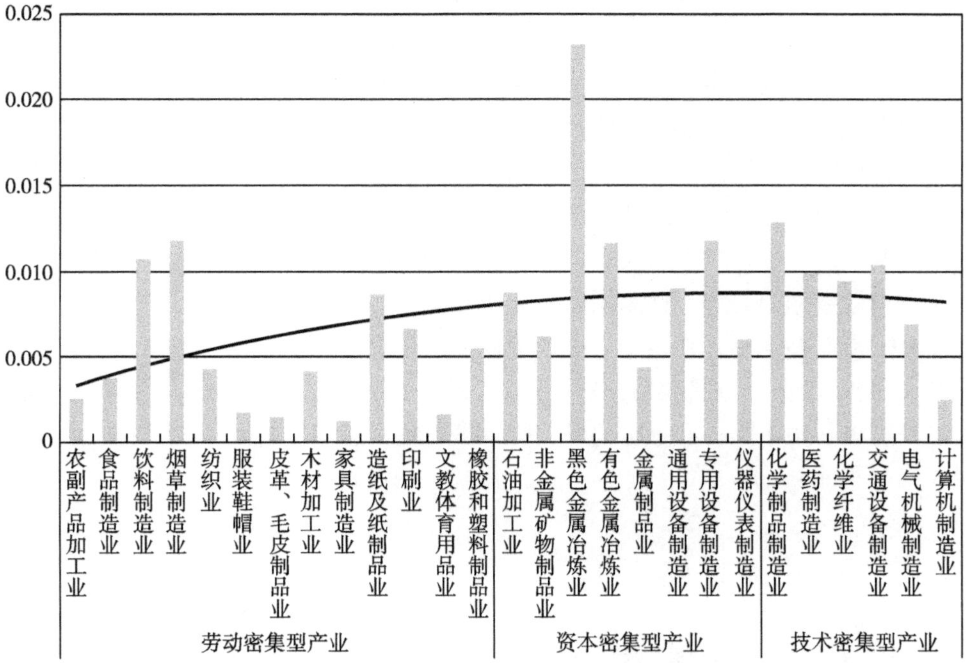

图4－7　2005～2015年制造业各行业技术改造和吸收经费支出强度均值

从各产业门类情况看，2013 年以前，技术改造和吸收经费支出强度总体上是按照“资本密集型产业 > 技术密集型产业 > 劳动密集型产业”进行分布的；2013 年以后，随着资本密集型产业的下降幅度有所增大，支出强度总体上是按照“技术密集型产业 > 资本密集型产业 > 劳动密集型产业”分布。

第四节　市场绩效的测度与分析

一、测度方法

市场绩效的本质是表现企业经济活动目标的实现程度，这需要将所追求的目标具体化为可计量的指标。被普遍用来测度市场绩效的指标主要包括利润率、收益率、勒纳指数、贝恩指数、托宾 Q 值以及生产率等，它们从不同方面对市场绩效进行量化。

由于以上指标要么过于强调消费者福利，忽视了企业、产业以及国民经济层次上的经济成果，要么客观性不足，缺乏相关数据的支持，测度困难较大，本章在单指标角度测度方法的基础上，并参照戴魁早（2008）有关市场绩效测度的研究思路①，将选取能够反映实际情况的若干个指标对市场绩效进行客观和综合评价。另外，考虑到规模以上工业企业在各个产业中处于主要地位，其经营绩效在更大程度上能够体现产业市场绩效方面的情况，因此，本章将通过规模以上工业企业绩效反映我国制造业各行业市场绩效状况。

本章在汲取传统市场绩效测度指标优点的基础上，从投入与产出的效率以及效益角度出发，选取以下几类指标作为市场绩效的测度变量（见表 4 - 12）。

在指标数据的处理上将采用因子分析模型。运用因子分析法分析多指标数据的优点一是能够运用公共因子对多个指标进行分组，这样更易于对市场绩效进行评价和比较分析；二是能够利用因子载荷系数得出多指标数据的综合评价结果。因子分析法利用矩阵内部结构关系，将众多数据变量归纳为几个公共因子，如式（4 - 14）所示：

① 戴魁早. 因子分析在我国钢铁业市场绩效分析中的应用［J］. 数理统计与管理，2008，27（2）：197 - 204.

表 4 - 12　市场绩效评价指标体系

指标类别	指标	指标内容
资产类	（1）资产增长率① （2）资产保值增值率 （3）资产负债率②	（当期资产总额 - 上一期资产总额）/上一期资产总额 当期所有者权益/上一期所有者权益 负债总额/资产总额
收益类	（4）产值利润率 （5）销售利润率③	利润总额/产业产值 利润总额/销售收入
投入产出类	（6）资产利润率④ （7）流动资产周转率⑤ （8）成本利润率⑥	利润总额/资产总额 销售收入/流动资产余额 利润总额/成本总额
成本类	（9）销售成本率⑥ （10）销售间接费用率	销售成本/销售收入 （财务费用 + 管理费用）/销售收入

$$\begin{cases} X_1 = a_{11}F_1 + a_{12}F_2 + \cdots + a_{1n}F_n + \varepsilon_1 \\ X_2 = a_{21}F_1 + a_{22}F_2 + \cdots + a_{2n}F_n + \varepsilon_2 \\ \vdots \\ X_m = a_{m1}F_1 + a_{m2}F_2 + \cdots + a_{mn}F_n + \varepsilon_m \end{cases} \tag{4-14}$$

式（4 - 14）中，X_1，X_2，…，X_m 为指标变量，a_{ij}（$i=1$，2，…，m；$j=1$，2，…，n）为因子载荷系数，F_1，F_2，…，F_n 为公共因子，ε_1，ε_2，…，ε_m 为特殊因子。具体分析步骤如下：

---

① 张腊凤，刘维奇．资产增长度量指标新论——经营资产增长率指标的提出与实证分析［J］．系统工程理论与实践，2016，36（6）：1382 - 1391.

② 陈建丽，孟令杰，王琴．上市公司研发投入与企业绩效的非线性关系［J］．中国科技论坛，2015（5）：67 - 73.

③ 仇云杰，魏炜．研发投入对企业绩效的影响——基于倾向得分匹配法的研究［J］．当代财经，2016（3）：96 - 106.

④ 林萍，刘雅玲．股权激励对公司绩效影响——基于软件和信息技术服务业的实证研究［J］．科研管理，2017，38（12）：99 - 105.

⑤ 刘瑞，高峰．我国传统产业调整效应评估［J］．江西社会科学，2015，35（5）：57 - 67.

⑥ 李艳冰，汪传旭．基于成本利润率的两级供应链优化与协调［J］．管理工程学报，2018，32（1）：100 - 106.

第一步，建立评价市场绩效的指标体系，将其进行标准化以适合比较分析；第二步，建立相关系数矩阵 T，对特征方程 $|T-\lambda E|=0$ 进行求解，得出特征值 λ，并根据累计方差贡献率（一般在85%以上）确定因子个数；第三步，计算特征向量并得出初始因子载荷矩阵，找出 a_{ij} 大于0.4的指标变量，如初始主因子的经济含义不明显，则进一步对因子载荷矩阵进行旋转，并得到旋转后的主因子；第四步，计算 X_m 在每个因子上的得分，并得出因子得分系数矩阵，进一步计算各因子的得分和市场绩效的综合得分。

二、测度结果分析

测度市场绩效所需要的指标数据主要来源于历年的《中国统计年鉴》《中国工业经济统计年鉴》以及国家统计局发布的国家统计数据库。以各行业相关历年数据的加权算术平均数作为因子分析的依据，各年的权重以研究时期的早晚表示，2005～2015年的数据权重分别为1～11，加权平均后的原始数据如表4－13所示。

表4－13　加权平均后的市场绩效原始数据

行业门类	(1)	(2)	(3)	(4)	(5)	(6)	(7)	(8)	(9)	(10)
农副产品加工业	0.171	1.194	0.535	0.055	0.055	0.117	3.951	0.063	0.024	0.035
食品制造业	0.159	1.186	0.488	0.082	0.083	0.127	3.060	0.106	0.092	0.051
饮料制造业	0.150	1.171	0.483	0.102	0.104	0.120	2.220	0.142	0.108	0.060
烟草制造业	0.108	1.112	0.245	0.135	0.139	0.142	1.491	0.494	0.062	0.063
纺织业	0.076	1.101	0.557	0.054	0.054	0.085	2.952	0.062	0.016	0.044
服装鞋帽业	0.141	1.165	0.507	0.060	0.062	0.106	2.840	0.073	0.039	0.057
皮革、毛皮制品业	0.137	1.167	0.491	0.067	0.068	0.135	3.216	0.080	0.028	0.051
木材加工业	0.153	1.181	0.454	0.064	0.064	0.141	4.697	0.077	0.027	0.045
家具制造业	0.157	1.175	0.520	0.060	0.062	0.098	2.815	0.073	0.040	0.060
造纸及纸制品业	0.102	1.111	0.574	0.058	0.060	0.061	2.283	0.069	0.030	0.055
印刷业	0.123	1.144	0.472	0.079	0.081	0.097	2.316	0.100	0.030	0.075
文教体育用品业	0.341	1.336	0.524	0.089	0.051	0.095	2.967	0.060	0.026	0.065
橡胶和塑料制品业	0.120	1.147	0.521	0.060	0.061	0.090	2.714	0.072	0.029	0.054
石油加工业	0.123	1.097	0.638	0.012	0.012	0.019	3.986	0.015	0.011	0.034

续表

行业门类	(1)	(2)	(3)	(4)	(5)	(6)	(7)	(8)	(9)	(10)
非金属制品业	0.157	1.173	0.543	0.073	0.075	0.091	2.682	0.089	0.033	0.057
黑色金属冶炼业	0.103	1.085	0.659	0.029	0.028	0.033	2.733	0.031	0.011	0.041
有色金属冶炼业	0.165	1.152	0.624	0.043	0.042	0.060	2.858	0.046	0.009	0.038
金属制品业	0.164	1.187	0.542	0.058	0.059	0.088	2.562	0.069	0.024	0.053
通用设备制造业	0.132	1.159	0.555	0.067	0.069	0.084	1.960	0.083	0.033	0.064
专用设备制造业	0.162	1.188	0.559	0.069	0.071	0.075	1.705	0.085	0.036	0.072
仪器仪表制造业	0.122	1.148	0.488	0.080	0.082	0.095	1.782	0.100	0.042	0.077
化学制品制造业	0.154	1.151	0.566	0.060	0.061	0.074	2.749	0.071	0.035	0.056
医药制造业	0.170	1.191	0.443	0.101	0.105	0.109	1.946	0.150	0.156	0.088
化学纤维制造业	0.101	1.105	0.615	0.043	0.043	0.050	2.341	0.047	0.011	0.045
交通设备制造业	0.155	1.164	0.606	0.078	0.079	0.088	1.891	0.094	0.032	0.060
电气机械制造业	0.160	1.173	0.579	0.061	0.063	0.082	2.003	0.074	0.041	0.057
计算机制造业	0.140	1.151	0.582	0.044	0.045	0.067	2.274	0.051	0.026	0.050

对表4－13中的数据进行因子分析：

第一，为了避免量纲差异和方差较大影响因子负荷系数，需要对原始数据进行标准化，运用SPSS对其进行因子运算分析后，可得变量的相关系数矩阵及其单边检验结果（见表4－14）。

表4－14　市场绩效各类指标数据相关系数及单边检验值表

	(1)	(2)	(3)	(4)	(5)	(6)	(7)	(8)	(9)	(10)
(1)	1.000	0.939	－0.042	0.238	－0.026	0.191	0.139	－0.127	0.114	0.206
(2)	0.000	1.000	－0.231	0.374	0.140	0.406	0.111	－0.041	0.193	0.349
(3)	0.418	0.123	1.000	－0.839	－0.842	－0.818	0.166	－0.853	－0.511	－0.470
(4)	0.116	0.027	0.000	1.000	0.952	0.744	－0.473	0.794	0.665	0.694
(5)	0.449	0.243	0.000	0.000	1.000	0.740	－0.513	0.825	0.703	0.672
(6)	0.170	0.018	0.000	0.000	0.000	1.000	0.074	0.541	0.481	0.332
(7)	0.244	0.291	0.204	0.006	0.003	0.357	1.000	－0.424	－0.325	－0.665
(8)	0.264	0.419	0.000	0.000	0.000	0.002	0.014	1.000	0.421	0.358
(9)	0.286	0.167	0.003	0.000	0.000	0.006	0.049	0.014	1.000	0.591
(10)	0.152	0.037	0.007	0.000	0.000	0.045	0.000	0.033	0.001	1.000

表4－14中，对角线上方的数据为相关系数，下方为单边检验值。可以发现，大部分相关系数的绝对值大于0.3，大部分的单边检验值小于0.05，各变量呈现较高的相关性，因此有较大概率提取公共因子。

第二，通过Bartlett球形检验，可得KMO值为0.565，Sig值为0.000，可以认为标准化的相关系数矩阵和单位阵有显著差异。另外，在反映像相关矩阵中，主对角线上的元素值分别为0.347，0.538，0.534，0.776，0.622，0.567，0.530，0.490，0.635，0.507，相对于非对角线的元素值较大。

综合第一步和第二步的结论，可知原有变量适合作因子分析。

第三，变量共同方差和特征根检验。

通过因子分析的初始解检验可以发现变量 $X_1 \sim X_{10}$ 在按指定条件提取特征值的共同方差数据分别为0.935，0.975，0.928，0.962，0.974，0.884，0.905，0.815，0.554，0.858，并且变量的共同方差均为1，原有变量的所有方差可被解释，各个变量的信息丢失较少，因子分析提取的总体效果较好。

根据表4－14中的相关系数矩阵结果可以得出其特征根和贡献率，以此判断提取公共因子的数量（见表4－15）。

表4－15　市场绩效各类指标数据相关系数及单边检验值

变量	特征根	贡献率（%）	累计贡献率（%）	变量	特征根	贡献率（%）	累计贡献率（%）
X_1	5.342	53.417	53.417	X_6	0.180	1.803	99.013
X_2	2.103	21.025	74.442	X_7	0.062	0.621	99.634
X_3	1.345	13.450	87.891	X_8	0.017	0.170	99.804
X_4	0.602	6.023	93.914	X_9	0.015	0.148	99.951
X_5	0.330	3.295	97.209	X_{10}	0.005	0.049	100.000

表4－15中，相关系数矩阵主要有三大特征根，其值分别为5.342，2.103，1.345，它们解释了变量指标标准差的87.891%，高于85%，说明需要提取3个公共因子。

第四，对各个变量因子进行归类，计算出因子载荷系数（见表4－16）。

表4－16　因子载荷矩阵

变量	F_1	F_2	F_3	变量	F_1	F_2	F_3
X_1	0.180	0.931	－0.187	X_3	－0.882	0.051	－0.385
X_2	0.345	0.918	－0.115	X_4	0.980	0.039	－0.009

续表

变量	F_1	F_2	F_3	变量	F_1	F_2	F_3
X_5	0.966	-0.200	0.037	X_8	0.800	-0.347	0.234
X_6	0.767	0.220	0.496	X_9	0.728	-0.009	-0.154
X_7	-0.472	0.421	0.711	X_{10}	0.734	0.040	-0.563

从表4-16中可以看出有6个变量在第1个因子的负荷都很高，这使3个因子的实际含义比较模糊，为使各个因子之间的信息更加独立，需要运用主成分分析法对因子负荷矩阵进行方差极大化旋转，以提升因子的可解释性（见表4-17）。

表4-17　极大化旋转后的因子载荷矩阵

变量	F_1	F_2	F_3	变量	F_1	F_2	F_3
X_1	-0.018	0.018	0.966	X_6	0.893	-0.099	0.278
X_2	0.161	0.041	0.974	X_7	-0.070	-0.928	0.197
X_3	-0.955	-0.116	-0.056	X_8	0.831	0.275	-0.220
X_4	0.828	0.473	0.228	X_9	0.543	0.485	0.157
X_5	0.859	0.485	-0.013	X_{10}	0.333	0.820	0.274

从表4-17中可以总结出各个公共因子的经济和统计意义，并将四类市场绩效指标分成3类公共因子（见表4-18）。

表4-18　公共因子经济意义

公共因子	F_1	F_2	F_3
高载荷系数指标	X_4，X_5，X_6，X_8，X_9	X_{10}	X_1，X_2，X_3，X_7
因子名称	资源配置效率	企业内部效率	产业组织技术效率

由表4-18可知，第1个公共因子在X_4、X_5、X_6、X_8以及X_9等变量上有较大载荷，其中，产值利润率反映了企业的综合盈利效率；销售利润率反映了企业的盈利发展水平；资产利润率反映了企业的资产盈利能力；成本利润率反映了企业盈利计划的完成情况；销售费用率反映了企业的营销能力，销售费用率越低，则销售毛利率越高；这些指标都体现出企业盈利方面的作用，而企业的盈利能力越强，利润水平就越高，竞争力越强，企业就能比其他企业更有效地向市场提供

产品和服务①，即以更低的价格或消费者更满意的质量持续生产和销售，这既增加了消费者剩余，也增加了生产者剩余，实现了产业资源的有效配置，因此，第1个公共因子可以命名为“资源配置效率”。

第2个公共因子在 X_{10} 上具有较大载荷，即销售间接费用率体现了企业在日常经营管理以及财务管理方面的总体表现，这直接影响企业的营运状况，它表示企业内部有效组织和管理带来的效率②，因此，第2个公共因子可以命名为“企业内部效率”。

第3个公共因子在 X_1、X_2、X_3 以及 X_7 等变量上有较大载荷，其中资产增长率体现了企业债务偿还的保障能力；资产保值增值率反映了投资者投入企业资本的保全性和增长性，该指标越高，表明企业的资本保全状况越好，所有者权益增长越快，债权人的债务越有保障；资产负债率体现了企业资产对债权人权益的保障程度；流动资产周转率体现了企业偿付日常债务的实力，是短期偿债能力的表现；这些指标基本都体现出企业的偿债能力，经过实证检验，企业的偿债能力与技术效率正相关③，因此，第3个公共因子可以命名为“产业组织技术效率”。

第五，测度市场绩效。根据回归算法得出的因子得分矩阵（见表4-19）以及各个公共因子的得分函数，见式（4-15）至式（4-17）。其中，SF_1、SF_2 以及 SF_3 表示公共因子 F_1、F_2 以及 F_3 的得分，$DX_1 \sim DX_{10}$ 表示各个变量标准化后的值。之后，运用各个公共因子的贡献率作为权重可得市场绩效的测度函数，见式（4-18）。

表4-19　因子得分矩阵

变量	F_1	F_2	F_3	变量	F_1	F_2	F_3
X_1	-0.078	0.026	0.458	X_6	0.304	-0.266	0.067
X_2	-0.024	-0.003	0.449	X_7	0.181	-0.535	0.088
X_3	-0.290	0.155	0.040	X_8	0.231	-0.034	-0.160
X_4	0.151	0.090	0.054	X_9	0.058	0.163	0.041
X_5	0.176	0.087	-0.062	X_{10}	-0.100	0.414	0.115

$$SF_1 = -0.078DX_1 - 0.024DX_2 - 0.290DX_3 + 0.151DX_4 + 0.176DX_5 +$$

① 金碚，李钢．中国企业盈利能力与竞争力［J］．中国工业经济，2007（11）：5-14.

② 范珍．企业管理效率的评价预测［J］．统计与决策，2010（14）：183-184.

③ 任志刚，丁国荣．中国上市公司治理对技术效率的影响——来自中国制造业上市公司的经验证据［J］．当代经济科学，2010，32（1）：16-22+124-125.

$$0.304DX_6+0.181DX_7+0.231DX_8+0.058DX_9-0.100DX_{10} \quad (4-15)$$

$$SF_2=0.026DX_1-0.003DX_2+0.155DX_3+0.090DX_4+0.087DX_5-0.266DX_6-0.535DX_7-0.034DX_8+0.163DX_9+0.141DX_{10} \quad (4-16)$$

$$SF_3=0.458DX_1+0.449DX_2+0.040DX_3+0.054DX_4-0.062DX_5+0.067DX_6+0.088DX_7-0.160DX_8+0.041DX_9+0.115DX_{10} \quad (4-17)$$

$$SF=(53.417SF_1+21.025SF_2+13.450SF_3)/87.891 \quad (4-18)$$

将各指标变量历年的标准化值代入式（4-15）至式（4-17）后，进一步将运算结果代入式（4-18）后，可得历年的各个行业市场绩效测度值（见表4-20）。

表4-20 2005~2015年市场绩效测度结果

产业门类	行业门类	2005年	2007年	2009年	2011年	2013年	2015年
劳动密集型	农副产品加工业	0.016	0.018	0.019	0.019	0.017	0.017
	食品制造业	0.027	0.027	0.030	0.030	0.031	0.032
	饮料制造业	0.033	0.034	0.035	0.036	0.037	0.036
	烟草制造业	0.063	0.062	0.054	0.049	0.061	0.054
	纺织业	0.013	0.012	0.013	0.015	0.015	0.015
	服装鞋帽业	0.018	0.017	0.019	0.021	0.020	0.021
	皮革、毛皮制品业	0.017	0.018	0.021	0.024	0.021	0.022
	木材加工业	0.019	0.020	0.020	0.021	0.024	0.022
	家具制造业	0.020	0.017	0.018	0.020	0.021	0.022
	造纸及纸制品业	0.017	0.018	0.017	0.016	0.015	0.016
	印刷业	0.024	0.023	0.023	0.023	0.023	0.025
	文教体育用品业	0.016	0.013	0.014	0.015	0.023	0.019
	橡胶和塑料制品业	0.018	0.016	0.018	0.018	0.019	0.020
均值		0.023	0.023	0.023	0.024	0.025	0.025
资本密集型	石油加工业	-0.003	0.004	0.011	0.003	0.002	0.003
	非金属矿物制品业	0.018	0.021	0.023	0.024	0.021	0.019
	黑色金属冶炼业	0.017	0.017	0.007	0.007	0.004	0.001
	有色金属冶炼业	0.020	0.020	0.011	0.013	0.007	0.006
	金属制品业	0.019	0.016	0.016	0.018	0.017	0.017
	通用设备制造业	0.023	0.021	0.020	0.020	0.020	0.020
	专用设备制造业	0.021	0.024	0.021	0.023	0.019	0.018
	仪器仪表制造业	0.023	0.022	0.023	0.023	0.026	0.028

续表

产业门类	行业门类	2005 年	2007 年	2009 年	2011 年	2013 年	2015 年
均值		0.017	0.018	0.017	0.016	0.015	0.014
技术密集型	化学制品制造业	0.025	0.022	0.018	0.020	0.016	0.016
	医药制造业	0.040	0.038	0.043	0.040	0.040	0.043
	化学纤维制造业	0.006	0.011	0.010	0.013	0.008	0.010
	交通设备制造业	0.016	0.019	0.022	0.021	0.022	0.023
	电气机械制造业	0.020	0.018	0.021	0.018	0.017	0.020
	计算机制造业	0.013	0.012	0.012	0.011	0.012	0.016
均值		0.020	0.020	0.021	0.021	0.019	0.021

表4－20中，从各行业的纵向发展情况看，市场绩效的发展趋势具有明显的行业异质性特征，即劳动密集型产业中大部分行业的市场绩效有所上升，资本密集型产业有所下降，技术密集型产业变化不大。部分行业的市场绩效水平较高，但增长率在不断下降。如烟草制造业的市场绩效在制造业中处于最高水平，但我国卷烟产量的增长率逐年下降，即由2011年的3.0%下降至2014年的1.9%；医药制造业近年来的市场绩效提升也十分缓慢，如主营业务的增长率由2011年的29.4%下滑至2015年的9.1%。

从各行业的横向发展情况看（见图4－8），在行业性质由劳动密集型产业向技术密集型产业变化的过程中，市场绩效呈现出“U”形的分布态势，即劳动密集型产业的市场绩效总体水平最高，技术密集型产业次之，资本密集型产业最低。

劳动密集型产业中，市场绩效最高的是烟草制造业。近年来，烟草制造业作为我国制造业“垄断性”最强的行业之一，产品的毛利率维持在70%以上，行业亏损总额与利润总额的比值仅为0.01%，这都是烟草制造业高市场绩效的主要原因。资本密集型产业中，市场绩效最高的是仪器仪表制造业。作为制造业“基础技术”和“装备核心”，仪器仪表制造业取得了跨越式发展，“十二五”期间，行业总产值接近万亿元，年平均增长率达15%左右，已经形成了产品门类比较齐全、具有一定生产规模和开发能力的产业体系。石油加工业等能源型行业的市场绩效在制造业全行业中处于最低水平。一是由于主力油田总体已进入递减阶段，稳产难度不断加大，而核燃料工业长期垄断封闭经营，机制体制落后，技术创新提升进程缓慢；二是企业生产成本高位运行，近年来企业用工、融资、物流、环保、用电等成本呈上升趋势；三是近年来企业经营不善以及亏损率高，如截至2013年底，我国石油加工业规模以上企业数量达2064家，当中508家企业出现亏损，行业亏损率达到24.61%。技术密集型产业中，市场绩效最高的是医药制造业。医药制造业的发展关乎国计民生，市场需求具有刚性，产品需求弹性较小，2012～2015 年，医药制造业销售收入平均增长速度为 15.05%，高于工业平均增长速度 7 个百分点，在所有工业行业中处于前列。

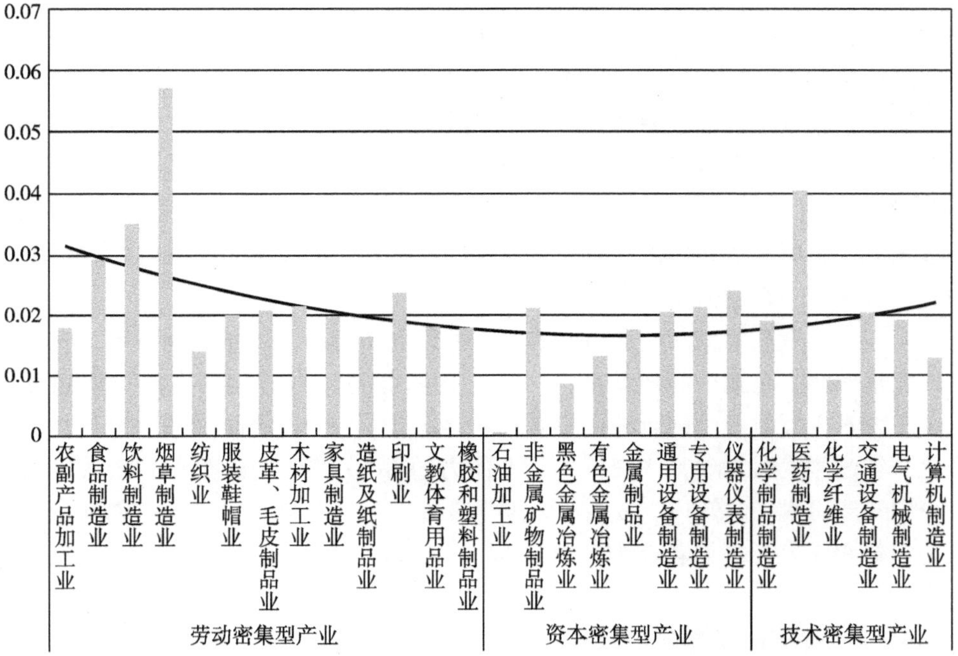

图 4－8　2005～2015 年制造业各行业市场绩效均值

从各产业门类情况看，市场绩效总体上是按照“劳动密集型产业＞技术密集型产业＞劳动密集型产业”进行分布的；劳动密集型产业明显高于制造业全行业一般水平并呈现上升趋势，资本密集型产业明显低于制造业全行业一般水平并呈现下降趋势；技术密集型产业则是围绕制造业全行业一般水平上下波动。另外，我国制造业内部结构调整升级缓慢，劳动密集型产业对制造业的发展仍起到主要带动作用，这也是我国制造业全行业市场绩效没有明显提升的主要原因。

本章小结

本书在借鉴“复合系统协同度”法、改良后的 PCM 法、创新过程的非线性特点以及因子分析法的基础上，结合 2005～2015 年的规模以上制造业 27 个行业以及劳动密集型、资本密集型以及技术密集型三个产业门类面板数据分别对创新生态、市场结构、企业创新以及市场绩效进行测度。

第一，本章选取“复合系统协同度”法对产业创新生态的运行状况进行测度。经过测度，发现我国制造业各行业的创新生态持续处于运行不良状态，其中原因主要在于各个子系统之间的关系不协调，但复合系统协同度正在缓慢上升，说明各行业的创新生态运行状况正在逐步得到改善。

第二，本章选取改良后“PCM 法”对市场结构进行测度。在 Cheung 和 Pascual（2004）提出的 PCM 法的基础上，本章进一步考虑资本成本等变量的影响，并对 PCM 法进行改良，以求其更能客观真实地反映市场结构的竞争或垄断情况。经过测度，我国制造业大部分行业的 *PCM* 值处于下降态势，说明它们的市场结构的竞争性在正在增强。

第三，本章基于创新活动内容的复杂性以及创新过程的非线性特点，在摒弃单因素指标测度企业创新的基础上，从“创新能力”和“创新本质”等角度并采用多因素指标对企业创新进行测度，以体现技术与创新之间关系的复杂性和多元化。经过测度后发现，代表自主创新能力的 R&D 和产品创新等创新活动以及代表创新产出水平的知识产权活动强度呈现逐步上升态势，代表自主创新能力的工艺创新和代表开放创新能力的技术购买和引进等创新活动强度呈现振荡下降趋势。

第四，由于市场绩效可以通过相互联系的多个指标进行测度，本章决定在建立市场绩效评价指标体系的基础上，运用因子分析法对其进一步分类以测度市场绩效的综合评价结果。经过测度后发现，劳动密集型产业大部分行业的市场绩效都有小幅上升，石油加工业、黑色金属冶炼业以及有色金属冶炼业等能源密集型行业市场绩效的下降使资本密集型产业的平均绩效水平下落幅度较大，技术密集型产业各行业的市场绩效水平总体平稳，基本没有变化。

综上所述，初步可以发现从静态角度，在市场结构、企业创新与市场绩效的关系方面，劳动密集型产业各行业的表现符合哈佛学派的“集中度—利润率”假说，即高集中度可能与高市场绩效正相关；而资本密集型产业和技术密集型产业中某些行业的表现否定了“集中度—利润率”假说，如仪器仪表制造业和医药制造业，其原因可能在于企业创新发挥了更为重要的作用。

第五章　市场结构对企业创新的作用

对于何种市场结构更有利于企业创新的发生，或者市场结构如何对企业创新产生影响，这一直是微观经济学和产业组织理论领域中的焦点问题。尽管学术界对此进行了深入研究，但仍没有确凿的定论。本章将采用 2005 ~ 2015 年我国制造业 27 个行业的面板数据，从产业创新生态的视角，进一步探讨市场结构对企业创新的作用。

第一节　研究设计

一、假设提出与实证目的

通过第三章的相关理论分析和所提出命题，可以得出本章研究相关理论假设（见表 5 – 1）。

表 5 – 1　理论假设

假设来源	假设内容
命题 2a 和命题 2b	H1：产业创新生态对企业创新具有显著正向影响
命题 5a 至命题 5c	H2：市场结构对企业创新具有显著的线性或非线性影响
命题 7a 至命题 7c	H3：产业创新生态在市场结构对企业创新的线性或非线性影响中具有显著的正向或负向调节效应

根据表 5 – 1 中的理论假设，可以得到相应的概念模型（见图 5 – 1）。

依据图 5 – 1 中的理论模型，可以得出本章的实证目的：本章的实证研究以制造业 27 个行业为研究对象，并通过“产业创新生态”“市场结构”以及“企业创新”等变量的面板数据，对“市场结构是否对企业创新具有显著的线性或者非线性作用”“产业创新生态是否对企业创新具有显著影响作用”以及“产业创新生态是否在市场结构作用于企业创新的过程中起到调节作用”等问题和假设进行分析和验证。

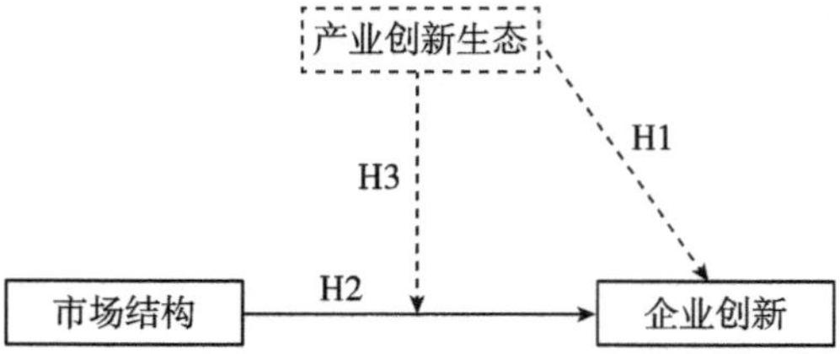

图5－1　基于产业创新生态的市场结构对企业创新作用概念模型

二、模型设定、变量选取与数据说明

根据对假设的设定，本章设置模型如下：

$$y_t = C + \alpha_1 TR_t + \alpha_2 MS_t + \alpha_3 TR_t \times MS_t + \beta_1 \ln Fix_t + \beta_2 \ln Wages_t + \lambda_t + \varepsilon_t \quad (5-1)$$

$$y_t = C + \alpha_1 TR_t + \alpha_2 MS_t + \alpha_3 MS_t^2 + \alpha_4 TR_t \times MS_t^2 + \beta_1 \ln Fix_t + \beta_2 \ln Wages_t + \lambda_t + \varepsilon_t \quad (5-2)$$

式（5－1）和式（5－2）中，被解释变量（企业创新）分别选取R&D内部经费支出强度（$R\&D_{IS}$）、技术购买和引进经费支出强度（PI_{IS}）、专利密度（$Patent_{DE}$）、新产品开发经费支出强度（NEW_{IS}）以及技术改造和吸收经费支出强度（TA_{IS}）等指标表示；解释变量 MS（市场结构）选取 PCM 值表示；调节变量 TR（产业创新生态）选取选取创新生态协同度表示；t 代表当期时间变量，λ 为控制时间要素的哑变量。

另外，本章还设计了以下控制变量：产业固定资产投资（亿元）（Fix）表示产业创新的硬件方面，可以为产业创新发展提供良好的物质环境，另外，企业的固定资产投资规模越大，信贷受限程度越低，这有利于促进企业对创新的投入①；社会在岗职工平均工资（元）（$Wages$）表示产业创新发展的软件方面，对于吸引人力资源等产业资源具有积极意义，并且劳动力成本的上升对企业创新活动也具有激励作用②。

本章实证中涉及的被解释变量、解释变量、调节变量以及控制变量均采用我

① 王丹莉．政府行为与产业结构演进——基于固定资产投资视角的考察［J］．当代中国史研究，2014，21（6）：32－42＋125－126.

② 林炜．企业创新激励：来自中国劳动力成本上升的解释［J］．管理世界，2013（10）：95－105.

国制造业 27 个行业 2005 ~ 2015 年的平衡面板数据作为分析样本，样本数为 27（行业数）×11（时期数）=297（个）。企业创新等被解释变量依据第四章中的式（4-9）至式（4-13）进行测算，它是从行业等宏观视角来进行分析，所选取的企业样本包括某行业的所有规模以上工业企业，所得出测算结果是某行业所有企业的创新行为和能力的总体体现，代表行业的企业创新行为总体情况，如 R&D 活动测算中的 R&D 内部经费支出总额是某行业内所有企业 R&D 内部经费支出的总和；企业创新测算中所涉及的各行业 R&D 活动、技术购买和引进活动、知识产权活动、产品创新及工艺创新等指标数据来源于 2006 ~ 2016 年的《中国工业企业科技统计年鉴》；销售收入等指标数据从 2006 ~ 2016 年的《中国工业经济统计年鉴》中获得。市场结构等解释变量依据第四章中的式（4-8）进行测算，工业增加值和工业总产值等指标数据来源于 2006 ~ 2016 年的《中国统计年鉴》；劳动力成本由行业工资总额表示，相关指标数据可从 2006 ~ 2016 年的《中国劳动力统计年鉴》中获得；计算资本成本所涉及的实际净收益和资产值等指标数据从 2005 ~ 2016 年的《中国工业经济统计年鉴》中获得。产业创新生态等调节变量依据第四章中的式（4-1）至式（4-6）进行测算，所需数据主要来源于《工业企业科技活动统计年鉴》《中国科技统计年鉴》及《中国统计年鉴》。控制变量中的固定资产投资总额和在岗职工平均工资来源于 2006 ~ 2016 年的《中国统计年鉴》。

通过对所列假设内容进行分析后可以发现，各个假设之间具有一定的层次关系，即在验证产业创新生态对企业创新的作用的基础上，进一步验证市场结构是否对企业创新具有线性或非线性作用，然后再验证产业创新生态是否会对这种线性或者非线性作用起到调节作用。因此，为了检验式（5-1）和式（5-2）中的变量关系，将逐步加入控制变量、调节变量、解释变量以及调节变量和解释变量的交互项通过分层逐步多元回归方法进行数据分析。其中，模型 1 是含有控制变量和调节变量 TR 的回归模型；模型 2 和模型 4 是含有控制变量、调节变量、解释变量 MS 和 MS^2 的回归模型；模型 3 和模型 5 是含有控制变量、调节变量、解释变量、交互项 $TR \times MS$ 和 $TR \times MS^2$ 的回归模型。

在运用传统的最小二乘法等计量经济估计方法进行面板数据回归分析时，第一，对变量进行描述性统计，以概括变量数据的整体特征；第二，对解释变量、调节变量以及控制变量的方差膨胀因子以及以上变量间的相关系数进行分析，以揭示变量间是否存在多重共线性；第三，进行面板数据的单位根检验和协整检验，前者是为了避免伪回归，检验变量数据的平稳性，后者是为了分析变量关系的稳定性；第四，通过 White 检验后，确定模型的估计方法；第五，采用无约束模型和有约束模型的回归残差平方和之比构造 F 统计量以确定是否采取固定效应模型，其中，运用 $F_1=\frac{(RRSS-URSS)/(N-1)}{URSS/(NT-N-K+1)}$：$F(N-1, N(T-1)-K+1)$ 检验设定个体固定效应模型的合理性，运用 $F_2=\frac{(RRSS-URSS)/(T-1)}{URSS/(NT-N-K+1)}$：$F(T-1, T(N-1)-K+1)$ 检验设定时间固定效应模型的合理性，运用 $F_3=\frac{(RRSS-URSS)/(T+N-2)}{URSS/(NT-T-N-K+1)}$：$F(T+N-2, NT-T-N-K+1)$ 检验双固定效应模型的合理性，其中，*RRSS* 为有约束模型的残差平方和，*URSS* 为无约束模型 ANCOVA 估计的残差平方和或者 LSDV 估计的残差平方和，*N* 为自变量的个数，*T* 为时序期数，*K* 为截面成员的个数；第六，通过霍斯曼检验确定模型类型。

根据已有研究成果以及本书的理论分析，可以得知企业创新对市场结构和产业创新生态具有反作用，因此，企业创新与市场结构、产业创新生态彼此间可能会具有内生性。如果只用最小二乘法进行估计，产生的估计结果可能会产生有偏性和非一致性。因此，本章将采用 2SLS 法和 GMM 法进一步对面板数据进行估计进而说明解释变量和调节变量是否具有内生性，以揭示解释变量和调节变量影响因变量的过程中是否会受到因变量对解释变量和调节变量反作用的影响。前者通过选取前定变量构造内生说明变量的工具变量，使工具变量的线性组合成为新的工具变量，进而解决工具变量选择唯一性和合理性的问题；后者则不需要最小二乘法、一般的工具变量法等参数估计方法所要求的“随机误差项服从某一分布”等条件，允许随机误差项存在异方差和序列相关，进而得出参数估计结果。基于 GMM 法的适用性以及所研究对象的路径依赖性，本章将在原实证模型的基础上添加被解释变量的滞后项作为解释变量①。

第二节　实证检验

一、描述性统计

这里主要是对各变量的描述性统计情况进行揭示，结果如表 5－2 所示。

① Blundell R, Bond S. GMM Estimation with Persistent Panel Data: An Application to Production Functions [J]. Econometric Reviews, 2007, 19 (3): 321－340.

表 5-2 主要变量的描述性统计情况和单位根检验

变量	样本数	最小值	最大值	均值	标准差	LLC
$R\&D_{IS}$	297	0.001	0.021	0.007	0.005	-6.415 (0.000)
PI_{IS}	297	0.00100	0.00670	0.00104	0.00104	-8.719 (0.000)
$Patent_{DE}$	297	0.090	5.200	0.799	0.744	-6.033 (0.000)
NEW_{IS}	297	0.001	0.026	0.009	0.006	-9.052 (0.000)
TA_{IS}	297	0.0005	0.0554	0.00728	0.00696	-8.814 (0.000)
MS	297	-0.018	0.600	0.171	0.081	-3.892 (0.000)
TR	297	-0.486	0.429	-0.283	0.145	-20.812 (0.000)
Fix	297	316.42	30385.29	5613.09	5541.23	-9.473 (0.000)
Wages	297	9927	134426	33925.26	17853.85	-9.624 (0.000)

根据表 5-2 中结果，可以发现各变量序列较为平稳。

二、方差膨胀因子与相关系数检验

为检验各变量间是否存在多重共线性，本章将对各解释变量、调节变量以及控制变量的方差膨胀因子（VIF）以及变量间的相关系数进行分析，结果如表 5-3 所示。

表 5-3 方差膨胀因子与相关系数检验

变量	*MS*	*TR*	ln*Fix*	ln*Wages*	*VIF*
MS	1.000				1.173
TR	-0.013	1.000			1.019
ln*Fix*	-0.363	0.087	1.000		1.429
ln*Wages*	0.043	0.130	0.424	1.000	1.254

表 5-3 中，各变量的 VIF 值基本都在 10 以下，变量间相关系数绝对值也基本都在 0.7 以下，各变量间基本不存在多重共线性。

三、结果估计

（一）R&D 活动的回归分析

首先，在进行最小二乘法的前提下，对变量间的协整性进行检验，对模型的类型等方面进行分析和确定（见表 5-4）。

表 5－4 模型类型检验结果

检验类型	模型 1	模型 2	模型 3	模型 4	模型 5
协整检验	LLC：－9.807 (P＝0.000)	LLC：－6.552 (P＝0.000)	LLC：－5.971 (P＝0.000)	LLC：－8.653 (P＝0.000)	LLC：－8.837 (P＝0.000)
White－F	14.052 (0.000)	11.001 (0.000)	25.432 (0.000)	16.314 (0.000)	19.223 (0.000)
F_2 统计量	$1.885>F_{0.05}$ (10.284)	$4.703>F_{0.05}$ (10.283)	$4.835>F_{0.05}$ (10.282)	$6.152>F_{0.05}$ (10.282)	$6.432>F_{0.05}$ (10.281)
Hausman	11.496 (P＝0.009)	37.410 (P＝0.000)	36.807 (P＝0.000)	56.747 (P＝0.000)	61.726 (P＝0.000)

表 5－4 中，可以发现模型 1 至模型 5 采用广义最小二乘法（GLS）法进行估计，变量间关系较平稳，属于时间固定效应模型。其中，模型 5 的异方差情况运用模型 6 的 White－F 值结果进行说明，一是通过对模型 6 运算，可以发现在去掉固定资产投资这个控制变量后，其他自变量的回归结果的显著性和“作用方向”没有变化，说明固定资产投资变量被略去后，其他解释变量、调节变量以及控制变量对被解释变量的影响没有变化，即固定资产投资变量的存在与否不会影响模型 5 的异方差结果，模型 6 的 White－F 值结果能够说明模型 5 的异方差情况；二是由于样本量较小，模型 5 的残差平方对两两相乘的自变量的变系数模型回归结果无法得出，即 White－F 值无法获得。

其次，分别运用最小二乘法以及 2SLS 法和 GMM 法对变量参数进行估计，如表 5－5 和表 5－6 所示。

表 5－5 基于产业创新生态的市场结构对 R&D 活动的影响

自变量	模型 1	模型 2	模型 3	模型 4	模型 5	模型 6
C	－0.036*** (0.000)	－0.070*** (0.000)	－0.067*** (0.000)	－0.107*** (0.000)	－0.110*** (0.000)	－0.114*** (0.000)
ln*Fix*	0.001*** (0.000)	0.001** (0.022)	0.001** (0.019)	0.0003 (0.265)	0.0003 (0.277)	
ln*Wages*	0.003*** (0.002)	0.007*** (0.000)	0.008*** (0.000)	0.011*** (0.000)	0.011*** (0.000)	0.012*** (0.000)
TR	0.0001 (0.955)	0.0004 (0.836)	0.019** (0.038)	0.0003 (0.858)	0.009** (0.024)	0.009** (0.021)

续表

自变量	模型1	模型2	模型3	模型4	模型5	模型6
MS		-0.025*** (0.000)	-0.056*** (0.000)	0.035*** (0.007)	0.037*** (0.004)	0.038*** (0.003)
MS^2				-0.110*** (0.000)	-0.194*** (0.000)	-0.201*** (0.000)
$MS \times TR$			-0.115** (0.039)			
$MS^2 \times TR$					-0.308** (0.017)	-0.311*** (0.016)
A - R^2	0.119	0.209	0.217	0.269	0.280	0.281

注：***表示0.01水平上显著，**表示0.05水平上显著，*表示0.1水平上显著。

表5-6　2SLS法和GMM法的估计结果

自变量	2SLS			GMM		
	模型7	模型8	模型9	模型10	模型11	模型12
C	-0.053*** (0.009)	-0.088*** (0.000)	-0.140*** (0.000)	0.005 (0.463)	-0.007 (0.155)	-0.011* (0.057)
lnFix	0.001*** (0.000)	0.0004 (0.212)	-1.07E-05 (0.975)	-8.75E-05 (0.273)	-0.0001 (0.287)	-0.0002** (0.036)
ln$Wages$	0.004*** (0.004)	0.009*** (0.000)	0.014*** (0.000)	-0.0003 (0.469)	0.001* (0.097)	0.001* (0.058)
$R\&D_{t-1}$				1.035*** (0.000)	0.983*** (0.000)	1.001*** (0.000)
TR	-0.011 (0.546)	0.002 (0.399)	0.001 (0.516)	0.004 (0.613)	0.001 (0.174)	0.0005 (0.392)
MS		-0.032*** (0.000)	0.066* (0.094)		-0.003* (0.068)	0.021** (0.019)
MS^2			-0.174*** (0.009)			-0.040** (0.014)
A - R^2	0.022	0.238	0.297	0.966	0.934	0.957
P（F-statistic）	0.000	0.000	0.000			

续表

自变量	2SLS			GMM		
	模型7	模型8	模型9	模型10	模型11	模型12
P（J－statistic）	0.991	0.144	0.900	0.527	0.294	0.655

注：***表示0.01水平上显著，**表示0.05水平上显著，*表示0.1水平上显著。

表5－5中和表5－6中，市场结构对R&D活动兼具有显著的倒“U”形和负向线性影响，这说明当市场结构的垄断性不断增强时，制造业各行业R&D投入强度由升而降，即市场过度的竞争或垄断都不利于企业R&D活动的发展，而负向线性影响进一步加剧了竞争性市场对产品创新的促进作用。产业创新生态对R&D活动没有直接的显著影响。一次交互项和二次交互项的系数都较为显著，并且都是负数，说明当产业创新生态低水平发展时，市场的竞争性会加剧企业R&D活动的强度。控制变量对R&D投入强度的提升具有促进作用。因此，对于R&D活动，H2和H3成立。

（二）技术购买和引进活动的回归分析

首先，在进行最小二乘法的前提下，对变量间的协整性进行检验，对模型的类型等方面进行分析和确定（见表5－7）。

表5－7 模型类型检验结果

检验类型	模型1	模型2	模型3	模型4	模型5
协整检验	LLC：－8.181（P＝0.000）	LLC：－6.952（P＝0.000）	LLC：－6.582（P＝0.000）	LLC：－6.811（P＝0.000）	LLC：－6.476（P＝0.000）
White－F	0.764（0.937）	0.392（1.000）	0.452（0.999）	不存在	不存在
F_1统计量	$25.195>F_{0.05}$（26.268）	$19.663>F_{0.05}$（26.267）	$19.762>F_{0.05}$（26.266）	$19.867>F_{0.05}$（26.266）	$19.897>F_{0.05}$（26.265）
Hausman	50.902（P＝0.009）	61.696（P＝0.000）	61.248（P＝0.000）	68.298（P＝0.000）	69.685（P＝0.000）

根据表5－7的结果，发现模型1至模型5采用OLS法进行估计，变量间关系较平稳，都属于个体固定效应模型。其中模型5的异方差情况运用模型6的White－F值结果进行说明，一是通过对模型6运算，可以发现在去掉固定资产投资这个控制变量后，其他自变量的回归结果的显著性和“作用方向”没有变化，说明固定资产投资变量被略去后，其他解释变量、调节变量以及控制变量对被解

释变量的影响没有变化，即固定资产投资变量的存在与否不会影响模型5的异方差结果，模型6的White－F值结果能够说明模型5的异方差情况；二是由于样本量较小，模型5的残差平方对两两相乘的自变量的变系数模型回归结果无法得出，即White－F值无法获得。

其次，对变量参数进行估计，如表5－8和表5－9所示。

表5－8 基于产业创新生态的市场结构对技术购买和引进活动的影响

自变量	模型1	模型2	模型3	模型4	模型5	模型6
C	0.014*** (0.000)	0.018*** (0.000)	0.018*** (0.000)	0.018*** (0.000)	0.018*** (0.000)	0.018*** (0.000)
ln*Fix*	－4.42E－06 (0.986)	－0.0003 (0.235)	－0.0003 (0.190)	－0.001* (0.081)	－0.001* (0.078)	
ln*Wages*	－0.001*** (0.000)	－0.001*** (0.000)	－0.001*** (0.000)	－0.001*** (0.000)	－0.001*** (0.000)	－0.002*** (0.000)
TR	0.0001 (0.650)	7.03E－05 (0.771)	0.002 (0.218)	7.35E－05 (0.760)	0.001 (0.279)	0.001 (0.288)
MS		－0.005*** (0.001)	－0.008*** (0.004)	－0.008*** (0.001)	－0.008*** (0.001)	－0.005*** (0.007)
MS^2				0.007 (0.135)	0.0003 (0.969)	－0.003 (0.669)
$MS \times TR$			－0.009 (0.231)			
$MS^2 \times TR$					－0.021 (0.294)	－0.020 (0.312)
A－R^2	0.685	0.697	0.698	0.699	0.699	0.696

注：***表示0.01水平上显著，**表示0.05水平上显著，*表示0.1水平上显著。

表5－9 2SLS法和GMM法的估计结果

自变量	2SLS			GMM		
	模型7	模型8	模型9	模型10	模型11	模型12
C	0.009*** (0.000)	0.016*** (0.000)	0.016*** (0.000)	－0.007 (0.228)	0.0003 (0.686)	－0.002 (0.341)

续表

自变量	2SLS			GMM		
	模型 7	模型 8	模型 9	模型 10	模型 11	模型 12
ln*Fix*	0.0002 (0.331)	-0.0004 (0.250)	-0.001 (0.155)	-0.0004 (0.342)	-0.0001 (0.305)	-9.83E-06 (0.672)
ln*Wages*	-0.001*** (0.000)	-0.001*** (0.000)	-0.001*** (0.005)	0.001 (0.192)	0.0001 (0.384)	0.0002 (0.287)
PI_{t-1}				1.328*** (0.001)	0.380*** (0.000)	0.915*** (0.000)
TR	-0.001 (0.235)	-0.001 (0.494)	-0.001 (0.487)	-3.45E-05 (0.984)	6.12E-05 (0.770)	0.0002 (0.300)
MS		-0.005*** (0.004)	-0.007** (0.016)		-0.001** (0.016)	-0.001* (0.097)
MS^2			0.005 (0.395)			0.003 (0.157)
$A-R^2$	0.725	0.629	0.628	0.222	0.939	0.875
P (F-statistic)	0.000	0.000	0.000			
P (J-statistic)	0.727	0.230	0.231	0.855	0.250	0.947

注：*** 表示 0.01 水平上显著，** 表示 0.05 水平上显著，* 表示 0.1 水平上显著。

表 5-8 和表 5-9 中，市场结构对技术购买和引进活动负向线性影响，这说明当市场结构的垄断性不断增强时，制造业各行业技术购买和引进活动强度逐步下降，即市场垄断不利于企业技术购买和引进活动的发展。产业创新生态在市场结构对技术购买和引进活动的线性和非线性影响过程中没有调节作用。控制变量中，平均工资对技术购买和引进活动具有显著的负向影响。因此，对于技术购买和引进活动，H2 成立。

（三）知识产权活动的回归分析

首先，在进行最小二乘法的前提下，对变量间的协整性进行检验，对模型的类型等方面进行分析和确定（见表 5-10）。

根据表 5-10 的结果，可以发现变量间关系较为平稳，模型 2 采用 GLS 法进行估计，模型 3 和模型 4 采用 OLS 法进行估计，属于个体固定效应模型。模型 1 Hausman 的 P 值为 0.065，但由于其 White-F 值较为显著，个体固定模型和个体随机模型结果的经济管理意义相差不大，并且为避免可能出现的异方差干扰回归结果的现象，因此最好采用 GLS 估计的个体固定效应模型分析。其中，模型 5 的异方差情况运用模型 6 的 White - F 值结果进行说明，一是通过对模型 6 运算，可以发现在去掉固定资产投资这个控制变量后，其他自变量的回归结果的显著性和“作用方向”没有变化，说明固定资产投资变量被略去后，其他解释变量、调节变量以及控制变量对被解释变量的影响没有变化，即固定资产投资变量的存在与否不会影响模型 5 的异方差结果，模型 6 的 White - F 值结果能够说明模型 5 的异方差情况；二是由于样本量较小，模型 5 的残差平方对两两相乘的自变量的变系数模型回归结果无法得出，即 White - F 值无法获得。因此，模型 5 采用 OLS 法估计，属于个体固定效应模型。

表 5 - 10　模型类型检验结果

检验类型	模型 1	模型 2	模型 3	模型 4	模型 5
协整检验	LLC：-13.401 (P=0.000)	LLC：-6.656 (P=0.000)	LLC：-6.672 (P=0.000)	LLC：-6.745 (P=0.000)	LLC：-6.745 (P=0.000)
White - F	3.184 (0.000)	3.071 (0.000)	不存在	不存在	不存在
F_1 统计量	$29.538>F_{0.05}$ (26.268)	$25.721>F_{0.05}$ (26.267)	$25.647>F_{0.05}$ (26.266)	$29.104>F_{0.05}$ (26.266)	$28.826>F_{0.05}$ (26.265)
Hausman	7.242 (P=0.065)	14.655 (P=0.006)	20.838 (P=0.000)	26.658 (P=0.000)	27.194 (P=0.000)

其次，对变量参数进行估计，如表 5 - 11 和表 5 - 12 所示。

表 5 - 11　基于产业创新生态的市场结构对知识产权活动的影响

自变量	模型 1	模型 2	模型 3	模型 4	模型 5	模型 6
C	-0.968*** (0.000)	-1.221*** (0.001)	-3.608*** (0.000)	-3.358*** (0.000)	-3.365*** (0.000)	-3.377*** (0.000)
ln*Fix*	-0.181*** (0.001)	-0.080 (0.202)	-0.321** (0.041)	0.052 (0.755)	0.052 (0.755)	
ln*Wages*	0.313*** (0.000)	0.247*** (0.001)	0.616*** (0.000)	0.279* (0.088)	0.280* (0.089)	0.325*** (0.000)
TR	-0.039 (0.318)	-0.030 (0.459)	-0.950 (0.197)	-0.062 (0.656)	-0.077 (0.822)	-0.076 (0.823)

续表

自变量	模型 1	模型 2	模型 3	模型 4	模型 5	模型 6
MS		0.691** (0.015)	3.993** (0.015)	7.838*** (0.000)	7.834*** (0.000)	7.598*** (0.000)
MS^2				-14.187*** (0.000)	-14.002*** (0.000)	-13.625*** (0.003)
$MS \times TR$			5.520 (0.215)			
$MS^2 \times TR$					0.556 (0.961)	0.482 (0.966)
$A-R^2$	0.799	0.819	0.790	0.807	0.807	0.807

注：*** 表示 0.01 水平上显著，** 表示 0.05 水平上显著，* 表示 0.1 水平上显著。

表 5-12 2SLS 法和 GMM 法的估计结果

自变量	2SLS			GMM		
	模型 7	模型 8	模型 9	模型 10	模型 11	模型 12
C	0.073 (0.810)	-2.625*** (0.000)	3.710** (0.020)	0.213 (0.473)	2.464*** (0.000)	3.630** (0.022)
ln*Fix*	-0.236*** (0.002)	-0.281*** (0.008)	0.482 (0.336)	-0.177** (0.017)	-0.277*** (0.006)	0.507 (0.327)
ln*Wages*	0.264*** (0.000)	0.029 (0.828)	-0.750 (0.153)	0.175** (0.023)	0.026 (0.824)	-0.768 (0.155)
$Patent_{t-1}$				0.321** (0.038)	0.063 (0.404)	0.054 (0.742)
TR	0.122 (0.606)	0.170 (0.219)	0.097 (0.768)	-0.011 (0.966)	-0.119 (0.337)	0.055 (0.862)
MS		2.483*** (0.000)	12.683*** (0.005)		2.641*** (0.000)	12.666** (0.013)
MS^2			-28.609*** (0.006)			-28.503** (0.015)
$A-R^2$	0.832	0.975	0.912	0.870	0.985	0.916
P（F-statistic）	0.000	0.000	0.000			

续表

自变量	2SLS			GMM		
	模型7	模型8	模型9	模型10	模型11	模型12
P（J - statistic）	0.234	0.249	0.729	0.279	0.117	0.636

注：*** 表示0.01水平上显著，** 表示0.05水平上显著，* 表示0.1水平上显著。

表5-11和表5-12中，市场结构对知识产权活动兼具有显著的倒“U”形和正向线性影响，这说明当市场结构更具垄断性时，制造业各行业的专利效率会上升。产业创新生态对知识产权活动没有直接显著影响。产业创新生态在市场结构对知识产权活动的线性和非线性影响过程中没有调节作用。控制变量中，固定资产投资和平均工资对知识产权活动分别具有显著的负向和正向影响。因此，对于知识产权活动，H2成立。

（四）产品创新的回归分析

首先，在进行最小二乘法的前提下，对变量间的协整性进行检验，对模型的类型等方面进行分析和确定（见表5-13）。

表5-13　2SLS法和GMM法的估计结果

检验类型	模型1	模型2	模型3	模型4	模型5
协整检验	LLC：-10.857（P=0.000）	LLC：-6.641（P=0.000）	LLC：-7.785（P=0.000）	LLC：-7.427（P=0.000）	LLC：-8.752（P=0.000）
White - F	12.245（0.000）	10.791（0.000）	60.926（0.000）	6.985（0.000）	17.818（0.000）
F_2统计量	$1.468 < F_{0.05}$（10.284）	$4.606 > F_{0.05}$（10.283）	$4.753 > F_{0.05}$（10.282）	$5.816 > F_{0.05}$（10.282）	$6.098 > F_{0.05}$（10.281）
Hausman	8.823（P=0.032）	38.716（P=0.000）	38.420（P=0.000）	54.453（P=0.000）	60.050（P=0.000）

根据表5-13的结果，可以发现模型1的F_2统计量小于$F_{0.05}$（10.285），但由于其时间随机模型条件下Hausman值的P值为0.032，因此采用时间固定效应模型分析模型1较为合适。因此，模型1至模型5都属于时间固定效应模型，采用GLS法估计，变量间关系平稳。其中，模型5的异方差情况运用模型6的White - F值结果进行说明，一是通过对模型6运算，可以发现在去掉固定资产投

资这个控制变量后，其他自变量的回归结果的显著性和“作用方向”没有变化，说明固定资产投资变量被略去后，其他解释变量、调节变量以及控制变量对被解释变量的影响没有变化，即固定资产投资变量的存在与否不会影响模型5的异方差结果，模型6的White－F值结果能够说明模型5的异方差情况；二是由于样本量较小，模型5的残差平方对两两相乘的自变量的变系数模型回归结果无法得出，即White－F值无法获得。

其次，对变量参数进行估计，如表5－14和表5－15所示。

表5－14 基于产业创新生态的市场结构对产品创新的影响

自变量	模型1	模型2	模型3	模型4	模型5	模型6
C	－0.030** (0.018)	－0.076*** (0.000)	－0.074*** (0.000)	－0.119*** (0.000)	－0.122*** (0.000)	－0.120*** (0.000)
ln*Fix*	0.001*** (0.000)	0.0004 (0.343)	0.0004 (0.319)	－6.29E－05 (0.868)	－8.05E－05 (0.831)	
ln*Wages*	0.003** (0.031)	0.009*** (0.000)	0.009*** (0.000)	0.012*** (0.000)	0.013*** (0.000)	0.013*** (0.000)
TR	－0.0002 (0.917)	0.0002 (0.939)	0.025** (0.034)	8.56E－05 (0.969)	0.011** (0.030)	0.011** (0.031)
MS		－0.034*** (0.000)	－0.074*** (0.000)	0.031* (0.051)	0.034** (0.034)	0.034*** (0.035)
MS^2				－0.120*** (0.000)	－0.227*** (0.000)	－0.225*** (0.000)
$MS \times TR$			－0.150** (0.033)			
$MS^2 \times TR$					－0.391** (0.019)	－0.390** (0.019)
A－R^2	0.053	0.164	0.173	0.213	0.225	0.227

注：***表示0.01水平上显著，**表示0.05水平上显著，*表示0.1水平上显著。

表5－14和表5－15中，市场结构对产品创新兼具有显著的倒“U”形和负向线性影响，这说明当市场结构的垄断性不断增强时，制造业各行业产品创新投入强度由升而降，即市场过度的竞争或垄断都不利于企业产品创新的发展，而负

向线性影响进一步加剧了竞争性市场对产品创新的促进作用。产业创新生态对产品创新没有直接的显著影响。一次交互项和二次交互项的系数都较为显著，并且都是负数，说明当产业创新生态低水平发展时，市场的竞争性会加剧企业产品创新的强度。控制变量对产品创新强度的提升具有促进作用。因此，对于产品创新，H2 和 H3 成立。

表 5 – 15 2SLS 法和 GMM 法的估计结果

自变量	2SLS			GMM		
	模型 7	模型 8	模型 9	模型 10	模型 11	模型 12
C	-0.039 * (0.088)	-0.115 *** (0.000)	-0.167 *** (0.000)	-0.0003 (0.955)	-0.005 (0.209)	-0.016 ** (0.018)
$\ln Fix$	0.001 ** (0.012)	-0.0002 (0.704)	-0.001 (0.172)	-1.37E-05 (0.871)	-7.74E-05 (0.265)	-0.0003 *** (0.004)
$\ln Wages$	0.004 ** (0.038)	0.013 *** (0.000)	0.017 *** (0.000)	5.64E-05 (0.881)	0.001 (0.160)	0.002 ** (0.018)
NEW_{t-1}				1.005 *** (0.000)	1.001 *** (0.000)	0.993 *** (0.000)
TR	0.006 (0.734)	0.002 (0.362)	0.001 (0.561)	0.001 (0.935)	-0.0002 (0.743)	-1.77E-05 (0.981)
MS		-0.047 *** (0.000)	0.081 (0.105)		-0.002 * (0.094)	0.029 *** (0.007)
MS^2			-0.222 *** (0.009)			-0.056 *** (0.004)
$A-R^2$	0.060	0.208	0.236	0.973	0.977	0.956
P (F-statistic)	0.010	0.000	0.000			
P (J-statistic)	0.855	0.897	0.947	0.907	0.724	0.651

注：*** 表示 0.01 水平上显著，** 表示 0.05 水平上显著，* 表示 0.1 水平上显著。

（五）工艺创新的回归分析

首先，在进行最小二乘法的前提下，对变量间的协整性进行检验，对模型的类型等方面进行分析和确定（见表 5 – 16）。

表 5-16 模型类型检验结果

检验类型	模型 1	模型 2	模型 3	模型 4	模型 5
协整检验	LLC：-8.979 (P=0.000)	LLC：-9.082 (P=0.000)	LLC：-9.424 (P=0.000)	LLC：-9.735 (P=0.000)	LLC：-10.276 (P=0.000)
White-F	13.285 (0.000)	12.717 (0.000)	6.637 (0.000)	10.301 (0.000)	30.850 (0.000)
F_2 统计量	$27.805 > F_{0.05}$ (10.284)	$16.951 > F_{0.05}$ (10.283)	$17.023 > F_{0.05}$ (10.282)	$18.814 > F_{0.05}$ (10.282)	$18.938 > F_{0.05}$ (10.281)
Hausman	265.304 (P=0.000)	160.082 (P=0.000)	158.279 (P=0.000)	184.648 (P=0.000)	186.370 (P=0.000)

表 5-16 中，发现模型 1 至模型 5 采用 GLS 法估计，变量间关系平稳，都属于时间固定效应模型。其中，运用模型 6 的 White-F 值结果说明模型 5 的异方差情况，一是通过对模型 6 运算，发现在去掉固定资产投资这个控制变量后，其他自变量的回归结果的显著性和“作用方向”不变，说明固定资产投资变量被略去后，其他自变量对因变量的影响不变，即固定资产投资变量的存在与否不会影响模型 5 的异方差结果，模型 6 的 White-F 值结果能说明模型 5 的异方差情况；二是由于样本量小，模型 5 的残差平方对两两相乘自变量的变系数模型回归结果无法得出，即 White-F 值无法获得。

其次，对变量参数进行估计，如表 5-17 和表 5-18 所示。

表 5-17 基于产业创新生态的市场结构对工艺创新的影响

自变量	模型 1	模型 2	模型 3	模型 4	模型 5	模型 6
C	-0.088 *** (0.000)	-0.086 *** (0.000)	-0.086 *** (0.000)	-0.110 *** (0.000)	-0.111 *** (0.000)	-0.115 *** (0.000)
ln*Fix*	0.001 *** (0.000)	0.001 *** (0.000)	0.001 *** (0.000)	0.001 *** (0.000)	0.001 *** (0.001)	
ln*Wages*	0.009 *** (0.000)	0.008 *** (0.000)	0.008 *** (0.000)	0.011 *** (0.000)	0.011 *** (0.000)	0.012 *** (0.000)
TR	0.003 ** (0.024)	0.003 ** (0.026)	0.007 (0.218)	0.003 ** (0.033)	0.005 * (0.055)	0.005 * (0.051)
MS		0.001 (0.702)	-0.005 (0.584)	0.029 *** (0.000)	0.030 *** (0.000)	0.032 *** (0.000)

续表

自变量	模型 1	模型 2	模型 3	模型 4	模型 5	模型 6
MS^2				-0.061*** (0.000)	-0.083*** (0.004)	-0.093*** (0.000)
$MS \times TR$			-0.025 (0.486)			
$MS^2 \times TR$					-0.079 (0.365)	-0.079 (0.323)
A - R^2	0.587	0.586	0.584	0.598	0.597	0.598

注：***表示0.01水平上显著，**表示0.05水平上显著，*表示0.1水平上显著。

表 5-18　2SLS 法和 GMM 法的估计结果

自变量	2SLS			GMM		
	模型 7	模型 8	模型 9	模型 10	模型 11	模型 12
C	-0.104*** (0.000)	-0.091*** (0.000)	-0.104*** (0.000)	-0.019*** (0.000)	-0.015*** (0.001)	0.049 (0.376)
ln*Fix*	0.002*** (0.000)	0.0004* (0.063)	0.0005** (0.030)	-0.0002 (0.130)	-0.0001 (0.218)	0.004* (0.061)
ln*Wages*	0.009*** (0.000)	0.008*** (0.000)	0.010*** (0.000)	0.002*** (0.000)	0.002*** (0.000)	-0.008 (0.121)
TA_{t-1}				0.793*** (0.000)	0.792*** (0.000)	0.878*** (0.000)
TR	0.003 (0.115)	-0.020 (0.321)	-0.010 (0.540)	0.004 (0.647)	0.003 (0.696)	0.003*** (0.003)
MS		0.004 (0.214)	0.026*** (0.002)		0.002 (0.104)	0.029* (0.076)
MS^2			-0.050*** (0.003)			-0.076** (0.024)
A - R^2	0.544	0.441	0.472	0.940	0.941	0.833
P (F - statistic)	0.000	0.000	0.000			
P (J - statistic)	0.147	0.484	0.316	0.512	0.592	0.840

注：***表示0.01水平上显著，**表示0.05水平上显著，*表示0.1水平上显著。

表5－17和表5－18中，产业创新生态对于工艺创新的解释受到被解释变量和解释变量之间关系内生性效应的影响，进而造成了最小二乘法估计结果的失真。因此，产业创新生态对工艺创新没有线性影响。市场结构对工艺创新具有倒“U”形影响，这说明当市场结构的垄断性不断增强时，制造业各行业工艺创新投入强度由升而降，即市场过度的竞争或垄断都不利于企业工艺创新的发展。产业创新生态在市场结构对工艺创新的线性和非线性影响过程中没有调节作用。控制变量中，固定资产投资和平均工资对工艺创新具有显著的正向影响。因此，对于工艺创新，H2成立。

第三节　稳健性检验

本章将制造业面板数据进一步分成劳动密集型产业、资本密集型产业以及技术密集型产业等三组数据进行稳健性检验，以分析全样本数据结果的稳定性（见表5－19至表5－24）。

表5－19　基于产业创新生态的市场结构对企业创新的线性影响（劳动密集型产业）

自变量	$R\&D_{IS}$	PI_{IS}	$Patent_{DE}$	NEW_{IS}	TA_{IS}
C	−0.035*** (0.002)	0.014*** (0.000)	−1.963* (0.086)	−0.036*** (0.003)	−0.077*** (0.000)
$\ln Fix$	0.001*** (0.000)	0.001* (0.059)	−0.094 (0.612)	0.001*** (0.000)	0.001*** (0.000)
$\ln Wages$	0.004*** (0.002)	−0.002*** (0.000)	0.328** (0.029)	0.004*** (0.003)	0.007*** (0.000)
TR	0.009 (0.148)	0.001 (0.690)	−0.242 (0.852)	0.006 (0.390)	0.008 (0.265)
MS	−0.025** (0.013)	−0.003 (0.602)	1.858 (0.442)	−0.027** (0.013)	−0.006 (0.611)
$MS \times TR$	−0.050 (0.137)	−0.005 (0.701)	0.714 (0.921)	−0.043 (0.241)	−0.031 (0.441)
$A-R^2$	0.262	0.540	0.680	0.302	0.689
模型/估计方法	时固/GLS	个固/OLS	个固/GLS	时固/GLS	时固/GLS

注：***表示0.01水平上显著，**表示0.05水平上显著，*表示0.1水平上显著。

表 5 – 20 基于产业创新生态的市场结构对企业创新的非线性影响（劳动密集型产业）

自变量	$R\&D_{IS}$	PI_{IS}	$Patent_{DE}$	NEW_{IS}	TA_{IS}
C	−0.069*** (0.000)	0.013*** (0.000)	−1.041 (0.478)	−0.077*** (0.000)	−0.107*** (0.000)
ln*Fix*	0.001*** (0.000)	0.001* (0.076)	−0.601*** (0.001)	0.001*** (0.000)	0.001*** (0.000)
ln*Wages*	0.007*** (0.000)	−0.002*** (0.000)	0.632*** (0.000)	0.008*** (0.000)	0.010*** (0.000)
TR	0.003* (0.083)	0.001 (0.624)	0.206 (0.778)	0.002 (0.410)	0.004 (0.135)
MS	0.008* (0.099)	0.0002 (0.953)	4.308** (0.035)	0.003 (0.548)	0.016** (0.012)
MS^2	−0.076*** (0.000)	−0.007 (0.546)	−13.752** (0.035)	−0.082*** (0.000)	−0.052** (0.038)
$MS^2 \times TR$	−0.112** (0.038)	−0.013 (0.628)	−8.661 (0.645)	−0.120* (0.052)	−0.054 (0.438)
$A-R^2$	0.382	0.537	0.147	0.416	0.691
模型/估计方法	时固/GLS	个固/OLS	个随/OLS	时固/GLS	时固/GLS

注：***表示 0.01 水平上显著，**表示 0.05 水平上显著，*表示 0.1 水平上显著。

表 5 – 19 和表 5 – 20 中，劳动密集型产业方面，竞争性市场结构有利于企业 R&D 活动以及产品创新等自主创新能力的提升。劳动密集型产业主要包括纺织、食品以及日用百货等竞争性较强的行业，在市场失灵的前提下，企业间经常陷入过度竞争，并且具有利润缩水、产品技术含量低以及成本导向严重等经营问题，为了拓宽自身生存空间，企业具有自主创新的动力。因此，企业间竞争关系将有助于加大企业自主创新投入的力度，如橡胶和塑料制品业、造纸及纸制品业以及饮料制造业等行业，而过度垄断的行业将不利于企业展开自主创新，如烟草制造业。

表 5 – 21 和表 5 – 22 中，资本密集型产业方面，在产业创新生态调节下，竞争性市场有利于企业开展技术购买和引进活动以及产品创新；竞争性市场有利于企业开展工艺创新；垄断性市场结构有利于企业开展知识产权活动。资本密集型产业的发展需要大量资金以及设备，当市场竞争性加剧时，为了获得短期盈利以及扩展市场进而快速占据市场份额，企业会通过实现产品差异化提高产品竞争力，其中，企业会花费大量资本通过技术购买和引进活动快速形成技术，进而实

现产品差异化，获取超额收益，而技术购买和引进活动则有可能进一步带动工艺创新的发展。当市场垄断性加剧时，由于技术购买和引进活动所带来的快速成型技术科技含量低，无法使企业形成长期竞争优势，基于自身资本实力的不断提升以及保持比较优势和市场份额的需求，在位企业具有“花费大量资本进行专利研究并形成创新和技术垄断”的动力。

表 5-21　基于产业创新生态的市场结构对企业创新的线性影响（资本密集型产业）

自变量	$R\&D_{IS}$	PI_{IS}	$Patent_{DE}$	NEW_{IS}	TA_{IS}
C	-0.037*** (0.000)	0.018*** (0.000)	-2.434** (0.011)	-0.019 (0.126)	0.119*** (0.000)
ln*Fix*	-0.006*** (0.004)	-0.002*** (0.004)	-0.198 (0.295)	-0.006** (0.029)	-0.023*** (0.000)
ln*Wages*	0.010*** (0.000)	-9.35E-05 (0.884)	0.402* (0.068)	0.008*** (0.006)	0.010 (0.121)
TR	0.022** (0.031)	0.003 (0.288)	-1.670* (0.082)	0.037*** (0.004)	0.044 (0.130)
MS	-0.016 (0.461)	-0.015** (0.015)	3.505* (0.091)	-0.042 (0.128)	-0.131** (0.036)
$MS \times TR$	-0.129** (0.047)	-0.019 (0.278)	10.339* (0.088)	-0.221*** (0.007)	-0.268 (0.141)
$A-R^2$	0.877	0.763	0.777	0.891	0.691
模型/估计方法	个固/OLS	个固/OLS	个固/OLS	个固/OLS	个固/OLS

注：***表示0.01水平上显著，**表示0.05水平上显著，*表示0.1水平上显著。

表 5-22　基于产业创新生态的市场结构对企业创新的非线性影响（资本密集型产业）

自变量	$R\&D_{IS}$	PI_{IS}	$Patent_{DE}$	NEW_{IS}	TA_{IS}
C	-0.037*** (0.001)	0.019*** (0.000)	-2.255** (0.024)	-0.019 (0.141)	0.115*** (0.000)
ln*Fix*	-0.006*** (0.003)	-0.002*** (0.004)	-0.195 (0.308)	-0.006** (0.022)	-0.023*** (0.000)
ln*Wages*	0.010*** (0.000)	-6.95E-05 (0.919)	0.400* (0.072)	0.008*** (0.005)	0.010 (0.120)
TR	0.012** (0.032)	0.001 (0.324)	-0.851* (0.094)	0.019*** (0.004)	0.023 (0.130)

续表

自变量	$R\&D_{IS}$	PI_{IS}	$Patent_{DE}$	NEW_{IS}	TA_{IS}
MS	-0.023 (0.616)	-0.016 (0.216)	1.163 (0.788)	-0.041 (0.470)	-0.077 (0.553)
MS^2	0.023 (0.884)	0.002 (0.963)	7.400 (0.614)	-0.003 (0.989)	-0.180 (0.684)
$MS^2 \times TR$	-0.385 * (0.066)	-0.059 (0.301)	32.056 (0.104)	-0.669 ** (0.010)	-0.855 (0.148)
A - R^2	0.877	0.761	0.774	0.891	0.687
模型/估计方法	个固/OLS	个固/OLS	个固/OLS	个固/OLS	个固/OLS

注：*** 表示 0.01 水平上显著，** 表示 0.05 水平上显著，* 表示 0.1 水平上显著。

表 5-23 和表 5-24 中，技术密集型产业方面，垄断性市场结构有利于企业开展 R&D 活动、技术购买和引进活动以及工艺创新。技术密集型产业的产品技术生命周期短、技术更新速度快，随着市场垄断性的提升，为避免竞争对手技术更新所造成的低边际成本效应威胁自身市场地位以及新进企业的新技术和新产品对自身市场份额产生挤压效应，在位企业倾向于加大创新活动的力度。

表 5-23　基于产业创新生态的市场结构对企业创新的线性影响（技术密集型产业）

自变量	$R\&D_{IS}$	PI_{IS}	$Patent_{DE}$	NEW_{IS}	TA_{IS}
C	-0.025 *** (0.000)	-0.052 *** (0.000)	-6.344 * (0.082)	-0.274 *** (0.000)	0.209 *** (0.004)
$\ln Fix$	-0.002 *** (0.002)	-0.0001 (0.165)	0.016 (0.734)	-0.003 *** (0.000)	0.002 ** (0.013)
$\ln Wages$	0.026 *** (0.000)	0.005 *** (0.000)	0.611 * (0.092)	0.030 *** (0.000)	-0.021 *** (0.003)
TR	0.003 (0.726)	0.003 *** (0.001)	-0.295 (0.718)	0.0004 (0.974)	0.014 (0.372)
MS	0.048 ** (0.036)	-0.0002 (0.953)	1.891 (0.345)	0.037 (0.215)	0.010 (0.791)
$MS \times TR$	-0.029 (0.628)	-0.011 * (0.085)	0.084 (0.988)	-0.007 (0.928)	-0.039 (0.705)
A - R^2	0.394	0.824	0.017	0.279	0.494
模型/估计方法	时固/OLS	时固/GLS	时固/OLS	时固/OLS	时固/OLS

注：*** 表示 0.01 水平上显著，** 表示 0.05 水平上显著，* 表示 0.1 水平上显著。

表 5-24 基于产业创新生态的市场结构对企业创新的非线性影响（技术密集型产业）

自变量	$R\&D_{IS}$	PI_{IS}	$Patent_{DE}$	NEW_{IS}	TA_{IS}
C	-0.221*** (0.000)	-0.041*** (0.000)	-9.263*** (0.008)	-0.242*** (0.000)	0.285*** (0.000)
$\ln Fix$	-0.002*** (0.004)	-4.97E-05 (0.508)	-0.007 (0.867)	-0.003*** (0.000)	0.003*** (0.004)
$\ln Wages$	0.024*** (0.000)	0.004*** (0.000)	0.884*** (0.008)	0.027*** (0.000)	-0.027*** (0.000)
TR	-0.003 (0.649)	0.001 (0.402)	-0.237 (0.711)	-0.005 (0.560)	-7.76E-06 (0.999)
MS	-0.031 (0.620)	-0.030*** (0.002)	5.577 (0.295)	-0.061 (0.459)	-0.215** (0.041)
MS^2	0.286 (0.232)	0.112*** (0.002)	-10.988 (0.575)	0.356 (0.256)	0.809** (0.043)
$MS^2 \times TR$	0.093 (0.744)	0.034 (0.310)	-2.185 (0.930)	0.208 (0.581)	0.381 (0.421)
A-R^2	0.408	0.839	0.137	0.287	0.538
模型/估计方法	时固/OLS	时固/GLS	时固/GLS	时固/OLS	时固/OLS

注：***表示0.01水平上显著，**表示0.05水平上显著，*表示0.1水平上显著。

与全样本实证结论相比较，稳健性检验中市场结构对于企业创新的影响特征会因行业技术要素密集度的变化而变化，如技术密集型产业中发现“垄断性市场结构有利于促进技术购买和引进活动以及工艺创新”；不同产业门类中市场结构对于各类企业创新的影响有所不同，如资本密集型产业中发现“市场结构对工艺创新无显著影响”。但基于各分组面板数据的显著性结果，总体上可以发现除知识产权活动外，竞争性市场结构有利于企业创新，产业创新生态进一步加剧了竞争性市场结构对自主创新的促进作用，因此，稳健性检验在一定程度上证明了全样本实证结论具有一定的可靠性。

第四节　进一步讨论与反事实分析

反事实分析是社会科学中用于进行因果推断的一种常用方法和思维，它是在心理上对过去已经发生的事件进行否定，进而建构一种可能性假设的思维活动[①]，主要用于解释“如果……结果会如何”之类的问题和现象[②]。其最早是由诺贝尔经济学奖获得者 Fogel 在 1964 年所发表的著作——《铁路与美国的经济增长：计量经济史学论文集》中提出和应用的，他在列出“铁路不存在的情况下，美国经济增长会怎样”这一假设的基础上，进一步估计铁路对美国经济发展的作用。之后，Dinardo 等以及 Card 和 Hyslop 等相继运用此种方法研究各种经济问题[③④]。

反事实分析的情境主要有三种，一是在已发生事实的基础上，添加未发生的事件，进而对已发生的事进行否定或重建；二是在已发生事实的基础上，去除某个事件，进而对已发生的事进行否定或重建；三是已发生的事实被另一个事件所取代，进而对已发生的事进行否定或重建[⑤]。反事实情境主要产生两种结果，一是上行反事实，二是下行反事实，对于已发生的事实，通过建立反事实条件，前者假设能得出更好的结论，后者假设得出更差的结论[⑥]。

本书运用该方法和思路研究良好和不良状态下的产业创新生态对市场结构、企业创新以及市场绩效间的关系会产生怎样的影响，其中，反事实是指“良好状态下的产业创新生态”，反事实情境是在产业创新生态不良运行的前提下，将“前一个时间点子系统的干扰”这个事件从“不良产业创新生态”这个已发生事件中“去除”，进而重建创新生态。事实状态下的产业创新生态协同度面板数据为“控制组”，反事实状态下的产业创新生态协同度面板数据为“实验组”，本书主要目的是将与这两组面板数据有关的实证分析结果进行比较，并不存在结果的“上行”或“下行”之分。

本章实证检验是在产业创新生态低水平发展的前提下进行的。假定历年产业创新生态各子系统完全发挥潜力，可以发现所有行业的产业创新生态协同度为正值，说明产业创新生态运行良好且稳定。在此前提下，进一步运用反事实分析思

① Byrne R M J, McEleney A. Counterfactual Thinking about Actions and Failures to Act [J] . Journal of Experimental Psychology: Learning, Memory, and Cognition, 2000, 26 (5): 1318 – 1331.

② Landman J, Vandewater E A, Stewart A J, et al. Missed Opportunities: Psychological Ramifications of Counterfactual thought in Midlife Women [J] . Journal of Adult Development, 1995, 2 (2): 87 – 97.

③ Dinardo J, Fortin N M, Lemieux T. Labor Market Institutions and the Distribution of Wages, 1973 – 1992: A Semiparametric Approach [J] . Econometrica, 1996, 64 (5): 1001 – 1044.

④ Card D, Hyslop D R. Estimating the Effects of a Time – Limited Earnings Subsidy for Welfare – Leavers [J] . Econometrica, 2005, 73 (6): 1723 – 1770.

⑤ 郝喜玲，张玉利，刘依冉，等. 创业失败情境下的反事实思维研究框架构建 [J] . 外国经济与管理，2018，40 (4)：3 – 15.

⑥ Markman K D, Gavanski I, Sherman S J, et al. The Mental Simulation of Better and Worse Possible Worlds [J] . Journal of Experimental Social Psychology, 1993, 29 (1): 87 – 109.

维和方法对式（5－1）和式（5－2）中的模型进行分析，其中产业创新生态的面板数据替换为“潜力值”（见表4－10）。

本章实证分析结论显示，在运行不良时，产业创新生态对企业创新没有显著影响，但在运行良好时，产业创新生态对企业创新是否具有显著影响？另外，产业创新生态在市场结构对企业创新的影响中具有调节作用？这都需要进一步检验（见表5－25和表5－26）。

表5－25　基于良好产业创新生态的市场结构对企业创新的线性影响

自变量	$R\&D_{IS}$	PI_{IS}	$Patent_{DE}$	NEW_{IS}	TA_{IS}
C	－0.087*** (0.000)	0.022*** (0.000)	－5.157*** (0.002)	－0.098*** (0.000)	－0.099*** (0.000)
$\ln Fix$	－0.0003 (0.115)	－0.0001 (0.702)	－0.329** (0.044)	－0.001*** (0.000)	0.001*** (0.000)
$\ln Wages$	0.008*** (0.000)	－0.001*** (0.000)	0.694*** (0.000)	0.009*** (0.000)	0.011*** (0.000)
TR	0.014** (0.039)	－0.008** (0.017)	2.085 (0.329)	0.027*** (0.001)	－0.032*** (0.000)
MS	－0.114*** (0.000)	－0.023*** (0.003)	－0.060 (0.990)	－0.124*** (0.000)	－0.064*** (0.000)
$MS \times TR$	0.276*** (0.000)	0.038** (0.018)	4.977 (0.600)	0.291*** (0.000)	0.139*** (0.001)
$A-R^2$	0.666	0.704	0.791	0.652	0.619
模型/估计方法	时固/GLS	个固/OLS	个固/OLS	时固/GLS	时固/GLS

注：***表示0.01水平上显著，**表示0.05水平上显著，*表示0.1水平上显著。

表5－25和表5－26中，良好产业创新生态对R&D活动、产品创新以及知识产权活动［良好产业创新生态对知识产权活动影响的模型1结果为3.643（P＝0.000）］等自主创新行为具有促进作用，对技术购买和引进活动以及工艺创新具有显著负向影响。究其原因，可能是由于自主创新与开放创新间以及产品创新与工艺创新间具有“替代效应”；产业创新生态的改善，使企业对外创新交流的重心逐渐从“技术购买和引进”向“产学研互动”“技术联盟”或者“创新联盟”等方面转变，这拓宽了企业提升自我创新能力的外部途径。

表 5－26　基于良好产业创新生态的市场结构对企业创新的非线性影响

自变量	$R\&D_{IS}$	PI_{IS}	$Patent_{DE}$	NEW_{IS}	TA_{IS}
C	－0.112*** (0.000)	0.016*** (0.000)	9.038*** (0.000)	－0.125*** (0.000)	－0.117*** (0.000)
$\ln Fix$	－0.0005** (0.026)	－0.0005** (0.025)	－0.507*** (0.000)	－0.001*** (0.000)	0.001*** (0.000)
$\ln Wages$	0.009*** (0.000)	－0.001*** (0.001)	－0.557*** (0.003)	0.011*** (0.000)	0.012*** (0.000)
TR	0.040*** (0.000)	－0.006*** (0.002)	3.847*** (0.000)	0.056*** (0.000)	－0.021*** (0.000)
MS	0.029*** (0.002)	－0.010*** (0.000)	－3.035 (0.112)	0.031*** (0.006)	0.014 (0.148)
MS^2	－0.289*** (0.000)	－0.045*** (0.000)	7.321 (0.473)	－0.286*** (0.000)	－0.176*** (0.003)
$MS^2 \times TR$	0.591*** (0.000)	0.135*** (0.000)	－4.095 (0.888)	0.552*** (0.003)	0.341* (0.054)
$A-R^2$	0.682	0.806	0.443	0.667	0.628
模型/估计方法	时固/GLS	个固/GLS	时固/OLS	时固/GLS	时固/GLS

注：*** 表示 0.01 水平上显著，** 表示 0.05 水平上显著，* 表示 0.1 水平上显著。

尽管从理论上说，企业规模优势越大，它从外部环境中获取互补性资源的相对交易成本就越小，大企业与小企业等创新主体进行合作创新的意愿就越大①，这使开放创新对自主创新产生替代效应，但良好产业创新生态所带来创新资源外部性的增强在一定程度上抵消了垄断性企业低交易成本获取创新资源的优势。

随着创新环境开放性不断提升，企业外部创新资源的易获性、网络性、非竞争性和非排他性也在逐步增强，企业产品的创新和生命周期不断缩减，为了在产品生命周期结束之前尽快获取产品创新所带来的收益，企业将增强产品创新的力度，而工艺创新研发的周期长、投入大、风险高，产业将会进一步将产品研发的重心从“工艺创新”向“产品创新”转变。另外，影响 R&D 活动、技术购买和引进活动、产品创新以及工艺创新的二次交互项的系数都较为显著并且都是正数。因此，总体上看，当产业创新生态发展时，市场垄断性的加强有利于企业开展企业创新。

① 陈琨，周永根，杨国梁．企业规模、政府资助强度对产学研创新绩效的影响研究［J］．科学管理研究，2016，34（2）：9－12.

第五节　实证结果

在以上实证分析的基础上，可以得出以下实证结果：

第一，就 H1 而言，产业创新生态对于企业创新没有直接显著影响。

创新生态的运行机制就是其各组成要素之间相互作用的过程和方式，系统的不同组成要素和子系统向共存共生、共同学习和共同进化的集成组织演进。由于长时间处于低水平发展状态，这使我国制造业各行业的创新生态不能有效地集聚创新资源并满足企业等创新主体的创新需求，进而无法对企业创新产生显著影响。

第二，就 H2 而言，市场结构对于多种企业创新的线性影响或非线性影响不具有确定性，前者对后者的影响更多地表现为“倾向性”。因此，本章有关这方面结论在一定程度上印证了之前学界已有的部分观点。

首先，市场结构对产品创新以及技术购买和引进活动等创新行为表现出显著的负向线性影响，即印证了阿罗的观点：市场的竞争性有利于企业创新。这在一定程度上说明企业产品创新是市场竞争的内生结果，即市场竞争具有“创造性”和“破坏性”[①]，“创造性”迫使企业加大产品创新投入，将大量的资源配置到产品创新中来，进而推动技术升级，“破坏性”迫使产品创新绩效差的企业市场份额下降，推动市场份额向高技术产业转移，因此，在位企业为了保持和增加自身市场份额，提升竞争力，将加大产品创新投入。另外，从理论上说，市场结构作为企业的重要外部环境，对企业的技术选择行为具有重要影响，从实践上说，“市场竞争有利于技术引进”[②]，本书的结论在一定程度证明了此种观点。

其次，市场结构对知识产权活动呈现为显著的正向影响，即印证了熊彼特的观点：市场的垄断性有利于企业创新。知识产权活动属于产出类创新行为，这说明专利活动具有动态效率[③]，即专利保护提供给生产者以创新保护，保证了企业以及社会的最优福利水平和创新激励水平，在创新垄断收益的诱惑下，企业会进

① 简泽，谭利萍，吕大国，等．市场竞争的创造性、破坏性与技术升级［J］．中国工业经济，2017（5）：16－34.

② 李静，谢润德．市场结构是否影响企业的技术选择行为？［J］．上海经济研究，2014（7）：22－30.

③ Ordover J A. A Patent System for Both Diffusion and Exclusion［J］. Journal of Economic Perspectives, 1991, 5（1）：43－60.

行持续创新和规模创新，进而实现自身的生产者剩余。

最后，市场结构对 R&D 活动和工艺创新等创新行为具有显著的倒“U”形影响，即印证了谢勒的观点。这说明过度竞争或垄断都不利于企业开展 R&D 活动和工艺创新，同时也印证了有效竞争理论的合理性。有效竞争是技术创新的内在要求[①]，企业规模过小，容易使企业陷入成本竞争，影响创新投入；企业规模过大，企业有可能因为替代效应影响创新动力；有效竞争使得在企业在达到相当规模的前提下，有动力去参与竞争并获取超额利润。因此，有效竞争理论的提出，将阿罗以及谢勒等的观点从创新角度进行一定程度的整合。从理论和实践上看，工艺创新是生产技术的重大变革，也是产品差别化的主要根源，而产品差别化是垄断性形成的主要原因，为了获得垄断收益，企业必须加大工艺创新力度，制造差别；同时，它也能够降低生产边际成本，提高自身的生产者剩余[②]。另外，工艺创新立足于基础研究，研究周期长，其创新成果所带来的收益具有长期性、差别性和垄断性。

第三，就 H3 而言，通过将产业创新生态纳入到“市场结构→企业创新”的分析范式中，检验其在市场结构对企业创新作用过程中的调节作用，确定了市场结构对企业创新作用的边界条件。产业创新生态通过满足企业的创新需求和整合创新资源，发挥反馈、减少环境冗余度以及增强环境稳定性等作用，影响企业“竞争决策→创新决策”的过程。实证结果表明，产业创新生态在市场结构与 R&D 活动及产品创新等自主创新行为的倒“U”形和线性关系中具有负向调节作用，即在产业创新生态低水平发展时，市场结构竞争性加剧更可能使企业提升 R&D 活动以及产品创新等自主创新行为的投入强度；当产业创新生态高水平发展时，市场结构垄断性加剧会使企业减小对这些创新行为的投入力度。这可能是由于产业创新生态低水平发展时，由于产业创新生态处于运行不良状态，企业从外部获取自身所需并且有限的互补性创新资源的成本较高，这时企业主要依靠规模效应提升自身的技术创新资源整合能力和投入能力。

第四，就控制变量而言，总体上固定资产投资投入的加大能够有效推动创新投入的力度，这与已提出的“固定资产投资会导致创新投资的减少并造成固定资产投资和创新投资两者共同的非效率”[③] 的结论是不同的；专利本身属于无形资

① Gilbert R. Looking for Mr. Schumpeter: Where Are We in the Competition: Innovation Debate? [J] . Innovation Policy and the Economy, 2006, 6 (1): 159 –215.

② Athey S, Schmutzler A. Product and Process Flexibility in an Innovative Environment [J] . The RAND Journal of Economics, 1995, 26 (4): 557 –574.

③ 叶建华. 公司不确定性、非效率投资与资产定价 [J] . 科研管理, 2017, 38 (10): 119 –127.

产，依靠无形资产投资的推动，而不同类别的资产投入之间有可能存在挤占问题①，因此，固定资产投资对知识产权活动等创新产出行为具有负向影响，很可能是固定资产投资与无形资产之间出现了挤占效应。除技术购买和引进活动外，在岗职工平均工资的增加对于提升企业的创新能力具有显著促进作用，这说明低工资水平和低劳动成本会妨碍产业的技术进步，企业盈利不能依靠低工资降低成本，通过提高工资水平会促进在职人员的创新动力，激发研发需求，提升研发水平和产出②。这可能是由于收入水平的提高进一步加强了企业自主创新的能力，减小了企业对外技术购买和引进的动力和力度。

第五，通过最小二乘法、2SLS 以及 GMM 等方法对模型进行估计并对估计结果进行比较后发现，除工艺创新外，市场结构对企业创新影响的内生性并不明显，即企业创新对于市场结构的反作用效应对“市场结构→企业创新”的估计结果基本没有起到干扰作用。

第六，综合实际的参数估计结果和反事实分析结果，可以得出，在产业运行状态不良的情况下，产业创新生态发展时的调节作用可以使竞争性市场结构对自主创新（R&D 活动与产品创新）的影响更加明显；在产业运行状态良好的情况下，产业创新生态发展时的调节作用可以使竞争性市场结构对企业创新尤其是自主创新的影响更加不明显（见图 5 -2）。

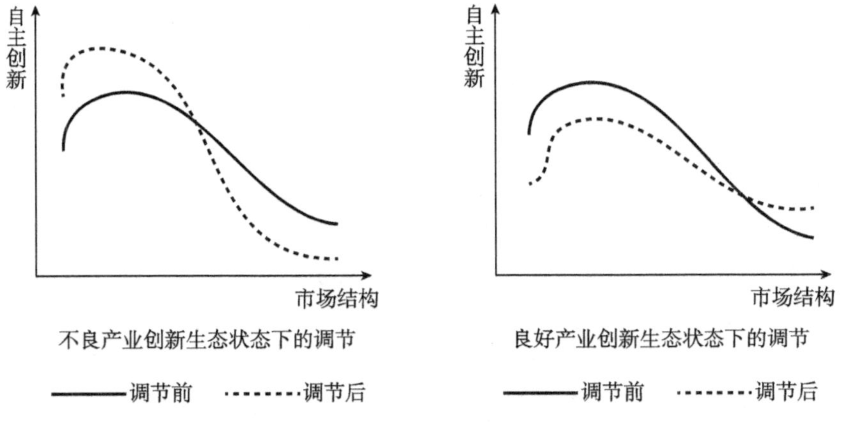

图 5 -2　产业创新生态在市场结构和自主创新的关系中的调节效应

① 许罡，朱卫东．金融化方式、市场竞争与研发投资挤占——来自非金融上市公司的经验证据［J］．科学学研究，2017，35（5）：709 -719 +728.

② 陈长江，高波．劳动力工资上涨的生产率促进效应再检验——基于 2001 -2014 年中国省际面板数据的分析［J］．中央财经大学学报，2017（11）：97 -106.

图5-2中的结果表明，相对于运行不良的产业创新生态，良好产业创新生态环境更有利于发挥垄断性市场对自主创新的积极作用。这说明当产业创新生态运行良好时，中小企业获取创新资源的成本较低，与大型企业之间形成了资源竞争关系，大型企业要发挥自身在创新方面的比较优势，首先要立足于自主创新。

本章小结

本章在对“市场结构对企业创新的作用”“产业创新生态对企业创新的作用”以及“产业创新生态在市场结构作用于企业创新的过程中起调节作用”等机理理论分析的基础上，利用2005~2015年我国制造业27个行业的面板数据，采用最小二乘法、2SLS法、GMM法等模型估计方法以及逐步回归分析方法，围绕“基于产业创新生态的市场结构对企业创新作用机理”这一命题进行实证分析，得出以下结论：

基于产业创新生态发展的不协调性，产业创新生态对于创新行为没有直接显著影响；市场结构对于企业创新兼具线性和非线性的双重影响，对不同类型创新行为的影响表现不同，如对产品创新以及技术购买和引进活动表现出显著的负向线性影响，对知识产权活动呈现显著的正向影响，对R&D活动具有显著的倒“U”形影响，对工艺创新没有显著影响；在产业创新生态运行不良的情况下，产业创新生态发展时，市场结构竞争性的加剧会使企业加大对自主创新的投入力度；市场结构对企业创新影响的内生性并不明显；综合实际的参数估计结果和反事实分析结果，本书发现，相对于运行不良的产业创新生态，良好产业创新生态更有利于发挥垄断性市场对企业创新尤其是自主创新的积极作用。固定资产投资投入的加大能够有效推动创新投入的力度；在岗职工平均工资的增加对于提升企业的创新能力具有显著的促进作用。

根据以上实证结论，可以得出以下研究框架（见图5-3）：

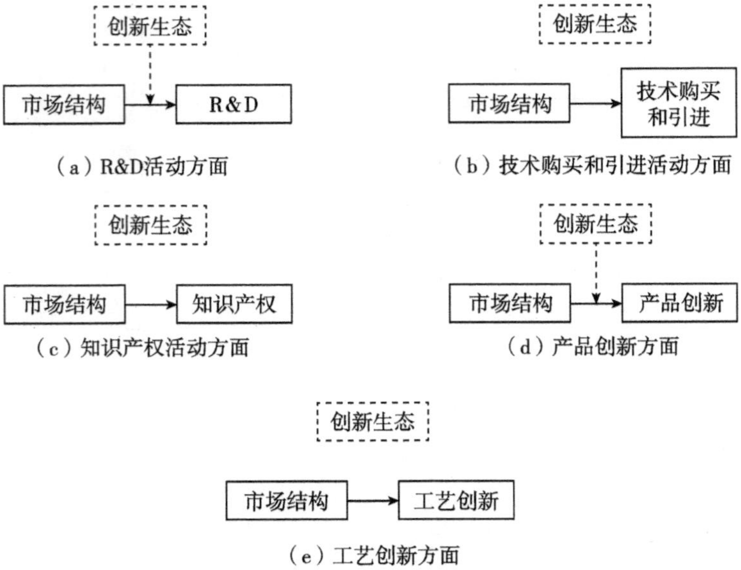

图5-3　产业创新生态视角下的市场结构对企业创新的作用框架

第六章　企业创新对市场结构的反作用

上一章有关市场结构对企业创新的影响分析，主要是从内生性的角度研究企业创新和市场结构，这也是SCP分析范式关注的主要内容；而有关市场结构与企业创新之间关系的研究还可以从外生性角度展开，即企业创新对市场结构的影响分析。相对于内生性角度而言，外生性角度方面的研究较少。这方面的研究有助于明确企业创新是否会影响市场的竞争性或者垄断性，从而为制定相关的市场和创新政策提供方向。本章在上一章研究的基础上，将继续采用2005～2015年我国制造业27个行业的面板数据，基于产业创新生态进一步探讨企业创新对市场结构的作用。

第一节　研究设计

一、假设提出与实证目的

通过第三章的相关理论分析和所提出命题，可以得出表6－1所示的假设。

表6－1　理论假设

假设来源	假设内容
命题6a至命题6d	H1：企业创新对市场结构的竞争性或垄断性具有显著影响
命题1a至命题1d	H2：产业创新生态对市场结构的竞争性或垄断性具有显著影响
命题3	H3：企业创新对产业创新生态具有显著的正向影响
H1、H2及H3的关系	H4：产业创新生态在企业创新对市场结构的影响中具有中介效应

根据表6－1中的理论假设，可以得到相应的概念模型（见图6－1）。

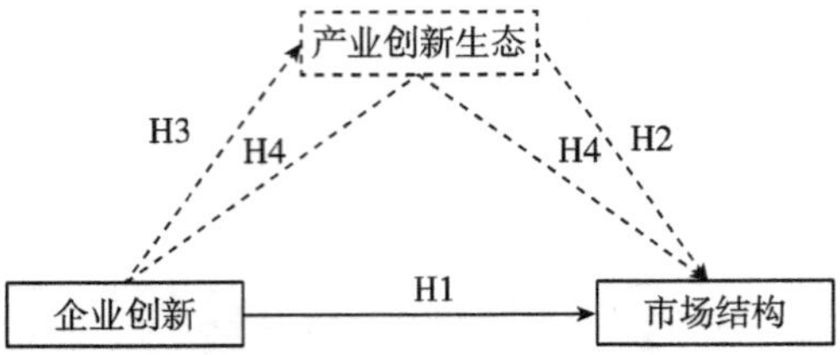

图6-1 基于产业创新生态的企业创新对市场结构作用概念模型

二、模型设定、变量选取与数据说明

根据对假设的设定、变量的定义以及对变量关系的分析，设置模型，如式（6-1）至式（6-3）所示：

$$MS_t = C + \alpha_1 y_t + \beta_1 M_t + \lambda_t + \varepsilon_t \tag{6-1}$$

$$MS_t = C + \alpha_1 TR_t + \beta_1 M_t + \lambda_t + \varepsilon_t \tag{6-2}$$

$$TR_t = C + \alpha_1 y_t + \beta_1 \ln Z_t + \beta_2 M_t + \lambda_t + \varepsilon_t \tag{6-3}$$

式（6-1）至式（6-3）中，选取市场结构 *PCM* 值（*MS*）作为被解释变量；解释变量（企业创新）分别选取 *R&D* 内部经费支出强度（$R\&D_{IS}$）、技术购买和引进经费支出强度（PI_{IS}）、专利密度（$Patent_{DE}$）、新产品开发经费支出强度（NEW_{IS}）以及技术改造和吸收经费支出强度（TA_{IS}）等指标表示；中介变量为创新生态系统协同度（*TR*）；t 代表当期时间变量，λ 为控制时间要素的哑变量。另外，所设计的控制变量必须同时有可能显著影响市场结构、企业创新以及产业创新生态。经过科学分析之后，本章选取以下控制变量：

一是市场要素变量，即市场规模变量。构建产业创新生态，既要激发企业创新主体的供给推动力，也要注意消费者的需求拉动力。市场规模大，就不能持久维持技术堡垒，从而导致新企业的进入，这会促使在位企业摆脱对技术轨道的依赖和技术要素的专用性，从而加强突破性创新或过程性创新行为。市场规模大，有支付能力的市场需求就会增多，这是创新成果产业化的重要条件，也是新产业形成的基本前提，达不到规模经济的市场需求将导致企业等创新主体的长期亏损，市场规模产业成为企业创新的外部环境成长和完善的必要条件。因此，市场规模对创新生态具有直接的影响作用。其中，市场规模变量（*Z*）用行业工业增加值（亿元）的对数表示①。

① 徐佳宾，刘勇凤. 中国工业增长的动力分析：规模还是结构［J］. 经济理论与经济管理，2017（6）：33-44.

二是企业要素变量，即企业规模变量。企业规模越大，资金也就相对充裕，抵御风险的能力以及独立从事生产活动的能力就越强；企业占有市场份额越大，市场的垄断性越强。企业规模的扩大能够使企业分散投资的风险、更有效地利用创新活动的成果，进而刺激企业进一步加强自身的创新投入。企业创新能力对创新生态具有直接作用，但企业创新能力在一定程度上又取决于集聚动态外部性（包括马歇尔外部性和雅各布斯外部性），而企业规模对集聚动态外部性也有重要影响①，因此，企业规模对产业创新生态具有显著作用。本书企业规模变量（M）主要用固定资产投入（亿元）对数与工业增加值（亿元）对数的比值表示②。

本章实证中涉及的变量均采用我国制造业27个行业2005～2015年的平衡面板数据作为分析样本，样本数为27（行业数）×11（时期数）=297（个）。市场结构等被解释变量是依据第四章中的式（4－8）测算出来的，所涉及的工业增加值和工业总产值等指标数据来源于2006～2016年的《中国统计年鉴》；劳动力成本由行业工资总额表示，所涉及的指标数据可从2006～2016年的《中国劳动力统计年鉴》中获得；计算资本成本所涉及的实际净收益和资产值等指标数据可从2005～2016年的《中国工业经济统计年鉴》中获得。企业创新等解释变量是依据第四章中的式（4－9）至式（4－13）测算出来的，它是从行业等宏观视角来进行分析，所选取的企业样本包括某行业的所有规模以上工业企业，所得出测算结果是某行业所有企业的创新行为和能力的总体体现，代表了某一行业的企业创新行为总体情况；企业创新测算中所涉及的各行业R&D活动、技术购买和引进活动、知识产权活动、产品创新以及工艺创新等各类创新行为指标数据来源于2006～2016年的《中国工业企业科技统计年鉴》；销售收入数据可从2006～2016年的《中国工业经济统计年鉴》中获得。产业创新生态等中介变量是依据第四章中的式（4－1）至式（4－6）进行测算，所需数据主要来源于历年的《工业企业科技活动统计年鉴》《中国科技统计年鉴》及《中国统计年鉴》。控制变量中的行业工业增加值和固定资产投入等有关数据均来源于2006～2016年的《中国统计年鉴》。

通过对所列假设进行分析后发现，各个假设间具有递归关系，即在验证企业创新与产业创新生态对市场结构是否显著影响的基础上，进一步验证企业创新是否对产业创新生态具有显著影响。因此，本章主要运用面板数据递归模型方法进

① 沈能，赵增耀．集聚动态外部性与企业创新能力［J］．科研管理，2014，35（4）：1－9.

② 戚建梅，刘志强，王明益．劳动力价格扭曲对制造业企业创新的影响——基于微观企业数据的检验［J］．山东财经大学学报，2016，28（2）：30－40.

行实证分析。

在运用传统的最小二乘法等计量经济估计方法进行面板数据回归分析时，第一，对变量进行描述性统计，以概括变量数据的整体特征；第二，对各变量的方差膨胀因子以及变量间的相关系数进行分析，以揭示变量间是否存在多重共线性；第三，进行面板数据的单位根检验和协整检验，前者是为了避免伪回归，检验变量数据的平稳性，后者是为了分析变量关系的稳定性；第四，通过 White 检验后，确定模型的估计方法；第五，采用无约束模型和有约束模型的回归残差平方和之比构造 F 统计量以确定是否采取固定效应模型，其中，运用 $F_1 = \frac{(RRSS - URSS)/(N-1)}{URSS/(NT-N-K+1)}$：$F(N-1, N(T-1)-K+1)$ 检验设定个体固定效应模型的合理性，运用 $F_2 = \frac{(RRSS - URSS)/(T-1)}{URSS/(NT-N-K+1)}$：$F(T-1, T(N-1)-K+1)$ 检验设定时间固定效应模型的合理性，运用 $F_3 = \frac{(RRSS - URSS)/(T+N-2)}{URSS/(NT-T-N-K+1)}$：$F(T+N-2, NT-T-N-K+1)$ 检验双固定效应模型的合理性，其中，$RRSS$ 为有约束模型的残差平方和，$URSS$ 为无约束模型 ANCOVA 估计的残差平方和或者 LSDV 估计的残差平方和，N 为自变量的个数，T 为时序期数，N 为截面成员的个数；第六，通过霍斯曼检验确定模型类型。

根据第五章的实证结论以及本书的理论分析，可以得知市场结构对企业创新具有显著影响作用，另外，研究企业创新对市场结构的作用也要考虑解释变量的内生性作用，在这种情况下，如果只用传统的最小二乘法进行估计，产生的参数估计可能会产生有偏性和非一致性。因此，同第五章的实证方法类似的是，本章将采用 2SLS 法和 GMM 法进一步对面板数据进行估计进而说明解释变量和调节变量是否具有内生性，以揭示解释变量影响因变量的过程中是否会受到因变量对解释变量反作用的影响。与第五章一致，基于 GMM 法的适用性以及所研究对象的路径依赖性，本章将在原实证模型的基础上添加被解释变量的滞后项作为解释变量。

本章设置模型 1 至模型 5 分别表示市场结构或产业创新生态对 R&D 活动、技术购买和引进活动、知识产权活动、产品创新以及工艺创新等企业创新变量的回归结果。

第二节 实证检验

一、描述性统计

由于在第五章中已对市场结构、企业创新以及产业创新生态等变量进行了描述性统计检验和单位根检验，本章将主要对控制变量进行以上检验（见表6－2）。

表6－2 控制变量的描述性统计情况和单位根检验

变量	样本数	最小值	最大值	均值	标准差	LLC
Z	297	5.939	9.883	8.183	0.909	－25.989（0.000）
M	297	0.828	1.148	0.998	0.051	－9.295（0.000）

根据表6－2中结果，发现本章实证分析中涉及的各变量序列较为平稳。

二、方差膨胀因子与相关系数检验

为检验解释变量、中介变量以及控制变量之间是否存在多重共线性，本章将对变量的方差膨胀因子（VIF）及变量间的相关系数进行分析，结果如表6－3和表6－4所示。

表6－3 方差膨胀因子

自变量	y	TR	Z	M
$R\&D_{IS}$	1.114	1.009	1.111	1.009
PI_{IS}	1.032	1.010	1.007	1.032
$Patent_{DE}$	1.338	1.009	1.218	1.119
NEW_{IS}	1.052	1.009	1.055	1.006
TA_{IS}	1.064	1.012	1.006	1.063

表6－4 相关系数检验表

变量	$R\&D_{IS}$	PI_{IS}	$Patent_{DE}$	NEW_{IS}	TA_{IS}	TR	Z	M
$R\&D_{IS}$	1.000							

续表

变量	$R\&D_{IS}$	PI_{IS}	$Patent_{DE}$	NEW_{IS}	TA_{IS}	TR	Z	M
PI_{IS}	0.386	1.000						
$Patent_{DE}$	-0.198	-0.350	1.000					
NEW_{IS}	0.973	0.381	-0.136	1.000				
TA_{IS}	0.213	0.709	-0.387	0.191	1.000			
TR	0.055	0.052	-0.059	0.032	0.071	1.000		
Z	0.312	0.044	-0.408	0.219	0.005	0.072	1.000	
M	0.077	0.168	-0.306	0.047	0.238	0.058	0.031	1.000

表6-3和表6-4中，所有变量的*VIF*值在10以下，解释变量、中介变量以及控制变量间的相关系数绝对值也基本在0.7以下，因此，各变量间基本不存在多重共线性。

三、结果估计

（一）研究市场结构对企业创新的回归关系

首先，在进行最小二乘法的前提下，对解释变量、中介变量以及控制变量等各种变量间的协整性进行检验，对模型的类型等方面进行分析和确定（见表6-5）。

表6-5 模型类型检验结果

检验类型	模型1	模型2	模型3	模型4	模型5
协整检验	LLC：-4.665（P=0.000）	LLC：-5.731（P=0.000）	LLC：-4.065（P=0.000）	LLC：-3.734（P=0.000）	LLC：-4.903（P=0.000）
F统计量	$81.674 > F_{0.05}$（36.258）（F_3）	$29.114 > F_{0.05}$（26.269）（F_1）	$74.410 > F_{0.05}$（36.258）（F_3）	$78.995 > F_{0.05}$（36.258）（F_3）	$21.843 > F_{0.05}$（26.269）（F_1）
Hausman	9.542（P=0.000）	0.164（P=0.922）	8.741（P=0.013）	8.643（P=0.013）	3.397（P=0.183）

根据表6-5的结果，变量间关系平稳，模型1、模型3和模型4采用OLS法估计和个体时间双固定模型；模型2和模型5的Hausman值的P值分别为0.922和0.183，但由于White-F值分别为3.556（0.000）和1.635（0.000），较为显著，F_1统计量都大于$F_{0.05}$（26.268），个体固定模型和个体随机模型结果的经济管理意义相差不大，并且为避免可能出现的异方差干扰回归结果的现象，因此最

好采用 GLS 法估计的个体固定效应模型分析模型 2 和模型 5。

其次，对变量参数进行估计，如表 6-6、表 6-7 和表 6-8 所示。

表 6-6　市场结构对企业创新的回归关系

自变量	模型 1	模型 2	模型 3	模型 4	模型 5
C	0.898*** (0.000)	1.077*** (0.000)	0.910*** (0.000)	0.913*** (0.000)	0.928*** (0.000)
y	4.329*** (0.000)	25.789*** (0.000)	0.007* (0.077)	2.882*** (0.000)	4.266*** (0.000)
M	-0.761*** (0.000)	-0.935*** (0.000)	-0.747*** (0.000)	-0.769*** (0.000)	-0.790*** (0.000)
$A-R^2$	0.936	0.728	0.931	0.935	0.730

注：*** 表示 0.01 水平上显著，** 表示 0.05 水平上显著，* 表示 0.1 水平上显著。

表 6-7　2SLS 法的估计结果

自变量	模型 1	模型 2	模型 3	模型 4	模型 5
C	1.106*** (0.000)	1.344*** (0.000)	1.100*** (0.000)	1.050*** (0.000)	1.169*** (0.000)
y	4.441*** (0.000)	45.959*** (0.000)	0.052*** (0.004)	5.990*** (0.003)	8.404*** (0.000)
M	-0.981*** (0.000)	-1.227*** (0.000)	-0.985*** (0.000)	-0.945*** (0.000)	-1.061*** (0.000)
$A-R^2$	0.941	0.678	0.798	0.934	0.588
P (F-statistic)	0.000	0.000	0.000	0.000	0.000
P (J-statistic)	0.261	0.172	0.545	0.683	0.415

注：*** 表示 0.01 水平上显著，** 表示 0.05 水平上显著，* 表示 0.1 水平上显著。

表 6-8　GMM 法的估计结果

自变量	模型 1	模型 2	模型 3	模型 4	模型 5
C	0.667*** (0.000)	0.260*** (0.001)	0.527*** (0.000)	0.655*** (0.000)	0.086** (0.046)
MS_{t-1}	0.521*** (0.000)	0.660*** (0.000)	0.625*** (0.000)	0.551*** (0.000)	0.904*** (0.000)

续表

自变量	模型 1	模型 2	模型 3	模型 4	模型 5
γ	2.449 *** (0.009)	8.133 * (0.063)	0.012 ** (0.026)	1.291 * (0.073)	1.903 *** (0.000)
M	−0.614 *** (0.000)	−0.219 *** (0.003)	−0.486 *** (0.000)	−0.601 *** (0.000)	−0.088 ** (0.032)
$A-R^2$	0.966	0.757	0.953	0.965	0.948
P（J−statistic）	0.888	0.697	0.688	0.550	0.535

注：*** 表示 0.01 水平上显著，** 表示 0.05 水平上显著，* 表示 0.1 水平上显著。

（二）分析市场结构对产业创新生态的回归关系

从现有机理分析和已有研究成果来看，市场结构是否对产业创新生态具有影响有待进一步讨论，但为防止可能产生的解释变量内生影响，在分析创新生态对市场结构的影响时，也将采取 2SLS 法和 GMM 法进行估计，以免结果失真（见表 6−9）。

表 6−9　市场结构对产业创新生态的回归关系表

自变量	最小二乘法	2SLS 法	GMM 法
C	0.885 *** (0.000)	1.423 *** (0.000)	0.410 *** (0.000)
MS_{t-1}			0.748 *** (0.000)
TR	−0.028 * (0.094)	−0.037 ** (0.023)	−0.017 *** (0.004)
M	−0.724 *** (0.000)	−1.277 *** (0.000)	−0.382 *** (0.000)
$A-R^2$	0.116	0.832	0.917
Hausman/模型	3.837（P=0.147）/个随		
P（F−statistic）		0.000	
P（J−statistic）		0.344	0.536

注：*** 表示 0.01 水平上显著，** 表示 0.05 水平上显著，* 表示 0.1 水平上显著。

表 6−9 中，产业创新生态协同度的上升有利于提升市场竞争性，H2 成立。由于产业创新生态运行不良，企业的外部环境呈现出非对称性、强不确定性、非

有序性等特征，企业从创新生态中获取的资源面临着替代有限、价值有限、数量有限、类别有限以及效果有限等特点，因此，企业为营造一个共生共赢的生存环境，必须有效挖掘外部环境的创新资源，并通过与其他主体进行创新合作，进一步将产品与互补配套技术进行集成，实现产品的突破式创新，增强竞争优势，这提升了市场竞争性。

（三）分析产业创新生态对企业创新的回归关系

首先，在进行最小二乘法的前提下，对变量间的协整性进行检验，对模型的类型等方面进行分析和确定（见表6－10）。

表6－10 模型类型检验结果

检验类型	模型1	模型2	模型3	模型4	模型5
协整检验	LLC：－28.197 （P＝0.000）	LLC：－29.948 （P＝0.000）	LLC：－26.158 （P＝0.000）	LLC：－27.831 （P＝0.000）	LLC：－29.616 （P＝0.000）
White－F	0.994 （0.507）	1.648 （0.001）	1.046 （0.391）	1.181 （0.161）	1.028 （0.430）
F_1 统计量	1.121 < $F_{0.05}$ （26.268）	0.984 < $F_{0.05}$ （26.268）	1.002 < $F_{0.05}$、 （26.268）	1.073 < $F_{0.05}$ （26.268）	0.976 < $F_{0.05}$ （26.268）
Hausman	4.318 （P＝0.229）	5.716 （P＝0.126）	1.900 （P＝0.593）	3.180 （P＝0.365）	6.482 （P＝0.090）

根据表6－10的结果，可以发现变量间关系平稳。模型1至模型5的Hausman值不显著，F_1 统计量小于 $F_{0.05}$（26.268）（1.537），模型2的White－F值显著，模型1、模型3、模型4以及模型5的White－F值不显著。但是考虑到模型1、模型3、模型4及模型5中残差平方对两两相乘的自变量的变系数回归结果中，显著性结果分别只占到了14.815%、18.519%、9.877%以及16.049%；另外，经过测算，个体固定模型与个体随机模型的结果相差较大，相对个体随机模型，个体固定模型更有经济管理意义，并且为避免可能出现的异方差干扰回归结果的现象，本章将采用GLS估计方法和个体固定效应模型就产业创新生态对企业创新的回归关系进行分析较为适宜。

其次，对变量参数估计，如表6－11、表6－12和表6－13所示。

表6－11中、表6－12和表6－13中，可以发现，技术购买和引进活动对产业创新生态的影响具有内生性，即技术购买和引进活动对于创新生态具有正向影响；除知识产权活动外，企业创新对创新生态的运行发展具有促进作用，H3成立。其中，企业通过自主创新可以对创新生态中的创新资源进行消化、吸收及学

习，不断促进创新生态功能的运行活力，使其不断更新和发展；企业通过开放创新行为对创新生态中反馈的市场信息、资源信息及创新主体活动信息进行吸收，在不断更新自身技术和创新能力的同时，也在“刺激”创新生态加速运行；知识产权活动等创新产出行为为企业带来技术垄断，创新成果中所包含的知识等创新资源无法有效地“反哺”或“外溢”到创新生态中，使创新生态中的创新资源无法得到补充，进而影响其作用的有效发挥。

表 6-11　产业创新生态对企业创新的回归关系

自变量	模型 1	模型 2	模型 3	模型 4	模型 5
C	-1.000*** (0.000)	-1.030*** (0.000)	-0.969*** (0.000)	-1.042*** (0.000)	-1.137*** (0.000)
γ	8.697*** (0.000)	5.087 (0.454)	-0.021** (0.034)	4.802*** (0.006)	2.005* (0.072)
Z	0.037*** (0.000)	0.050*** (0.000)	0.048*** (0.000)	0.042*** (0.000)	0.059*** (0.000)
M	0.350* (0.079)	0.337* (0.099)	0.311 (0.121)	0.373* (0.066)	0.360* (0.076)
A-R^2	0.320	0.263	0.274	0.294	0.279

注：*** 表示 0.01 水平上显著，** 表示 0.05 水平上显著，* 表示 0.1 水平上显著。

表 6-12　2SLS 法的估计结果

自变量	模型 1	模型 2	模型 3	模型 4	模型 5
C	-0.787*** (0.000)	-1.413*** (0.000)	-0.506** (0.029)	-0.806*** (0.000)	-1.552*** (0.000)
γ	9.452*** (0.000)	22.407*** (0.006)	-0.080*** (0.000)	6.001*** (0.001)	4.594*** (0.001)
Z	0.041*** (0.000)	0.119*** (0.000)	0.096*** (0.000)	0.048*** (0.000)	0.134*** (0.000)
M	0.095 (0.681)	0.116 (0.520)	-0.514** (0.026)	0.077 (0.742)	0.118 (0.499)
A-R^2	0.323	0.437	0.457	0.304	0.456
P（F-statistic）	0.000	0.000	0.000	0.000	0.000
P（*J-statistic*）	0.534	0.267	0.675	0.252	0.462

注：*** 表示 0.01 水平上显著，** 表示 0.05 水平上显著，* 表示 0.1 水平上显著。

表 6-13　GMM 法的估计结果

自变量	模型 1	模型 2	模型 3	模型 4	模型 5
C	-1.157*** (0.000)	-1.322*** (0.001)	-0.498 (0.564)	-1.468*** (0.000)	-0.328 (0.259)
TR_{t-1}	-0.272 (0.317)	-0.116 (0.807)	-0.338 (0.220)	-0.530 (0.247)	-0.241 (0.675)
y	8.922*** (0.000)	20.565* (0.057)	-0.090** (0.044)	7.045*** (0.002)	9.274* (0.052)
Z	0.099*** (0.000)	0.118*** (0.006)	0.095* (0.067)	0.130*** (0.000)	-0.004 (0.733)
M	-0.093 (0.702)	0.001 (0.997)	-0.600 (0.435)	-0.110 (0.714)	-0.032 (0.874)
$A-R^2$	0.408	0.407	0.066	0.176	0.064
P（J-statistic）	0.565	0.266	0.663	0.617	0.429

注：***表示 0.01 水平上显著，**表示 0.05 水平上显著，*表示 0.1 水平上显著。

综合 H1、H2 以及 H3 的结果可以看出，产业创新生态在企业创新对市场结构的影响中起中介作用，H4 成立。这说明企业创新可以通过创新生态间接影响市场结构。但由于创新生态更有利于市场竞争性，当企业创新通过创新生态作用于市场结构时，其对市场垄断性的促进作用受到削弱。考虑到企业创新对创新生态具有正向显著作用，企业创新“依赖”于创新生态的程度越深，市场结构垄断性受到的“负面”影响越大。

第三节　稳健性检验

本章将制造业面板数据分为劳动密集型、资本密集型以及技术密集型等三组产业数据进行稳健性检验（见表 6-14 至表 6-20）。

表 6-14　市场结构对企业创新的回归关系表（劳动密集型产业）

自变量	模型 1	模型 2	模型 3	模型 4	模型 5
C	1.634*** (0.000)	1.281*** (0.000)	1.061*** (0.000)	1.129*** (0.000)	1.399*** (0.000)

续表

自变量	模型 1	模型 2	模型 3	模型 4	模型 5
y	15.621*** (0.000)	34.614*** (0.000)	0.0003 (0.930)	6.448** (0.012)	12.755*** (0.000)
M	-1.539*** (0.000)	-1.136*** (0.000)	-0.888*** (0.000)	-0.991*** (0.000)	-1.296*** (0.000)
$A-R^2$	0.512	0.868	0.459	0.190	0.682
模型/估计方法	时随/OLS	个固/OLS	双随/OLS	个随/OLS	个随/OLS

注：***表示0.01水平上显著，**表示0.05水平上显著，*表示0.1水平上显著。

表6-15　市场结构对企业创新的回归关系（资本密集型产业）

自变量	模型 1	模型 2	模型 3	模型 4	模型 5
C	0.887*** (0.000)	1.143*** (0.000)	0.947*** (0.000)	0.820*** (0.000)	0.595*** (0.000)
y	2.790** (0.017)	13.875*** (0.000)	0.009 (0.531)	2.821*** (0.003)	1.687*** (0.000)
M	-0.744*** (0.001)	-0.989*** (0.000)	-0.784*** (0.001)	-0.682*** (0.002)	-0.448*** (0.002)
$A-R^2$	0.725	0.442	0.702	0.738	0.248
模型/估计方法	双固/OLS	个固/OLS	双固/OLS	双固/OLS	个随/OLS

注：***表示0.01水平上显著，**表示0.05水平上显著，*表示0.1水平上显著。

表6-16　市场结构对企业创新的回归关系（技术密集型产业）

自变量	模型 1	模型 2	模型 3	模型 4	模型 5
C	0.383* (0.070)	0.577*** (0.008)	0.667*** (0.000)	0.422** (0.041)	0.351** (0.049)
y	5.837** (0.025)	3.167 (0.625)	0.100*** (0.001)	3.361** (0.028)	5.146*** (0.000)
M	-0.305 (0.115)	-0.429** (0.038)	-0.564*** (0.002)	-0.320* (0.097)	-0.245 (0.163)
$A-R^2$	0.781	0.758	0.805	0.780	0.480
模型/估计方法	双固/OLS	双固/OLS	双固/OLS	双固/OLS	个随/OLS

注：***表示0.01水平上显著，**表示0.05水平上显著，*表示0.1水平上显著。

表6－14、表6－15和表6－16中，除劳动密集型产业和资本密集型产业的知识产权活动对市场结构无显著影响以及技术密集型产业的技术购买和引进活动对市场结构无显著影响外，其他企业创新行为强度的提升有利于促进市场垄断性。

劳动密集型产业主要依靠成本较低的人力资源占领市场，看重短时绩效和模仿先进技术，缺乏长时间进行专利研发的资源和能力；劳动密集型产业中的企业规模相对较小，缺乏有效的知识产权保护体系、能力和意识，知识产权成果外部性较强，交易成本高，因此，知识产权活动在提升劳动密集型产业中各企业市场势力的能力有限。

资本密集型产业的专利申请周期长、资金耗费大以及沉没成本高，不仅需要有效的技术支持，也需要投入大量资金和设备，这使知识产权活动很难在较短时间内提升企业的规模经济效应。

技术密集型产业中各企业的发展对先进尖端技术的依赖较大，从第四章的分析中可以看出，技术密集型产业各行业相对于其他门类的产业更加重视技术的购买和引进，但由于此类创新行为的外部性较强和排他性较弱（不同企业可以从国内外不同的创新源获取等级度相差较小的技术），因此技术的购买和引进活动无法在更高程度上提升企业产品的差异化，进而对于促进企业绝对竞争力的力度十分有限。

表6－17　市场结构对产业创新生态的回归关系表（各产业门类）

自变量	劳动密集型	资本密集型	技术密集型
C	1.000*** (0.000)	1.135*** (0.000)	0.623*** (0.002)
TR	－0.075** (0.031)	－0.007 (0.694)	0.007 (0.675)
M	－0.848*** (0.000)	－0.966*** (0.000)	－0.467** (0.016)
A－R^2	0.817	0.331	0.758
模型/估计方法	个固/OlS	个固/OLS	双固/OLS

注：***表示0.01水平上显著，**表示0.05水平上显著，*表示0.1水平上显著。

从表6－17的估计结果当中，资本密集型产业中产业创新生态促进了市场的竞争性，而资本密集型产业和技术技术密集型产业中产业创新生态对市场结构没有显著影响。这可能是由于我国各行业产业创新生态处于运行不良状态，对技术依赖性低的劳动密集型产业中的企业对产业创新生态要求“更低”，从相对不完善的创新环境中获取有限创新支持便可以促进自身竞争力。

表 6－18　产业创新生态对企业创新的回归关系（劳动密集型产业）

自变量	模型 1	模型 2	模型 3	模型 4	模型 5
C	－0.815*** (0.001)	－0.845*** (0.001)	－0.775*** (0.002)	－0.801*** (0.002)	－0.825*** (0.001)
y	7.853** (0.018)	4.193 (0.613)	－0.020** (0.048)	1.866 (0.513)	0.049 (0.980)
Z	0.043*** (0.000)	0.049*** (0.000)	0.049*** (0.000)	0.046*** (0.000)	0.045*** (0.001)
M	0.166 (0.504)	0.176 (0.502)	0.133 (0.570)	0.162 (0.525)	0.194 (0.464)
$A-R^2$	0.308	0.285	0.306	0.256	0.275
模型/估计方法	个固/GLS	个固/GLS	个固/GLS	个固/GLS	个固/GLS

注：*** 表示 0.01 水平上显著，** 表示 0.05 水平上显著，* 表示 0.1 水平上显著。

表 6－19　产业创新生态对企业创新的回归关系（资本密集型产业）

自变量	模型 1	模型 2	模型 3	模型 4	模型 5
C	－1.213* (0.055)	－1.246** (0.031)	－1.220** (0.033)	－1.242* (0.053)	－0.570*** (0.000)
y	6.006 (0.149)	4.302 (0.864)	－0.027 (0.555)	4.159 (0.255)	2.284** (0.013)
Z	0.019 (0.432)	0.044 (0.156)	0.043** (0.035)	0.029 (0.203)	－0.018 (0.105)
M	0.715 (0.245)	0.589 (0.301)	0.591 (0.292)	0.671 (0.285)	0.426*** (0.008)
$A-R^2$	0.106	0.103	0.110	0.089	0.345
模型/估计方法	个固/GLS	个固/GLS	个固/GLS	个固/GLS	个固/GLS

注：*** 表示 0.01 水平上显著，** 表示 0.05 水平上显著，* 表示 0.1 水平上显著。

表 6-20 产业创新生态对企业创新的回归关系（技术密集型产业）

自变量	模型 1	模型 2	模型 3	模型 4	模型 5
C	-1.625*** (0.004)	-1.445** (0.037)	-1.221** (0.043)	-1.614*** (0.005)	-1.437** (0.018)
y	18.159*** (0.001)	13.816 (0.427)	-0.091 (0.267)	13.373*** (0.002)	3.859* (0.078)
Z	0.024 (0.133)	0.060** (0.048)	0.058** (0.018)	0.029* (0.073)	0.083*** (0.006)
M	0.884* (0.083)	0.602 (0.237)	0.470 (0.369)	0.860* (0.093)	0.391 (0.433)
A-R^2	0.309	0.193	0.184	0.300	0.215
模型/估计方法	个固/GLS	个固/GLS	个固/GLS	个固/GLS	个固/GLS

注：***表示 0.01 水平上显著，**表示 0.05 水平上显著，*表示 0.1 水平上显著。

从表 6-18、表 6-19 和表 6-20 的估计结果当中可以发现，劳动密集型产业中，R&D 活动与知识产权活动分别对产业创新生态具有显著的正向和负向影响作用；资本密集型产业中，工艺创新对产业创新生态具有显著的正向影响作用；技术密集型产业中，R&D 活动、产品创新以及工艺创新等自主创新行为对产业创新生态具有显著的正向影响作用。劳动密集型产业中各企业的创新资源与创新能力的缺口较大，因此，为了获取比较优势，企业等创新主体具有较强的搜寻互补性创新资源的动机，而 R&D 能力对创新网络的形成和运行具有重要作用①；由于我国劳动密集型产业内部存在知识产权体系不够完善、产品创新成果易被模仿等问题，专利方面的合作行为会通过溢出效应使合作方产生损失，这削弱了产业创新生态中创新主体间的协作动力。资本密集型产业中各企业的资本有机构成较高、投资量大、资金周转和投资效果慢，适合从事基于基础研究的工艺创新，工艺创新所带来的根本性创新能为企业带来持久的竞争收益，因此，资本密集型产业中各企业进行工艺创新的动力是较充足的，而自身基础研究能力的薄弱使各企业需要从产业创新生态中探寻自身所需的创新资源和创新合作主体，这促进了产业创新生态的协同性。技术密集型产业方面的结论体现出该门类中大部门企业普遍是在自主创新的基础上，进一步加强自身与外部各创新主体的交流，逐步通过动态“干中学、学中干”促进产业创新生态的完善。

① Savin I, Egbetokun A. Emergence of Innovation Networks from R&D Cooperation with Endogenous Absorptive Capacity [J]. Journal of Economic Dynamics & Control, 2016 (64): 82-103.

综上所述，稳健性检验中“企业创新对市场结构的影响”结论方面，除“资本密集型产业的技术购买和引进活动对市场结构无显著影响”以及“技术密集型产业的知识产权活动对市场结构无显著影响”等实证结论外，分组数据中其他的实证结果与全样本一致，说明“企业创新行为强度的提升有利于促进市场垄断性”的结论具有一定的稳健性。

“产业创新生态对市场结构影响”结论方面，表6－9中显示全样本中的实证结论显著性较差，分组面板数据中，除劳动密集型产业方面的结论与全样本一致外，资本密集型产业与技术密集型产业的产业创新生态对市场结构均无显著影响，这说明“产业创新生态对市场结构影响”的结论与产业门类特点以及产业创新生态的发展现状有关。因此，总体看来，稳健性检验的结论综合体现了全样本实证结果的“低显著性”。

“企业创新对产业创新生态的影响”结论方面，除技术密集型产业的相关结论与全样本基本一致外，劳动密集型产业中的“R&D活动以及知识产权活动分别对产业创新生态具有显著的正向和负向影响”、资本密集型产业中的“工艺创新对产业创新生态具有显著的正向影响”、劳动密集型产业和资本密集型产业中的“技术购买和引进活动对产业创新生态无显著影响”等结论也与全样本一致。因此，稳健性检验的结论综合体现了全样本“企业自主创新有利于促进产业创新生态的发展”的实证结果。

第四节　进一步讨论与反事实分析

以上模型参数估计过程是建立在产业创新生态运行不良的基础上，这时产业创新生态会削弱企业创新对市场结构垄断性的促进效应。在产业创新生态运行良好时，其是否会产生同样的效应呢？这需要进一步研究。假设各行业创新生态发挥了自身潜力，各行业创新生态子系统间相互协调。由于式（6－1）中不涉及创新生态变量，因此，对式（6－2）和式（6－3）进行反事实分析（见表6－21、表6－22和表6－23）。

表6－21　市场结构对良好产业创新生态的回归关系

自变量	最小二乘法
C	0.265* (0.051)

续表

自变量	最小二乘法
TR	1.260*** (0.000)
M	-0.742*** (0.000)
A-R^2	0.816
模型/估计方法	个体固定/OLS

注：***表示0.01水平上显著，**表示0.05水平上显著，*表示0.1水平上显著。

表6-21中，在运行良好的情况下，产业创新生态发展有利于增强市场垄断性。此结论在一定程度上证明了张华（2016）① 的理论观点，即创新生态中不仅有“互惠型合作”，还有“机会型合作”，并且“机会型合作”多于“互惠性合作”，前者形成的关系不平衡且不稳定，后者则关系更加平衡和稳定。尽管良好的创新生态具有“金融资源充足”“市场资源丰富”以及“平台资源更具有互惠性”等特点，但企业相互关系的非对称性、技术配套专用性以及学习能力差异性使“机会型合作”关系中的“技术领先者”和“强势主体”具有掌握核心技术秘密的先动优势，这增加了其遏制竞争对手跟进的能力，考虑到技术购买和引进活动对创新生态的影响可能具有内生性，因此进一步运用2SLS和GMM等方法就此关系进行估计，表6-22和表6-23显示，企业创新对创新生态发展具有显著正向影响，这说明企业创新对于创新生态的有效运行具有持续促进作用。综合表6-6、表6-21、表6-22和表6-23的结果发现，在良好创新生态的中介作用下，企业创新可以对市场结构产生作用，并且创新生态加剧了企业创新对市场结构的垄断性影响，这与不良创新生态状态下的实证结论相反。

表6-22 良好产业创新生态对企业创新的回归关系

自变量	模型1	模型2	模型3	模型4	模型5
C	0.424*** (0.000)	0.358*** (0.000)	-0.064 (0.462)	0.375*** (0.000)	0.407*** (0.000)
y	9.374*** (0.000)	11.579*** (0.009)	0.042*** (0.000)	7.783*** (0.000)	0.339* (0.085)

① 张华. 合作稳定性、参与动机与创新生态系统自组织进化［J］. 外国经济与管理，2016，38(12)：59-73+128.

续表

自变量	模型 1	模型 2	模型 3	模型 4	模型 5
Z	0.016*** (0.000)	0.029*** (0.000)	0.053*** (0.000)	0.020*** (0.000)	0.011 (0.149)
M	−0.112** (0.031)	−0.095 (0.189)	0.114 (0.104)	−0.092* (0.066)	0.009 (0.832)
$A-R^2$	0.563	0.171	0.293	0.597	0.454
模型/估计方法	时固/OLS	时固/OLS	时固/OLS	时固/OLS	个随时固/OLS

注：*** 表示 0.01 水平上显著，** 表示 0.05 水平上显著，* 表示 0.1 水平上显著。

表 6-23　良好产业创新生态对技术购买和引进活动的回归关系

自变量	2SLS	GMM
C	0.336*** (0.000)	0.002 (0.918)
TR_{t-1}		0.977*** (0.000)
y	11.530** (0.021)	2.844* (0.098)
Z	0.030*** (0.000)	0.002** (0.048)
M	−0.082 (0.288)	−0.015 (0.352)
$A-R^2$	0.169	0.983
P（F-statistic）	0.000	
P（J-statistic）	0.237	0.385

注：*** 表示 0.01 水平上显著，** 表示 0.05 水平上显著，* 表示 0.1 水平上显著。

第五节　实证结果

在以上实证分析的基础上，可以得出以下实证结果：

第一，就 H1 而言，R&D 活动以及工艺创新等自主创新行为会通过改变产品独特性以及形成知识的不可交易性和难以模仿性来提高企业核心竞争力，使企业保持长期竞争优势，并促进企业的规模经济以及范围经济优势。

其中，劳动密集型产业的转型升级正在有序进行，工艺创新对于企业的发展更加重要；资本密集型产业的产品大都具有工艺过程复杂、设备占有率大、投资额大等特点，通过工艺创新能有效改进生产方式，实现企业收益持续化和最大化；技术密集型产业的产品生产工艺大都具有时间长、费用高、生产过程复杂、复配技术难度高及生产连续性强等特点，通过工艺创新，企业可以在大量系统性试错探索工作的基础上，实现“科学原理的发现→稳定成熟的工艺技术”的转变，进而在工艺技术等战略性资源的控制上领先于其他企业，形成产品的市场垄断能力。产品创新作为企业创新成果实现产业化的重要途径，对于增强企业技术创新能力，提高企业生产制造水平、效益和竞争力具有重要意义。由于制造业普遍存在“缺乏核心技术、自主创新能力弱、产品附加值低”等问题，因此通过技术购买和引进等开放创新行为实现技术优化升级及资本有机构成提高，企业可以率先获得产品的超额边际收益，提升市场势力。专利效率提高使产业因专利产权或者垄断获得的边际收益增加，这增强了市场垄断性。

第二，就 H2 而言，产业创新生态的发展有利于加强企业与其他创新主体的联系与合作，提升社会需求的探知能力，开发市场与创新潜力，提高产品竞争力。另外，结合表 4 - 8 及本章稳健性检验的结论，发现创新生态对于产业或企业的影响具有相对性。在完善程度比较接近并且都处于运行状态不良的状态下，劳动密集型产业的创新生态能有效促进市场竞争性，这在一定程度上说明产品技术含量越低的产业或企业，越容易受到创新生态的影响。例如，劳动密集型产业的大多数企业产品研发设计环节薄弱，技术含量低，基于创新需求所产生的“关系”较少，对创新生态完善程度的要求较低。

第三，就 H3 而言，企业创新能力加强促进了创新主体之间的联系，形成价值传递网络，推动产业创新生态的发展。企业创新作为新的生产方法，其表现形式为技术和设备上的根本性改进，需要创新生态内各要素间进行有效互动，实现知识、人才等要素自由流动以及技术有效扩散，因此，企业对创新的需求会引发创新生态有效运行；通过企业创新可以推动传统产业向高端化发展，进而推动企业向高附加值和高加工度升级①，因此，进行企业创新方面的合作是各行业的现实需求；另外，企业很难在较低交易成本的基础上进行自主创新，产品开发以及生产工艺的创新合作有利于创新主体之间实现资源共享、缩短创新时间以及分散创新成本，因此，基于企业创新的合作有利于形成和完善创新生态；对于复杂性

① 王文，孙早．产业结构转型升级意味着去工业化吗［J］．经济学家，2017（3）：55 - 62.

技术来说，有限的企业资源与创新能力之间的缺口较大，这使企业等创新主体具有强烈的搜寻互补性资源的动机，因此，企业创新对于创新网络的形成和运行具有重要作用，而创新网络是创新生态的本质属性。

第四，就 H4 而言，产业创新生态在企业创新对市场结构的影响过程中起中介作用，即企业创新会通过产业创新生态影响市场结构。

第五，控制变量方面，企业规模扩大不仅不会增加市场垄断性，反而会进一步加强市场竞争性，这是由于某个企业规模提升所带来的规模经济效应会引发其他企业设法也提升自身规模，以免在市场竞争中落后，这在更高规模水平上提升了市场竞争性。

另外，产业创新生态能否有效运行的一个重要基础是其内部的平衡力①，这主要体现在企业间的依存和竞合关系，当大型企业任意地“吞并”或者“挤压”中小企业时以及企业间的竞争多于合作时，产业创新生态的平衡力就会减弱，进而影响产业创新生态的运行。因此，市场规模与企业规模的提升对产业创新生态产生有利影响，说明制造业内各企业间的竞合关系较为平衡、大小企业间的关系相对“和谐”。

第六，综合参数估计与反事实分析结果，可以得出，在产业创新生态运行状态不良时，企业创新通过创新生态对市场垄断性的促进作用会下降；在产业创新生态运行状态较好时，企业创新通过创新生态对市场垄断性的促进作用会增强（见图 6－2）。

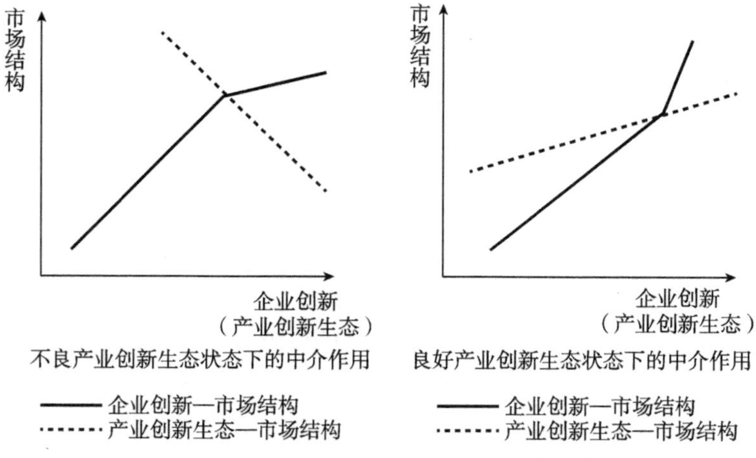

图 6－2　产业创新生态在企业创新和市场结构关系中的中介效应

① 李福，曾国屏．创新生态系统的健康内涵及其评估分析［J］．软科学，2015，29（9）：1－4＋28.

本章小结

本章在“企业创新对市场结构的反作用”“产业创新生态对企业创新的作用”以及“产业创新生态对市场结构的作用”等机理理论分析的基础上，运用2005～2015年制造业27个行业的面板数据，采用最小二乘法、2SLS法和GMM法等估计方法以及递归模型，围绕“基于产业创新生态的企业创新对市场结构作用机理”这一命题进行实证检验，得出以下结论：

企业创新有利于加强市场垄断性；产业创新生态发展加剧市场竞争性；企业创新强度提升有利于产业创新生态协调发展；产业创新生态在企业创新对市场结构影响的过程中起中介作用；产业创新生态运行状态不良的情况下，企业创新通过产业创新生态作用于市场结构时，其对市场垄断性的促进作用会受到削弱，产业创新生态运行状态较好的情况下，企业创新通过产业创新生态作用于市场结构时，其对市场垄断性的促进作用会得到增强。企业规模的扩大有利于加剧市场竞争性；市场与企业规模的提升对产业创新生态产生有利影响，这说明从制造业总体上看，企业间竞合关系较为平衡。在以上实证结论以及第五章研究的基础上，可以得出以下理论框架（见图6－3）。

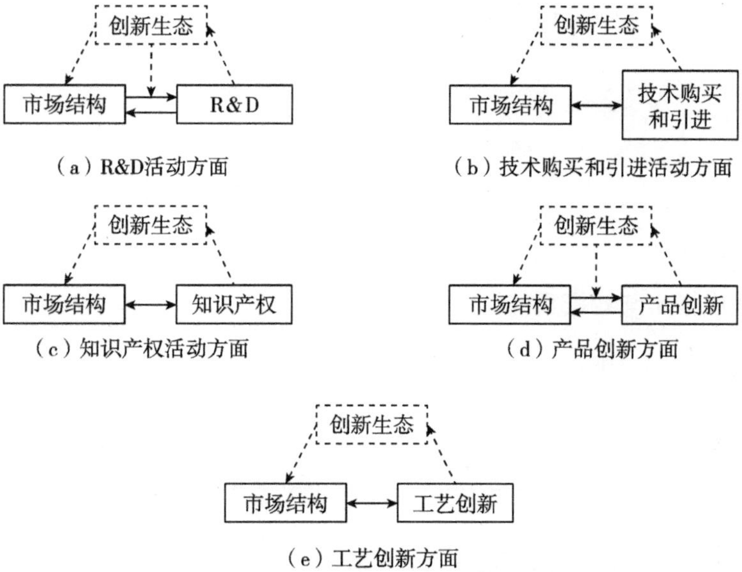

图6－3　产业创新生态视角下的市场结构与企业创新关系理论框架

第七章　市场结构、企业创新与市场绩效的相互作用

相对于市场结构与企业创新的关系而言，企业创新与市场绩效的关系从逻辑上更加清晰：市场绩效是创新行为的结果；良好的市场绩效所带来的有形和无形积累会反哺于创新，为提高创新投入和产出、提升产品和工艺创新的效率奠定基础。在传统的SCP范式中，市场结构被认为会通过市场行为作用于市场绩效，因此，可以推断出企业创新在市场结构对市场绩效的影响中起到中介作用。但以上的理论假设或者推论还缺乏实践上的有效论证。另外，在反哺于企业创新的前提下，市场绩效能否通过企业创新作用于市场结构，这需要进一步检验。经过第五、第六章的研究发现，产业创新生态在市场结构与企业创新的关系中具有调节或中介作用，但产业创新生态是否会在市场结构、企业创新与市场绩效的相互作用关系中具有某种影响，这也需要进一步讨论。

第一节　研究设计

一、假设提出与实证目的

通过第三章相关理论分析和所提出命题，可以得出表7－1所示的假设。

表7－1　理论假设

假设来源	假设内容
命题12a至命题12c	H1：企业创新对市场绩效具有显著的正向影响
命题13a和命题13b	H2：市场绩效对企业创新具有显著的正向影响

续表

假设来源	假设内容
命题 8a 至命题 8c	H3：市场结构对市场绩效具有显著影响
H1、H2 及 H3 的关系	H4：企业创新在市场结构对市场绩效的影响中起到中介作用
命题 9a 和命题 9b	H5：市场绩效对市场结构具有显著影响
H1、H2 及 H5 的关系	H6：企业创新在市场绩效对市场结构的影响中起到中介作用
命题 4	H7：产业创新生态对市场绩效具有显著的正向影响
命题 14a 和命题 14b	H8：产业创新生态在企业创新对市场绩效作用的过程中具有显著的正向调节效应
命题 15a 和命题 15b	H9：产业创新生态在市场绩效对企业创新作用的过程中具有显著的正向调节效应
命题 10a 和命题 10b	H10：产业创新生态在市场结构对市场绩效作用的过程中具有显著正向或负向调节效应
命题 11a 和命题 11b	H11：产业创新生态在市场绩效对市场结构作用的过程中具有显著正向或负向调节效应

根据以上假设，可以得出相应的概念模型（见图 7－1）。

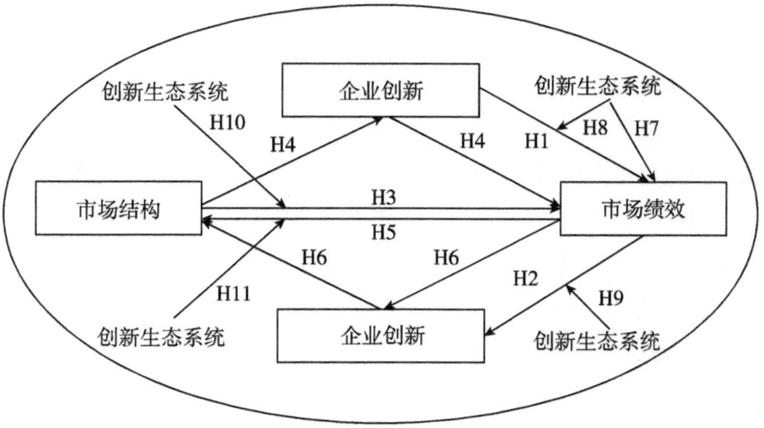

图 7－1 基于产业创新生态的市场结构和企业创新与市场绩效关系概念模型

依据图 7－1 中的概念模型，可以得出本章的实证目的：以制造业 27 个行业为研究对象，并通过“产业创新生态”“市场结构”“企业创新”以及“市场绩效”等变量的面板数据，对“企业创新和市场结构与市场绩效是否有交互关系”“产业创新生态对市场绩效是否具有显著影响”以及“产业创新生态是否在企业创新和市场结构与市场绩效的交互关系中具有调节效应”等问题和假设进行分析和验证。

二、模型设定、变量选取与数据说明

根据对本章已有假设的设定、变量关系的分析，并结合第五章和第六章中有关市场结构和企业创新的变量关系，设置模型如下：

第一，基于有调节的中介变量的循环效应检验模型，如式（7－1）至式（7－4）所示：

$$MP_t = C + \alpha_{11} TR_t + \chi_{11} D_t + \chi_{12} PRS_t + \lambda_t + \varepsilon_t \tag{7-1}$$

$$\begin{cases} MP_t = C + \alpha_{11} MS_t + \beta_{11} TR_t + \chi_{11} D_t + \chi_{12} PRS_t + \lambda_t + \varepsilon_t \\ MS_t = C + \alpha_{21} MP_t + \chi_{21} M_t + \lambda_t + \varepsilon_t \end{cases} \tag{7-2}$$

$$\begin{cases} MP_t = C + \alpha_{11} y_t + \beta_{11} TR_t + \chi_{11} D_t + \chi_{12} PRS_t + \lambda_t + \varepsilon_t \\ y_t = C + \alpha_{21} MP_t + \chi_{21} \ln Fix_t + \chi_{22} \ln Wages_t + \lambda_t + \varepsilon_t \end{cases} \tag{7-3}$$

$$\begin{cases} MP_t = C + \alpha_{11} y_t + \beta_{11} TR_t + \delta_{11} y_t TR_t + \chi_{11} D_t + \chi_{12} PRS_t + \lambda_t + \varepsilon_t \\ y_t = C + \alpha_{21} MP_t + \beta_{21} TR_t + \delta_{21} MP_t TR_t + \chi_{21} \ln Fix_t + \chi_{22} \ln Wages_t + \lambda_t + \varepsilon_t \end{cases} \tag{7-4}$$

第二，产业创新生态在市场结构与绩效循环关系中的调节效应检验模型，如式（7－5）所示：

$$\begin{cases} MP_t = C + \alpha_{11} MS_t + \beta_{11} TR_t + \delta_{11} MS_t TR_t + \chi_{11} D_t + \chi_{12} PRS_t + \lambda_t + \varepsilon_t \\ MS_t = C + \alpha_{21} MP_t + \beta_{21} TR_t + \delta_{21} MP_t TR_t + \chi_{21} M_t + \lambda_t + \varepsilon_t \end{cases} \tag{7-5}$$

其中，t 代表当期时间变量，λ 表示控制时间要素的哑变量，解释变量（企业创新）分别选取 *R&D* 内部经费支出强度（$R\&D_{IS}$）、技术购买和引进经费支出强度（PI_{IS}）、专利密度（$Patent_{DE}$）、新产品开发经费支出强度（NEW_{IS}）以及技术改造和吸收经费支出强度（TA_{IS}）等各种创新行为指标表示，*MP* 表示市场绩效，*MS* 表示市场结构，*TR* 表示产业创新生态，*Fix* 表示产业固定资产，*Wages* 表示各行业的社会在岗职工平均工资，*M* 表示企业规模变量。

另外，本章还设计了以下影响市场绩效的控制变量：

一是各行业的资本成本（D）（亿元），即第四章中测度市场结构变量时所用到的资本成本变量。市场绩效是在一定的市场结构下，某一产业通过各种市场行为在价格、成本以及利润等方面所达到的经济成果；市场绩效理论上可以通过经济利润表示，它主要受到收入以及机会成本的影响，其中机会成本中的主要方面就包括资本成本，它表示产业所有可出租资本财产出租后的租金[①]。

二是各行业的产权结构（PRS），即国有产值在工业总产值中的比重。对于

① 戴伯勋，沈宏达．现代产业经济学［M］．北京：经济管理出版社，2001.

我国而言，产业的产权结构具有其特殊性，产权结构的有效转变作为企业和产业激励机制转变的主要方面推动了我国某些行业的快速发展①，并在理论上和实践上逐步成为提高企业和产业绩效的根本方式。

本章实证中涉及的各变量均采用2005~2015年我国制造业27个行业的平衡面板数据作为分析样本，样本数为27（行业数）×11（时期数）=297（个）。市场结构变量是依据第四章中的式（4-8）测算出来的，所涉及的工业增加值和工业总产值等指标数据来源于2006~2016年的《中国统计年鉴》；劳动力成本由行业工资总额表示，其相关指标数据可从2006~2016年的《中国劳动力统计年鉴》中获得；计算资本成本所涉及的实际净收益和资产值以及计算产权结构所涉及的产业国有产值等指标数据可从2005~2016年的《中国工业经济统计年鉴》中获得。企业创新变量是依据第四章中的式（4-9）至式（4-13）进行测算，它是从行业等宏观视角进行分析，所选取的企业样本包括某行业的所有规模以上工业企业，所得出测算结果是某行业所有企业的创新行为和能力的总体体现；创新行为测算中所涉及的R&D活动、技术购买和引进活动、知识产权活动、产品创新以及工艺创新等各类创新行为指标数据来源于2006~2016年的《中国工业企业科技统计年鉴》；所需要的销售收入等指标数据可从2006~2016年的《中国工业经济统计年鉴》中获得。市场绩效变量是依据表4-15中的市场绩效评价体系并结合因子分析法［式（4-15）至式（4-18）］进行测算，市场绩效所需要的指标数据主要来源于历年的《中国统计年鉴》《中国工业经济统计年鉴》以及国家统计局发布的国家统计数据库。产业创新生态等调节变量是依据第四章中的式（4-1）至式（4-6）进行测算，所需数据主要来源于历年的《工业企业科技活动统计年鉴》《中国科技统计年鉴》及《中国统计年鉴》。

第一，基于有调节的中介变量的循环效应检验模型中，式（7-1）用来表示市场绩效与产业创新生态的关系模型；式（7-2）表示市场结构与市场绩效之间的循环关系模型；式（7-3）用来检验企业创新与市场绩效的循环关系，进而说明企业创新在市场结构与市场绩效循环关系中是否具有中介效应；式（7-4）用来检验产业创新生态是否在企业创新与市场绩效的循环关系中具有调节效应。

另外，为避免产业创新生态与市场绩效之间可能出现的内生性关系对模型结果产生影响，在不影响模型结果和本书研究目的的情况下，尽可能不将产业创新生态与市场绩效放入同一方程式中。因此，式（7-2）和式（7-3）中的“市场绩效分别对市场结构和企业创新的影响”的方程中去掉产业创新生态变量。

---

① 刘小玄．中国转轨经济中的产权结构和市场结构——产业绩效水平的决定因素［J］．经济研究，2003（1）：21-29.

第二，式（7－5）表示产业创新生态在市场结构与绩效循环关系中的调节作用。

结合计量经济学以及社会研究理论可以发现，本章有关循环效应的检验涉及自变量、因变量、中介变量以及调节变量之间联立方程的建立。传统的最小二乘法不适合估计联立方程中的单个方程，因为在该方程中有一个或者多个解释变量与干扰项相关，并且市场结构与市场绩效、企业创新与市场绩效之间的相互作用可能会造成解释变量的内生性，因此，运用传统最小二乘法得到的估计量不仅可能是有偏的，而且可能也是不一致的。而运用两阶段最小二乘法（2SLS）对联立方程的系数进行估计可以在一定程度上解决以上问题，但2SLS要求联立方程中的模型具有同方差性质，并且考虑到联立方程模型的各方程的随机误差项可能存在跨方程相关的问题①，因此，本章将采用三阶段最小二乘法（3SLS）对每个联立方程系统进行估计，它不仅能有效解决解释变量的内生性问题，也可以有效解决模型中的同方差问题，这是由于3SLS实质上就是在2SLS的基础上进一步进行GLS。3SLS的具体分析思路为：

第一，对方程组中的每个方程进行2SLS估计；

第二，根据2SLS估计的结果，对联立方程系统的扰动项的协方差矩阵进行估计，然后进一步对联立方程系统进行GLS估计。

需要强调的是，运用3SLS等工具变量法对联立方程进行估计后，模型的 R^2（等于1－*SSR/SST*）为工具变量法估计后的结果，其中，*SSR* 为工具变量残差的平方和，*SST* 为因变量残差的平方和，与最小二乘法不同的是，工具变量的残差 *SSR* 可能会大于 *SST*，因此，3SLS等工具变量法所估计的联立方程的 R^2 有可能为负数，并且联立方程的 R^2 不能计算联合约束的F检验值，因此 R^2 的负值不能说明模型本身有任何问题或负面影响②。尽管现有部分研究在实证中没有报告 R^2 值③④，但出于"提高研究的完整性和严谨性"，本书对3SLS法估计下的 R^2 值进行了报告⑤。

---

① 张祥建，钟军委，邵明伟．空间集聚与区域间税收竞争内生性研究——基于2000－2013年中国省域面板数据分析［J］．现代财经（天津财经大学学报），2015，35（1）：69－80.

② 杰弗里·M. 伍德里奇．计量经济学导论：现代观点（第五版）［M］．北京：中国人民大学出版社，2015.

③ 张莉，许龄珏，郑新业，等．财政分权如何影响政府防灾减灾——基于中国31省份面板数据的实证研究［J］．中央财经大学学报，2017（3）：3－15.

④ 张祥建，钟军委，邵明伟．研发、出口与全要素生产率：基于联立方程模型的实证检验［J］．管理工程学报，2015，29（4）：1－8.

⑤ 张少军，刘志彪．国内价值链是否对接了全球价值链——基于联立方程模型的经验分析［J］．国际贸易问题，2013（2）：14－27.

另外，式（7－1）不属于联立方程，直接运用最小二乘法进行估计即可；式（7－2）、式（7－3）、式（7－4）以及式（7－5）需要运用3SLS估计。设置模型1至模型5分别表示市场绩效对R&D类、技术购买和引进类、知识产权类、产品创新类以及工艺创新类等创新行为变量的回归结果。

第二节 实证检验

首先，在第五章和第六章的实证检验过程中，已就市场结构、企业创新以及创新生态等主要变量进行了描述性统计，这里主要对市场绩效、资本成本以及产权结构等变量情况进行描述（见表7－2）。

表7－2 描述性统计情况

变量	样本数	最小值	最大值	均值	标准差
MP	297	－0.015	0.067	0.021	0.011
D	297	－366.980	7710.400	1323.829	1291.094
PRS	297	0.003	1.027	0.175	0.223

其次，为检验各变量之间是否存在多重共线性，本章将根据模型中的变量关系对变量方差膨胀因子（VIF）及变量间的相关系数进行分析（见表7－3和表7－4）。

表7－3 方差膨胀因子

$R\&D_{IS}$	PI_{IS}	$Patent_{DE}$	NEW_{IS}	TA_{IS}	*MC*	*TR*	*MP*	*D*	*PRS*	ln*Fix*	ln*Wages*	*M*
						1.02		1.00	1.01			
					1.81	1.02		1.19	1.65			
							1.46					1.46
1.16						1.02		1.15	1.02			
	1.01					1.02		1.00	1.11			
		1.14				1.02		1.05	1.11			
			1.11			1.02		1.10	1.03			
				1.29		1.02		1.03	1.27			
							1.31			1.54	1.44	

表 7-4 相关系数检验

变量	$R\&D_{IS}$	PI_{IS}	$Patent_{DE}$	NEW_{IS}	TA_{IS}	*MC*	*TR*	ln*Fix*	ln*Wages*	*M*
MP	0.048	0.092	0.041	0.014	0.082	0.578	0.034	-0.320	0.197	-0.562
D	0.361	0.008	-0.194	0.290	-0.134	-0.320	0.061	0.750	0.500	0.068
PRS	-0.083	0.303	-0.290	-0.127	0.452	0.584	0.106	0.083	0.393	-0.141

表 7-3 和表 7-4 中，可以发现，市场绩效变量的 *VIF* 值在 10 以下，市场绩效、资本成本、产权结构与其同方程中其他变量的相关系数也基本都在 0.7 以下，因此，市场绩效、资本成本、产权结构与其同方程中的其他变量间很可能不存在多重共线性。

最后，对有调节的中介变量的循环效应检验模型进行分析。

第一步，检验产业创新生态对市场绩效的作用关系以及市场结构与市场绩效的循环关系（见表 7-5）。

表 7-5 产业创新生态对市场绩效的作用以及市场结构与市场绩效的循环关系

自变量	最小二乘法（创新生态影响市场绩效）				3SLS（市场结构、绩效关系）	
	模型 1	模型 2	模型 3	模型 4	模型 5	
	MP	*MP*	*MP*	*MP*	*MS*	*MP*
C	0.019*** (0.000)	0.020*** (0.000)	0.001 (0.513)	0.004** (0.037)	0.441*** (0.000)	0.003 (0.128)
MS			0.118*** (0.000)	0.094*** (0.000)		0.118*** (0.000)
MP					4.829*** (0.000)	
TR		0.022 (0.610)	0.003 (0.346)	0.001 (0.878)		0.003 (0.560)
M					-0.392*** (0.000)	
D	-5.29E-07 (0.331)	-5.24E-07 (0.336)	1.36E-06*** (0.005)	7.26E-07 (0.113)		3.01E-07 (0.453)
PRS	0.014*** (0.000)	0.014*** (0.000)	-0.009*** (0.001)			

续表

自变量	最小二乘法（创新生态影响市场绩效）				3SLS（市场结构、绩效关系）	
	模型 1	模型 2	模型 3	模型 4	模型 5	
	MP	*MP*	*MP*	*MP*	*MS*	*MP*
A - R^2	0.054	0.051	0.510	0.375	0.232	0.087
模型/估计方法	时固/GLS	时固/GLS	时固/GLS	时固/OLS		

注：*** 表示 0.01 水平上显著，** 表示 0.05 水平上显著，* 表示 0.1 水平上显著。

表 7 - 5 中，可以发现 *MP* 和 *MS* 的系数显著且为正，说明市场绩效和市场结构相互存在显著影响关系，即市场绩效的上升能够促进市场垄断性的加强，市场垄断性上升也有利于提升市场绩效，因此，市场结构与市场绩效的循环关系成立，H3 和 H5 成立。*TR* 对 *MP* 影响系数的 P 值为 0.117，说明产业创新生态对市场绩效无显著影响，H7 不成立。另外，通过模型 1 到模型 4 的运算得知，市场结构与产权结构之间可能存在多重共线性，其可能会对"资本成本影响市场绩效"的结果产生影响，因此，需要对式（7 - 2）和式（7 - 5）进行修正，即将产权结构变量从模型中去除。

第二步，检验企业创新与市场绩效的循环关系。有关市场结构对企业创新的影响以及企业创新对市场结构的影响在第五章和第六章中已进行研究，这里主要就市场绩效与企业创新的循环关系进行分析（见表 7 - 6 和表 7 - 7），进而确定各种企业创新行为在市场结构与市场绩效循环关系中是否具有中介效应。

表 7 - 6　市场绩效对企业创新的作用（3SLS 估计）

自变量	$R\&D_{IS}$	PI_{IS}	$Patent_{DE}$	NEW_{IS}	TA_{IS}
C	-0.016 ** (0.033)	0.005 *** (0.000)	3.660 *** (0.000)	-0.007 (0.467)	0.035 *** (0.000)
MP	0.096 *** (0.005)	0.041 *** (0.000)	-10.659 ** (0.014)	0.079 * (0.071)	0.192 *** (0.000)
ln*Fix*	0.002 *** (0.000)	0.0004 *** (0.000)	-0.483 *** (0.000)	0.001 *** (0.003)	0.002 *** (0.000)
ln*Wages*	0.001 (0.396)	-0.001 *** (0.000)	0.135 (0.194)	0.0002 (0.847)	-0.005 *** (0.000)

续表

自变量	$R\&D_{IS}$	PI_{IS}	$Patent_{DE}$	NEW_{IS}	TA_{IS}
A - R^2	0.104	0.101	0.330	0.033	0.102

注：*** 表示 0.01 水平上显著，** 表示 0.05 水平上显著，* 表示 0.1 水平上显著。

表 7 - 6 中，对于 R&D 活动、技术购买和引进活动、知识产权活动以及产品创新，H2 成立。各种创新行为对市场绩效都具有显著影响。因此，结合第五章和本章的研究结论，可以发现有 R&D 活动、技术购买和引进活动、知识产权活动、产品创新以及工艺创新等创新行为可以在市场结构对市场绩效产生影响的过程中具有中介效应。

表 7 - 7　企业创新对市场绩效的作用（3SLS 估计）

自变量	模型 1	模型 2	模型 3	模型 4	模型 5
C	0.018 *** (0.000)	0.017 *** (0.000)	0.016 *** (0.000)	0.018 *** (0.000)	0.021 *** (0.000)
y	0.351 ** (0.026)	1.530 ** (0.027)	0.004 *** (0.001)	0.220 * (0.085)	-0.367 * (0.072)
TR	0.002 (0.620)	0.0005 (0.912)	0.005 (0.349)	0.003 (0.578)	0.001 (0.837)
D	-7.80E-07 (0.153)	-3.57E-07 (0.459)	2.70E-07 (0.598)	-6.03E-07 (0.255)	-5.03E-07 (0.313)
PRS	0.014 *** (0.000)	0.014 *** (0.000)	0.016 *** (0.000)	0.014 *** (0.000)	0.020 *** (0.000)
A - R^2	0.071	0.052	0.087	0.069	0.059

注：*** 表示 0.01 水平上显著，** 表示 0.05 水平上显著，* 表示 0.1 水平上显著。

表 7 - 7 中，对于 R&D 活动、技术购买和引进活动、产品创新以及工艺创新，H1 成立。市场绩效对各种创新行为都具有显著影响。因此，结合第六章和本章的研究结论，可以发现各种创新行为都可以在市场绩效对市场结构产生影响的过程中具有中介效应。因此，H4 和 H6 成立。

第三步，以产业创新生态作为调节变量，检验有调节的中介变量的循环效应检验模型，即检验产业创新生态是否在企业创新与市场绩效的循环关系中具有调节效应（见表 7 - 8 和表 7 - 9）。

表 7-8 产业创新生态在企业创新对市场绩效影响中的调节作用（3SLS 估计）

自变量	模型 1	模型 2	模型 3	模型 4	模型 5
C	0.006 (0.333)	0.011 *** (0.002)	-0.008 (0.154)	0.008 (0.152)	0.007 (0.279)
y	1.031 ** (0.044)	4.559 ** (0.021)	0.035 *** (0.000)	0.701 * (0.062)	1.208 * (0.074)
TR	-0.041 * (0.055)	-0.024 ** (0.042)	-0.072 *** (0.000)	-0.036 * (0.062)	-0.043 ** (0.032)
$TR \times y$	3.249 * (0.054)	12.796 ** (0.044)	0.097 *** (0.000)	2.333 * (0.061)	4.635 ** (0.029)
D	-4.82E-07 (0.419)	-3.97E-07 (0.439)	3.51E-08 (0.952)	-4.15E-07 (0.473)	-2.51E-07 (0.642)
PRS	0.015 *** (0.000)	0.015 *** (0.000)	0.018 *** (0.000)	0.015 *** (0.000)	0.016 *** (0.000)
$A-R^2$	-0.012	0.014	-0.080	-0.009	-0.003

注：*** 表示 0.01 水平上显著，** 表示 0.05 水平上显著，* 表示 0.1 水平上显著。

表 7-9 产业创新生态在市场绩效对企业创新影响中的调节作用（3SLS 估计）

自变量	$R\&D_{IS}$	PI_{IS}	$Patent_{DE}$	NEW_{IS}	TA_{IS}
C	-0.036 *** (0.001)	0.003 * (0.055)	1.713 (0.295)	-0.030 ** (0.028)	-0.010 (0.304)
MP	0.423 ** (0.015)	0.084 *** (0.008)	77.744 *** (0.006)	0.477 ** (0.038)	0.688 *** (0.000)
TR	-0.032 ** (0.032)	-0.004 (0.139)	-9.020 *** (0.000)	-0.038 * (0.053)	-0.047 *** (0.000)
$TR \times MP$	1.442 ** (0.022)	0.192 * (0.090)	349.266 *** (0.001)	1.730 ** (0.038)	2.166 *** (0.000)
$\ln Fix$	0.002 *** (0.000)	0.0004 *** (0.000)	-0.465 *** (0.000)	0.001 *** (0.007)	0.001 *** (0.000)
$\ln Wages$	0.002 * (0.059)	-0.001 *** (0.000)	0.085 (0.562)	0.002 (0.224)	-0.001 (0.219)
$A-R^2$	0.024	0.052	-0.040	-0.053	-0.208

注：*** 表示 0.01 水平上显著，** 表示 0.05 水平上显著，* 表示 0.1 水平上显著。

表7-8和表7-9中，产业创新生态在R&D活动、技术购买和引进活动、知识产权活动、产品创新以及工艺创新等创新行为对市场绩效影响的过程中具有正向调节作用，这说明在产业创新生态作用下，R&D活动、技术购买和引进活动、知识产权活动以及产品创新等创新行为对市场绩效的促进作用会有所增强，工艺创新对市场绩效的不利作用会有所减弱。产业创新生态在市场绩效对在R&D活动、技术购买和引进活动、知识产权活动、产品创新以及工艺创新等创新行为影响的过程中具有正向调节作用，这说明在产业创新生态作用下，市场绩效对R&D活动、技术购买和引进活动、产品创新以及工艺创新等创新行为的促进作用会增强，市场绩效对知识产权活动的不利作用会有所减弱。因此，对于R&D活动、技术购买和引进活动、知识产权活动、产品创新以及工艺创新，H8和H9成立。

最后，检验创新生态在市场结构与绩效循环关系中的调节作用（见表7-10）。

表7-10　产业创新生态在市场结构与市场绩效的循环关系中的调节作用（3SLS估计）

自变量	MS	MP
C	0.521*** (0.001)	-0.019** (0.041)
MP	7.998*** (0.000)	
MS		0.258*** (0.000)
TR	-0.302** (0.046)	-0.094*** (0.008)
TR×MP	18.360** (0.016)	
TR×MS		0.586** (0.011)
M	-0.527*** (0.000)	
D		2.41E-07 (0.650)
A-R^2	0.271	0.055

注：***表示0.01水平上显著，**表示0.05水平上显著，*表示0.1水平上显著。

表7－10中，产业创新生态在市场结构与市场绩效的循环关系中具有正向调节作用，这说明在产业创新生态的作用下，市场绩效的上升会加剧市场结构的垄断性，市场结构垄断性也会加速提升市场绩效。因此，H10与H11成立。

第三节　稳健性检验

为了验证以上参数估计的稳定性，本章将对制造业面板数据进一步分成劳动密集型、资本密集型以及技术密集型三组面板数据并运用3SLS法分别进行参数估计。考虑到式（7－2）中包括创新生态对市场绩效作用的验证结果，这里主要对式（7－2）至式（7－5）的参数估计结果进行稳健性检验（见表7－11至表7－24）。

表7－11　市场结构与市场绩效循环关系（各产业门类）

自变量	劳动密集型产业		资本密集型产业		技术密集型产业	
	MS	*MP*	*MS*	*MP*	*MS*	*MP*
C	0.336 *** (0.008)	0.011 *** (0.000)	0.539 *** (0.001)	−0.007 (0.271)	−0.068 (0.615)	−0.015 (0.299)
MS		0.095 *** (0.000)		0.120 *** (0.004)		0.244 *** (0.005)
MP	7.932 *** (0.000)		−0.333 (0.647)		1.225 *** (0.006)	
TR		0.007 (0.359)		−0.001 (0.893)		0.008 (0.308)
M	−0.372 *** (0.002)		−0.381 *** (0.009)		0.174 (0.188)	
D		1.38E−08 (0.986)		2.82E−06 *** (0.005)		2.03E−06 (0.114)
$A-R^2$	0.490	0.376	0.055	−0.119	−0.057	−0.130

注：*** 表示0.01水平上显著，** 表示0.05水平上显著，* 表示0.1水平上显著。

表7－11中，除资本密集型产业中“市场结构对市场绩效无显著影响外”，各产业门类的市场结构与市场绩效关系系数的方向和显著性与制造业全行业基本

一致，说明垄断性市场结构与市场绩效的相互促进作用具有一定的普遍性，与产业规模和性质相关性较小。首先，我国资本密集型产业的企业规模较大，但结合第五章的实证结论看，资本密集型产业的市场结构对企业创新基本无显著影响，这说明“企业规模大和市场集中度高→技术投入多→获取市场绩效”的发展路径对于我国资本密集型产业并不适用；其次，资产密集型产业达到一定规模后，其扩张的空间十分有限；最后，产能过剩问题严重、资本效率下降等因素的制约使资本密集型产业依靠规模扩张实现绩效增长的途径更加困难，推进产业优化升级成为其动力机制转换的重要条件。

表 7-12　市场绩效对企业创新的作用（劳动密集型产业）

自变量	$R\&D_{IS}$	PI_{IS}	$Patent_{DE}$	NEW_{IS}	TA_{IS}
C	-0.001 (0.820)	0.008*** (0.000)	1.599 (0.284)	0.008 (0.140)	0.040*** (0.000)
MP	0.004 (0.857)	0.053*** (0.000)	-62.719*** (0.000)	-0.041 (0.136)	0.438*** (0.000)
$\ln Fix$	0.001*** (0.000)	0.0002** (0.041)	-0.949*** (0.000)	0.001** (0.016)	0.002*** (0.000)
$\ln Wages$	-0.0002 (0.671)	-0.001*** (0.000)	0.809*** (0.000)	-0.001 (0.246)	-0.006*** (0.000)
$A-R^2$	0.121	0.150	0.541	0.120	0.429

注：*** 表示 0.01 水平上显著，** 表示 0.05 水平上显著，* 表示 0.1 水平上显著。

表 7-13　企业创新对市场绩效的作用（劳动密集型产业）

自变量	模型 1	模型 2	模型 3	模型 4	模型 5
C	0.020*** (0.000)	0.019*** (0.000)	0.024*** (0.000)	0.024*** (0.000)	0.019*** (0.000)
y	0.413 (0.239)	0.376 (0.528)	-0.002*** (0.005)	-0.581* (0.099)	0.147 (0.455)
TR	0.006 (0.274)	-0.001 (0.848)	0.006 (0.279)	0.006 (0.254)	0.0001 (0.970)
D	-2.56E-07 (0.712)	6.01E-08 (0.927)	-1.25E-06* (0.095)	3.68E-08 (0.957)	-3.99E-07 (0.557)

续表

自变量	模型 1	模型 2	模型 3	模型 4	模型 5
PRS	0.038 *** (0.000)	0.039 *** (0.000)	0.036 *** (0.000)	0.036 *** (0.000)	0.038 *** (0.000)
$A-R^2$	0.755	0.767	0.758	0.758	0.767

注：*** 表示 0.01 水平上显著，** 表示 0.05 水平上显著，* 表示 0.1 水平上显著。

表 7－12 和表 7－13 中，除市场绩效对技术购买和引进活动及工艺创新具有正向影响外，劳动密集型产业中的市场绩效与企业创新间基本不存在正向循环作用，这说明劳动密集型产业的集约化发展道路正在由“内”向“外”转变，即在加强自身生产工艺创新水平的同时，也在推动与外部的创新联系，通过技术引进与合作创新促进其向高端发展；另外，劳动密集型产业的创新发展也离不开资本的积累和投入。

表 7－14 市场绩效对企业创新的作用（资本密集型产业）

自变量	$R\&D_{IS}$	PI_{IS}	$Patent_{DE}$	NEW_{IS}	TA_{IS}
C	−0.036 ** (0.012)	0.011 *** (0.001)	0.071 (0.912)	−0.018 (0.294)	0.122 *** (0.000)
MP	0.508 *** (0.000)	0.005 (0.743)	39.484 *** (0.000)	0.628 *** (0.000)	−0.320 ** (0.011)
ln*Fix*	−0.002 *** (0.005)	2.81E−05 (0.837)	−0.091 *** (0.006)	−0.003 *** (0.000)	0.001 (0.341)
ln*Wages*	0.005 *** (0.000)	−0.001 *** (0.001)	0.070 (0.191)	0.004 *** (0.009)	−0.011 *** (0.000)
$A-R^2$	0.454	0.113	0.581	0.480	0.144

注：*** 表示 0.01 水平上显著，** 表示 0.05 水平上显著，* 表示 0.1 水平上显著。

表 7－15 企业创新对市场绩效的作用（资本密集型产业）

自变量	模型 1	模型 2	模型 3	模型 4	模型 5
C	0.011 *** (0.000)	0.022 *** (0.000)	0.004 (0.160)	0.009 *** (0.001)	0.022 *** (0.000)
y	0.868 *** (0.000)	1.972 *** (0.002)	0.018 *** (0.000)	0.804 *** (0.000)	0.400 *** (0.001)

续表

自变量	模型1	模型2	模型3	模型4	模型5
TR	-0.001 (0.626)	-0.0002 (0.960)	-8.43E-05 (0.964)	-0.002 (0.509)	-0.001 (0.744)
D	2.18E-07 (0.734)	-4.67E-07 (0.464)	7.90E-07 (0.168)	9.17E-07 (0.145)	-4.70E-07 (0.459)
PRS	-0.019*** (0.000)	-0.034*** (0.000)	-0.006 (0.137)	-0.014*** (0.000)	-0.040*** (0.000)
$A-R^2$	0.561	0.597	0.576	0.572	0.606

注：*** 表示0.01水平上显著，** 表示0.05水平上显著，* 表示0.1水平上显著。

表7-14和表7-15中，资本密集型产业方面，R&D活动、知识产权活动和产品创新与市场绩效具有循环促进关系，这说明我国资本密集型产业的集约化发展的道路正在逐步由“外”向“内”转变，由“技术改造和吸收向研究开发转变”。由于外商技术转让与相关产业技术引进目的的不一致以及“技术差距”的存在，使我国资本密集型相关产业长期处于“引进—吸收—再引进—再吸收”的不良发展道路，所吸收的技术没有更好地用于改善工艺流程，而立足自主创新，开发与生产新产品，形成自主知识产权的核心竞争力是资本密集型产业实现转型升级的关键环节。

表7-16 市场绩效对企业创新的作用（技术密集型产业）

自变量	$R\&D_{IS}$	PI_{IS}	$Patent_{DE}$	NEW_{IS}	TA_{IS}
C	-0.018 (0.165)	0.012*** (0.000)	-0.810 (0.371)	-0.014 (0.320)	0.098*** (0.000)
MP	0.243*** (0.000)	0.035*** (0.001)	0.378 (0.896)	0.214*** (0.000)	0.214*** (0.000)
ln*Fix*	2.49E-05 (0.956)	0.0004*** (0.003)	0.045 (0.262)	-0.001* (0.076)	0.0005 (0.403)
ln*Wages*	0.002* (0.071)	-0.001*** (0.000)	0.090 (0.368)	0.003** (0.034)	-0.009*** (0.000)
$A-R^2$	0.266	0.229	0.022	0.064	0.484

注：*** 表示0.01水平上显著，** 表示0.05水平上显著，* 表示0.1水平上显著。

表 7－17　企业创新对市场绩效的作用（技术密集型产业）

自变量	模型 1	模型 2	模型 3	模型 4	模型 5
C	−0.016** (0.011)	0.015*** (0.000)	0.019*** (0.001)	−0.007 (0.314)	0.009 (0.142)
y	3.033*** (0.000)	5.147** (0.019)	0.006 (0.529)	1.832*** (0.000)	1.448** (0.030)
TR	0.002 (0.842)	0.007 (0.387)	0.009 (0.323)	0.002 (0.793)	0.009 (0.234)
D	−1.33E−06 (0.105)	6.27E−07 (0.433)	−4.45E−07 (0.648)	−3.23E−07 (0.678)	2.21E−06 (0.106)
PRS	0.015 (0.162)	−0.016 (0.331)	0.009 (0.515)	0.010 (0.353)	−0.017 (0.397)
$A-R^2$	0.179	−0.037	−0.052	−0.104	−0.128

注：*** 表示 0.01 水平上显著，** 表示 0.05 水平上显著，* 表示 0.1 水平上显著。

表 7－16 和表 7－17 中，技术密集型产业方面，除知识产权活动外，其他创新行为与市场绩效均存在正向的循环作用。这说明我国技术密集型产业创新发展开辟了一条“内外并举”的道路，既立足于自主创新，又重视对外创新合作。另外，技术密集型产业的知识产权活动具有“专利效率低”“技术开发周期长”以及“科研投入大”等特点，因此，知识产权活动与市场绩效的循环关系并不显著。

表 7－18　产业创新生态在企业创新对市场绩效影响中的调节作用（劳动密集型产业）

自变量	模型 1	模型 2	模型 3	模型 4	模型 5
C	−0.021 (0.133)	0.020*** (0.000)	0.007 (0.130)	−0.031** (0.013)	0.005 (0.368)
y	11.842*** (0.004)	−3.259 (0.268)	0.011** (0.015)	14.280*** (0.000)	8.119*** (0.001)
TR	−0.141*** (0.002)	0.001 (0.902)	−0.049*** (0.001)	−0.173*** (0.000)	−0.054*** (0.003)
$TR\times y$	41.576*** (0.003)	−7.453 (0.400)	0.038*** (0.002)	47.638*** (0.000)	26.061*** (0.001)
D	−3.10E−08 (0.974)	−2.90E−07 (0.695)	−8.86E−07 (0.275)	−1.50E−06 (0.159)	−8.31E−07 (0.308)

续表

自变量	模型 1	模型 2	模型 3	模型 4	模型 5
PRS	0.039 *** (0.000)	0.039 *** (0.000)	0.037 *** (0.000)	0.041 *** (0.000)	0.017 *** (0.005)
$A-R^2$	0.569	0.756	0.694	0.517	0.701

注：*** 表示 0.01 水平上显著，** 表示 0.05 水平上显著，* 表示 0.1 水平上显著。

表 7－19　产业创新生态在市场绩效对企业创新影响中的调节作用（劳动密集型产业）

自变量	$R\&D_{IS}$	PI_{IS}	$Patent_{DE}$	NEW_{IS}	TA_{IS}
C	-0.017 *** (0.009)	0.006 *** (0.005)	-6.458 *** (0.005)	-0.008 (0.295)	0.0003 (0.979)
MP	0.284 (0.113)	0.127 ** (0.028)	193.357 *** (0.002)	0.397 ** (0.046)	0.829 *** (0.000)
TR	-0.029 ** (0.041)	-0.006 (0.188)	-23.615 *** (0.000)	-0.041 *** (0.008)	-0.051 ** (0.019)
$TR \times MP$	1.014 * (0.060)	0.317 (0.130)	981.052 *** (0.000)	1.688 ** (0.020)	2.091 ** (0.017)
$\ln Fix$	0.001 *** (0.001)	0.0002 * (0.094)	-0.767 *** (0.000)	0.001 *** (0.007)	0.001 ** (0.015)
$\ln Wages$	0.001 (0.328)	-0.001 *** (0.000)	0.838 *** (0.000)	-0.0004 (0.574)	-0.002 ** (0.030)
$A-R^2$	-0.065	0.089	0.161	-0.120	0.422

注：*** 表示 0.01 水平上显著，** 表示 0.05 水平上显著，* 表示 0.1 水平上显著。

表 7－20　产业创新生态在企业创新对市场绩效影响中的调节作用（资本密集型产业）

自变量	模型 1	模型 2	模型 3	模型 4	模型 5
C	0.0002 (0.975)	-0.004 (0.759)	-0.019 (0.220)	-0.010 (0.200)	0.009 (0.118)
y	1.645 *** (0.000)	29.578 ** (0.048)	0.053 *** (0.009)	1.850 *** (0.000)	1.225 ** (0.024)
TR	-0.052 *** (0.002)	-0.101 ** (0.029)	-0.118 ** (0.043)	-0.089 *** (0.000)	-0.055 *** (0.002)
$TR \times y$	3.675 *** (0.003)	106.054 ** (0.036)	0.148 ** (0.040)	4.969 *** (0.000)	5.460 *** (0.003)

续表

自变量	模型 1	模型 2	模型 3	模型 4	模型 5
D	2.76E-07 (0.724)	-1.08E-06 (0.249)	-1.54E-07 (0.928)	7.14E-07 (0.502)	-3.60E-07 (0.688)
PRS	-0.026*** (0.000)	-0.031*** (0.000)	-0.022 (0.128)	-0.025*** (0.000)	-0.030*** (0.000)
$A-R^2$	0.573	0.326	0.103	0.267	0.406

注：***表示0.01水平上显著，**表示0.05水平上显著，*表示0.1水平上显著。

表7-21 产业创新生态在市场绩效对企业创新影响中的调节作用（资本密集型产业）

自变量	$R\&D_{IS}$	PI_{IS}	$Patent_{DE}$	NEW_{IS}	TA_{IS}
C	-0.076*** (0.001)	0.010** (0.017)	-0.159 (0.892)	-0.085*** (0.009)	0.070** (0.030)
MP	0.825*** (0.001)	0.015 (0.695)	40.270*** (0.007)	1.202*** (0.008)	0.179 (0.653)
TR	-0.023 (0.123)	-0.003 (0.202)	-0.903 (0.366)	-0.044 (0.155)	-0.033 (0.226)
$TR \times MP$	1.427* (0.055)	0.167 (0.196)	35.589 (0.468)	2.584* (0.090)	1.844 (0.190)
ln*Fix*	-0.002*** (0.009)	-0.0001 (0.420)	-0.164*** (0.000)	-0.003*** (0.003)	4.42E-06 (0.997)
ln*Wages*	0.008*** (0.000)	-0.001** (0.016)	0.147 (0.101)	0.010*** (0.000)	-0.006*** (0.009)
$A-R^2$	0.485	-0.061	0.709	0.456	0.033

注：***表示0.01水平上显著，**表示0.05水平上显著，*表示0.1水平上显著。

表7-22 产业创新生态在企业创新对市场绩效影响中的调节作用（技术密集型产业）

自变量	模型 1	模型 2	模型 3	模型 4	模型 5
C	-0.030 (0.161)	-0.007 (0.657)	-0.024 (0.351)	-0.060 (0.114)	-0.011 (0.570)
y	3.764*** (0.005)	12.317** (0.046)	0.101* (0.071)	4.888** (0.025)	4.541* (0.050)
TR	-0.073 (0.297)	-0.058 (0.237)	-0.116 (0.119)	-0.208* (0.080)	-0.062 (0.268)

续表

自变量	模型 1	模型 2	模型 3	模型 4	模型 5
$TR\times y$	5.048 (0.253)	19.841 (0.271)	0.261 * (0.090)	12.717 * (0.063)	9.589 (0.167)
D	-1.12E-06 (0.192)	2.99E-07 (0.784)	-1.94E-06 (0.166)	-1.48E-07 (0.880)	1.21E-06 (0.331)
PRS	0.018 (0.141)	-0.003 (0.873)	0.026 (0.186)	0.010 (0.495)	-0.008 (0.698)
$A-R^2$	0.306	-0.400	-0.167	0.013	0.012

注：*** 表示 0.01 水平上显著，** 表示 0.05 水平上显著，* 表示 0.1 水平上显著。

表 7-23　产业创新生态在市场绩效对企业创新影响中的调节作用（技术密集型产业）

自变量	$R\&D_{IS}$	PI_{IS}	$Patent_{DE}$	NEW_{IS}	TA_{IS}
C	-0.070 *** (0.001)	0.009 * (0.055)	-1.840 (0.156)	-0.078 ** (0.013)	0.146 *** (0.000)
MP	0.493 *** (0.000)	0.111 * (0.086)	18.840 ** (0.023)	0.488 *** (0.003)	-0.379 ** (0.043)
TR	-0.034 *** (0.004)	-0.002 (0.562)	-1.878 ** (0.012)	-0.042 ** (0.018)	0.062 *** (0.005)
$TR\times MP$	1.039 *** (0.004)	0.156 (0.343)	57.199 ** (0.031)	1.289 ** (0.019)	-1.812 *** (0.006)
$\ln Fix$	-0.001 (0.107)	0.0003 ** (0.041)	0.034 (0.442)	-0.002 *** (0.008)	0.001 ** (0.031)
$\ln Wages$	0.007 *** (0.000)	-0.001 *** (0.006)	0.140 (0.278)	0.009 *** (0.002)	-0.013 *** (0.000)
$A-R^2$	0.354	-0.293	-0.168	0.031	0.006

注：*** 表示 0.01 水平上显著，** 表示 0.05 水平上显著，* 表示 0.1 水平上显著。

表 7-18 至表 7-23 中，劳动密集型产业创新生态基本在各种创新行为与市场绩效的循环关系中都具有正向调节作用，而资本密集型产业和技术密集型产业只是在产品创新等个别创新行为与市场绩效的循环关系中发挥作用。

首先，技术创新集群方面，劳动密集型产业中同类行业的产品异质性强，市场规模大，企业数量多，大中企业的技术优势差异明显，这使企业所在的区域间、企业间以至不同企业的部门之间可以在扩大自身市场份额的驱动力下、在较低的交易成本和市场风险下实现技术交流、互补和溢出，进而建立完善的技术成果转让体系，提升自身创新能力，而在创新方面的高产出使得企业有动力加大对创新的投入；资本密集型产业的产品同质性强和企业数量少，技术密集型产业尽管产品异质性强，但市场同质性高，并且技术溢出的交易成本、沉没成本和机会成本大，这些因素限制了资本密集型产业和技术密集型产业中各行业创新集群的建设，使企业间不愿进行技术交流和互换，进而也限制了产业创新生态在企业创新与市场绩效的循环关系中发挥有利作用。

其次，产业集群方面，相对于资本密集型产业和技术密集型产业，劳动密集型产业更容易基于地域、产业链、资源禀赋以及制度形成产业集群，产业集群的建立更容易使企业间通过销售网络、产业链关系进行分工合作和信息交换，也更容易使企业与同区域的研究机构、政府以及中介机构等创新主体建立网络和学习关系，这为建立产业创新网络和区域创新系统创造条件，同时也为企业学习和创新能力的提升打下基础。

再次，创新战略方面，通过与其他企业建立创新及信息网络，制造业各个行业可以及时了解市场需求信息，发掘消费者的需求倾向，进而制定符合市场需要的创新战略，改善产品质量和充实产品技术元素，以保持和提升市场势力，增强企业盈利能力。

最后，第四章中提出劳动密集型产业、资本密集型产业以及技术密集型产业的创新生态驱动要素分别主要是“人力”“资本”以及“技术”，在创新生态运行不良的背景下，“人力”要素的易获得性、低成本以及高流动性使劳动密集型产业中各行业的创新生态发挥作用的“条件”较少、“门槛”较低，因此，劳动密集型企业更容易从创新环境中获取所需创新要素，进而推动自身创新发展，提升自身市场绩效。

表 7－24 产业创新生态在市场结构与市场绩效的循环关系中的调节作用（各产业门类）

自变量	劳动密集型产业		资本密集型产业		技术密集型产业	
	MS	*MP*	*MS*	*MP*	*MS*	*MP*
C	0.491 * (0.085)	－0.019 (0.102)	0.584 *** (0.000)	0.025 * (0.052)	－0.210 (0.179)	－0.030 (0.311)
MP	16.142 *** (0.009)		－1.737 (0.111)		3.272 *** (0.006)	

续表

自变量	劳动密集型产业		资本密集型产业		技术密集型产业	
	MS	*MP*	*MS*	*MP*	*MS*	*MP*
MS		0.290*** (0.000)		-0.094 (0.263)		0.345* (0.070)
TR	-1.078* (0.051)	-0.127*** (0.005)	0.059 (0.355)	0.076* (0.077)	-0.225** (0.026)	-0.064 (0.424)
TR×MP	44.170* (0.059)		-3.663 (0.269)		7.236** (0.046)	
TR×MS		0.852*** (0.001)		-0.507* (0.068)		0.515 (0.344)
M	-0.749*** (0.000)		-0.400** (0.002)		0.248* (0.082)	
D		-6.64E-07 (0.541)		2.70E-06*** (0.004)		2.12E-06 (0.124)
$A-R^2$	0.613	0.472	0.072	0.063	-0.149	-0.159

注：***表示0.01水平上显著，**表示0.05水平上显著，*表示0.1水平上显著。

表7-24中，劳动密集型产业方面的结论与全样本基本一致，即产业创新生态有利于垄断性市场与市场绩效的循环促进作用；资本密集型产业中，产业创新生态有利于发挥竞争性市场对市场绩效的作用；技术密集型产业中，产业创新生态有利于发挥市场绩效在垄断性市场形成中的作用。首先，前面分析中指出相对于资本密集型产业和技术密集型产业，劳动密集型产业在技术创新集群和产业集群的建立、创新生态驱动要素的获得方面具有比较优势，另外，资源依赖理论强调企业的发展水平取决于其从外部环境中获取相关资源的能力，因此，外部创新资源的易获得性和低成本有利于发挥劳动密集型企业的创新动力机制，加大创新投入，进而提升企业规模与市场集中度；而企业规模的提升和经营效率的提高，使企业享受到“通过获取外部创新资源发展自身”的红利，这使得企业的创新意愿进一步提升，创新投入持续增加，进而提升企业经营绩效。其次，资本密集型产业中，产品与市场同质性强以及创新生态的不完善使得企业不愿主动输出和共享创新资源，外部创新网络的相对封闭、不完善的技术市场和产业创新生态使得企业的资源柔性和关系柔性较差，因此，资本密集型企业的外部资源获取活动具有一定的“竞争性”和“排他性”，使企业间的关系更多地体现为“竞争”而非“共生”。最后，技术密集型产业中，技术交换的高交易成本和高风险、市场

同质性强以及产业创新生态发展的不完善使大中企业都无法更好地通过从外部获取创新资源进而增加企业绩效；但现阶段技术密集型企业仅依靠自主创新进而获取比较竞争优势的条件是不充分的，这需要企业通过已有的资本积累从外部技术市场获取互补性资源，进而提升自身的规模经济效益。

综上所述，稳健性检验中，市场结构与市场绩效的循环作用方面，除资本密集型产业中“市场绩效对市场结构无显著影响外”，各分组面板数据的实证结论与全样本基本一致；因此，全样本的“垄断性市场结构与市场绩效具有循环促进作用”的实证结论具有一定稳健性。企业创新与市场绩效的循环作用方面，资本密集型产业和技术密集型产业中“自主创新与市场绩效具有循环促进作用”的实证结论以及劳动密集型产业中“知识产权活动与市场绩效具有循环阻碍作用”的实证结论与全样本基本一致；因此，稳健性检验在一定程度上证明了全样本的实证结论具有一定可信度。产业创新生态在“企业创新与市场绩效的循环作用”以及“市场结构与市场绩效的循环作用”的调节方面，各产业门类面板数据中相关实证结论的显著性以及回归系数的正负值与全样本基本一致，因此，全样本的实证结论具有一定的可靠性。

第四节 进一步讨论与反事实分析

本章实证结论中，产业创新生态运行不良时，产业创新生态对市场绩效无显著影响，产业创新生态在企业创新与市场绩效的循环关系具有正向调节作用，在市场结构与市场绩效的循环关系中具有负向调节作用。产业创新生态运行良好时的实证结论与产业创新生态运行不良时一致吗？这需要在假设产业创新生态完全发挥潜力的前提下进行反事实分析（见表7－25至表7－28）。

表7－25 市场绩效对良好产业创新生态的回归关系

自变量	*MP*
C	0.023*** (0.000)
TR	−0.009 (0.463)
D	−2.12E−07 (0.760)

续表

自变量	MP
PRS	0.013*** (0.000)
A－R²	0.052
模型类型/估计方法	时间固定/GLS

注：***表示0.01水平上显著，**表示0.05水平上显著，*表示0.1水平上显著。

表7－25中，在运行良好的前提下，产业创新生态对于市场绩效的作用依然不显著，这说明产业创新生态即便得到了改善，但其作为环境变量不会“主动”和“直接”促进企业绩效。要发挥产业创新生态对于市场绩效的积极作用，首先通过使其调动企业等创新主体的创新积极性，进一步发挥企业创新对市场绩效的作用，其次充分发挥企业等创新主体的创新主动性和创造性，使其“主动”从创新生态中探寻和获取其需要的创新资源，进而促进自身的市场绩效。

表7－26　良好产业创新生态在企业创新对市场绩效影响中的调节作用（3SLS估计）

自变量	模型1	模型2	模型3	模型4	模型5
C	0.128*** (0.002)	－0.023 (0.268)	－0.143*** (0.000)	0.108*** (0.000)	－0.020 (0.415)
γ	－8.266** (0.016)	57.356** (0.010)	0.221*** (0.000)	－5.861** (0.011)	8.507* (0.083)
TR	－0.225*** (0.006)	0.078* (0.051)	0.329*** (0.000)	－0.181*** (0.001)	0.076 (0.116)
TR×*γ*	16.752** (0.012)	－104.571** (0.012)	－0.436*** (0.000)	11.895*** (0.006)	－16.256* (0.082)
D	9.76E－07 (0.304)	1.81E－07 (0.792)	－1.51E－06 (0.189)	1.94E－07 (0.763)	8.90E－08 (0.898)
PRS	－0.008 (0.353)	0.012*** (0.008)	0.009* (0.088)	－0.004 (0.510)	0.002 (0.805)
A－R²	0.021	－0.054	0.186	0.049	－0.002

注：***表示0.01水平上显著，**表示0.05水平上显著，*表示0.1水平上显著。

表 7 – 27　良好产业创新生态在市场绩效对企业创新影响中的调节作用（3SLS 估计）

自变量	$R\&D_{IS}$	PI_{IS}	$Patent_{DE}$	NEW_{IS}	TA_{IS}
C	−0.097 *** (0.000)	−0.003 * (0.070)	4.829 *** (0.004)	−0.069 *** (0.000)	0.009 (0.315)
MP	−1.036 *** (0.000)	0.085 ** (0.033)	46.111 * (0.073)	−1.187 *** (0.000)	0.612 ** (0.013)
TR	0.014 * (0.073)	0.006 *** (0.002)	4.972 *** (0.000)	0.021 * (0.051)	0.012 (0.308)
TR × *MP*	2.214 *** (0.000)	−0.144 * (0.095)	−92.990 * (0.095)	2.635 *** (0.000)	−1.080 ** (0.043)
ln*Fix*	−0.001 *** (0.005)	0.0002 *** (0.001)	−0.423 *** (0.000)	−0.001 *** (0.000)	0.002 *** (0.000)
ln*Wages*	0.010 *** (0.000)	−0.0002 (0.248)	−0.267 (0.139)	0.007 *** (0.000)	−0.002 *** (0.009)
$A-R^2$	0.728	0.120	0.478	0.618	0.061

注：*** 表示 0.01 水平上显著，** 表示 0.05 水平上显著，* 表示 0.1 水平上显著。

表 7 – 26 和表 7 – 27 中，首先，产业创新生态改善进一步推动了 R&D 活动、产品创新等自主创新行为与市场绩效的循环促进作用；但也产生了负面效应，即创新生态对技术购买和引进活动与市场绩效间的循环促进作用产生不利影响，这表明自主创新与开放创新间可能出现“替代效应”，因此，需要限制企业创新行为或产业创新生态的超前发展，促使两者的相互适应，推动企业自主创新和开放创新的协调发展。其次，创新生态改善使产品技术周期缩短以及基础研究机会成本增加，企业进行工艺创新的意愿进一步下降，专利“实用期限”减少，技术更替加快，专利获利能力下降。

表 7 – 28　良好产业创新生态在市场结构与市场绩效的循环关系中的调节作用（3SLS 估计）

自变量	*MS*	*MP*
C	0.578 *** (0.000)	−0.056 *** (0.000)
MP	15.244 *** (0.000)	
MS		0.490 *** (0.000)

续表

自变量	MS	MP
TR	0.273** (0.028)	0.161*** (0.000)
TR×MP	-31.711*** (0.000)	
TR×MS		-1.038*** (0.000)
M	-0.565*** (0.000)	
D		-1.08E-06 (0.100)
$A-R^2$	0.675	0.369

注：***表示0.01水平上显著，**表示0.05水平上显著，*表示0.1水平上显著。

表7-28中，在市场结构与市场绩效的循环关系方面，产业创新生态具有负向调节作用，即创新生态改善使市场绩效上升减缓了市场垄断性进程，也减缓了垄断性市场促进市场绩效的速度。良好创新生态有利于发挥竞争性市场在促进市场绩效中的作用。由于随着创新生态的改善，创新环境更加开放，创新资源“获得性”和“外部性”加强，垄断性企业独占创新资源的能力下降，进而使其创新获利水平降低；另外，在良好产业创新生态条件下，大中企业从外部获取创新资源的比较优势差异相对较小，规模较小的企业可以在花费较少交易成本的情况下从技术市场中获取所需要的创新资源，这使大型企业的规模经济优势被创新资源的“非竞争性”弱化，市场竞争性加强。

第五节　实证结果

本章在以上实证分析的基础上，得出以下实证结果：

第一，就H1而言，R&D活动、技术购买和引进活动以及产品创新的强度的增强有利于提升市场绩效，这说明制造业企业可以通过增加创新投入降低生产、提高生产效率以及实现规模经济，进而增强企业的市场竞争力，提升市场绩效。

专利效率的提升也有利于市场绩效的增加，在一定程度上证明“知识产权的经济绩效在于它能促进创新投入的边际收益产生递增效应"① 的观点是正确的，同时也体现出创新对市场绩效的影响路径包括"创新投入→创新产出（创新绩效）→市场绩效"② 和"创新投入→市场绩效"。

工艺创新强度的增加对市场绩效提升具有不利影响，这主要是由于制造业企业的发展大都需要大量的技术设备和资金，资本成本在产品成本中占比较大，沉没成本较多，而工艺创新周期较长，因此，增加工艺创新强度会影响企业短期效益。

第二，就 H2 而言，市场绩效的改善有利于促进 R&D 活动、技术购买和引进活动、产品创新以及工艺创新强度的提升。这说明 R&D 活动及产品创新需要在市场需求的有效引导下，企业能够有效把握创新方向，进而增加创新投入。市场绩效的改善有利于促进技术购买和引进活动与工艺创新，说明现阶段"重模仿、轻创新""重'引进'和'购买'、轻'吸收'和'改造'"的问题得到一定程度上的解决，开放创新与工艺创新之间的替代效应以及产品创新对工艺创新的替代效应有所缓解，我国制造业各行业普遍过分注重产品创新和试验开发以及忽视工艺创新和基础研究的现状得到改善。市场绩效的改善不利于专利效率的提升，这可能是由于专利成果产出时间长、转化效率低、外部性强以及专利制度落后，企业不愿将剩余资本花费在知识产权活动上。

第三，就 H3 和 H5 而言，从整个制造业以及各个产业门类的情况来看，市场垄断越强，越有利于市场绩效的提升；市场绩效的提升也有利于市场垄断的加强。前者一方面说明市场共谋学说、市场力量假说、"修正有效结构学说"以及"混合有效结构学说"比较适用于我国制造业市场结构对市场绩效的作用研究，同时也表明随着市场集中度的提高、企业规模的扩大，企业通过获得规模经济带来的高效率，进而提升市场绩效，但也从另一方面表明经营效率等内生要素仍无法成为我国制造业企业市场绩效提升的主要动力；后者则体现芝加哥学派提出的"效率"模式，即市场绩效是市场结构的原因，市场绩效越高，企业规模与市场集中度就越高。

第四，就 H4 和 H6 而言，在综合第五章、第六章以及本章有关 H1、H2、H3 以及 H5 的研究结论的基础上，以创新行为为切入点，可以发现新产业组织理论中的 SCP 双向相互影响的研究范式基本适用于我国制造业的实际情况。

---

① 刘雪凤，高兴．促进自主创新能力建设的知识产权政策体系绩效研究［J］．中国科技论坛，2015（7）：75－81.

② 张慧颖，李振东．创新投入、新产品开发绩效与新产品市场绩效的关系研究——顾客隐性需求的调节作用［J］．科学学与科学技术管理，2015，36（12）：128－138.

第五，就 H7 而言，可以发现，在制造业各行业的产业创新生态中，各个创新主体并没有与其他创新主体形成高效的资源联动关系，也没有形成良好的资源有效对接，我国制造业各行业创新体系的整体效能不高，企业创新的“碎片化”“孤岛化”问题仍没有得到解决，各企业普遍无法从其所处的生态位中直接获得明显的收益。

第六，就 H8 和 H9 而言，可以发现，产业创新生态在 R&D 活动、知识产权活动、产品创新以及工艺创新等自主创新行为与市场绩效的相互作用中具有显著的正向调节效应，即在产业创新生态的作用下，R&D 活动以及产品创新与市场绩效的相互促进作用会有所增强；市场绩效对工艺创新的促进作用会有所增强，工艺创新对市场绩效的阻碍作用会有所减缓；市场绩效对知识产权活动的阻碍作用会有所减缓，知识产权活动对市场绩效的促进活动会有所增强。首先，在不良产业创新生态条件下，企业资源柔性和关系柔性相对较差，因此，企业竞争优势更多地建立在自主创新能力的提升上，但企业发展仅依靠自主创新是不足的，还需要通过技术购买和引进活动等开放创新行为从外部获取创新资源提升企业自主创新能力和市场绩效。其次，工艺创新和知识产权活动占据企业资源的时间长、数量大，创新生态通过为企业提供其所需的部分创新资源增强了企业工艺创新和专利产出的能力，减轻了工艺创新和知识产权活动投入对企业绩效的短期“挤压”效应。

第七，就 H10 和 H11 而言，可以发现，产业创新生态在市场结构与市场绩效的相互作用中具有显著的正向调节作用。在不良产业创新生态的作用下，由于创新的外部环境相对闭塞，技术市场和产权制度发展不完善，大型企业从外部获取创新资源的比较优势相对较大并且技术垄断能力较强，而规模较小的企业无法从创新生态中低成本地获取自身所需要的互补性资源，也无法更好地通过创新生态提升自身的经济规模和竞争优势。因此，现阶段产业创新生态运行使垄断性市场结构更有利于提升市场绩效，反之，市场绩效提升更有利于提升市场结构垄断性。

第八，控制变量方面，资本成本对市场绩效没有显著作用。资本成本作为企业筹资成本的方面主要包括股权和债务资本，前者在税后扣除，后者在税前扣除；企业通过利用财务杠杆可以有效避免资本增加所带来的资本成本增加对企业绩效的影响；本章结论说明制造业各企业可能会通过调整资本成本中债务成本的比例，进而在“资本增加→成本调整→资本增加”的循环中减弱资本成本上升对市场绩效的不利因素。

产权结构对市场绩效具有正向显著影响，说明国有产权和产值比重增加有利于制造业企业市场绩效的提升。国有产权比重提升会使企业的外部竞争压力不足，进而使其获得超额收益，这促进了企业绩效的增长。

第九，综合实际的参数估计结果和反事实分析结果（见图7－2和图7－3）。可以发现，在运行状态良好时，产业创新生态进一步扩大了企业自主创新与市场绩效的循环促进作用，减缓了开放创新与市场绩效的循环促进作用，自主创新与开放创新之间具有一定的“替代效应”，这与第五章结论形成互补。因此，在加强创新生态发展及营造企业创新环境的同时，要注意现阶段企业的发展现状，当改善进程过快时，创新生态环境反而可能会在某些方面阻碍企业创新发展；在忽视企业和产业的发展现状的情况下，仅通过改善创新生态环境来促进企业和产业发展在一定程度上是不可取的。另外，在不良产业创新生态的调节下，市场结构的垄断性与市场绩效的互为促进作用有所增强；在良好产业创新生态调节下，市场结构垄断性与市场绩效互为促进作用更强。

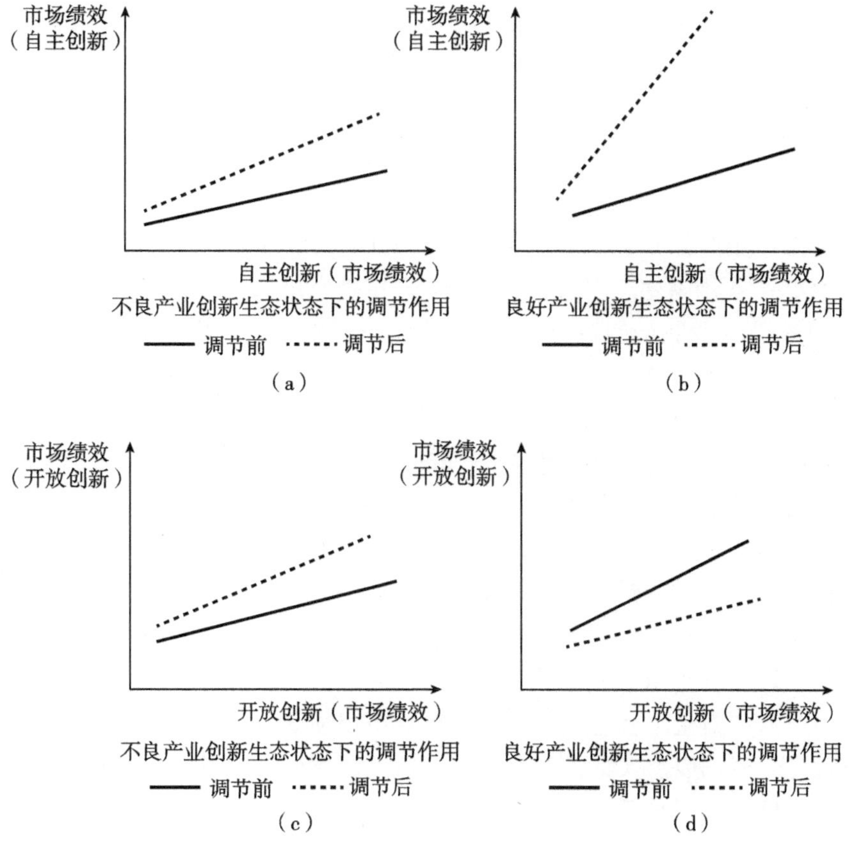

图7－2　产业创新生态在企业创新和市场绩效循环关系中的调节效应

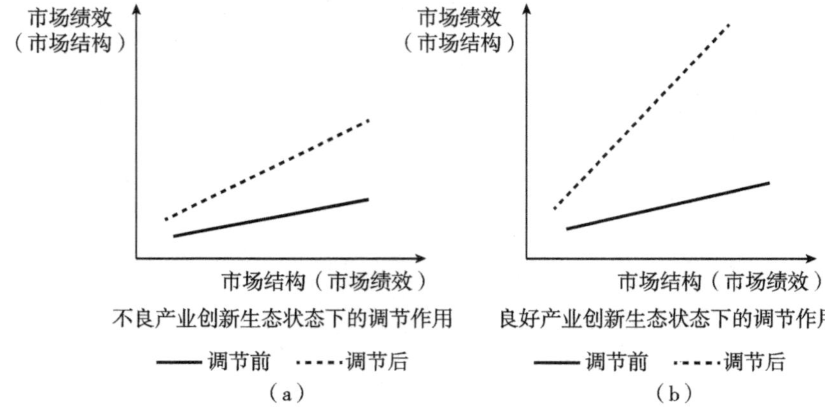

图 7－3　产业创新生态在市场结构和市场绩效循环关系中的调节效应

本章小结

本章在“企业创新与市场绩效的交互作用”“市场绩效与市场结构的交互作用”以及“产业创新生态对市场绩效的作用”等相关机理理论分析的基础上，利用 2005～2015 年我国制造业 27 个行业的面板数据，采用 3SLS 估计方法和联立方程模型，围绕“基于产业创新生态的市场结构、企业创新与市场绩效相互作用研究”这一命题进行实证分析，得出以下结论：

垄断性市场结构与市场绩效具有循环促进作用；R&D 活动、技术购买和引进活动以及产品创新与市场绩效具有循环促进作用；R&D 活动、技术购买和引进活动、知识产权活动以及产品创新在市场结构与市场绩效的循环作用中具有中介作用；产业创新生态对市场绩效没有任何促进作用；与现阶段的产业创新生态发展现状对比，良好状态下的产业创新生态进一步扩大了企业自主创新行为与市场绩效的循环促进作用，减缓了开放创新行为与市场绩效的循环促进作用；良好与不良的产业创新生态在垄断性市场结构与市场绩效的循环促进作用中都具有正向调节效应。根据以上实证结论并在第五、第六章研究的基础上，可以得出本书最终的理论框架（见图 7－4）。

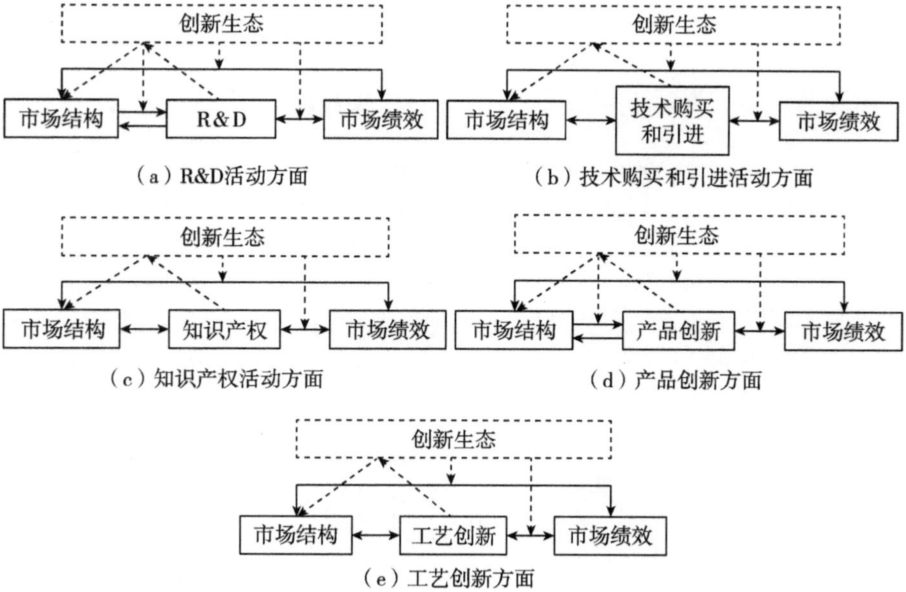

图7－4　产业创新生态视角下的市场结构、企业创新与市场绩效关系理论框架

第八章　结　论

第一节　主要结论

第一，在对产业创新生态、市场结构、企业创新以及市场绩效等主要变量进行测度的基础上，可以发现以下现象和问题：我国制造业各行业的产业创新生态持续处于不协调状态，但运行状况正在改善；我国制造业大部分行业的市场竞争性在逐步增强；从相对性的角度看，我国制造业各行业更加重视自主创新能力的提升，对外来技术的依赖性正在减少，更加重视产品创新，过于忽视工艺创新，专利效率等创新产出有所上升；我国制造业大部分行业的市场绩效呈现小幅上升或者下降的态势。

第二，在市场结构对企业创新作用方面，产业创新生态对于企业创新影响不显著，这可能是由于产业创新生态的不良运行无法使其有效发挥出集聚创新资源、满足创新需求的作用。市场结构对不同企业创新行为具有异质性影响，如市场结构对产品创新以及技术购买和引进活动等创新行为表现出显著的负向线性影响，对知识产权活动等创新行为呈现为显著的正向影响，对 R&D 活动和工艺创新等创新行为具有显著的倒“U”形影响。在产业创新生态运行不良的情况下，市场结构垄断性的加剧会使企业减小对自主创新行为的投入力度，良好产业创新生态的发展更有利于发挥垄断性市场对企业自主创新行为的积极作用；这可能是由于企业规模越大，捕获外部各种信息的能力越强，其运用产业创新生态反馈调节机制的能力也越强，这使企业可以有效判断创新行为成果是否与市场目标发生偏离，进而提高创新成果产出效率，因此，在产业创新生态运行良好时，企业规模经济在促进企业自主创新能力方面的比较优势更大。可见，产业创新生态运行得越好，外部环境越是完善，企业更应加强自主创新，“外部知识获取”不能完全取代自主研发。

第三，在企业创新对市场结构的反作用方面，企业创新有利于加强市场的垄断性，这说明企业创新能力的提升对于企业制定技术标准以及获得关键性技术十分重要，前者可以使企业控制配套产品的生产、设计以及标准化接口，提升自身在市场中的垄断地位，后者可以使企业获得创新所带来的超额收益。产业创新生态的发展加剧了市场的竞争程度，这可能是由于其有效运行将引发企业商业模式的创新，它将引导企业与市场其他主体联结成为一个“价值共创网络”，使企业能在充分挖掘创新资源的前提下，与顾客形成相互作用、相互依存的共生关系，为顾客创造出有价值的产品和服务，提升自身的核心竞争力。企业创新强度的提升有利于产业创新生态的协调发展，这可能是由于企业在进行创新行为时，通过改变系统边界进而从产业创新生态中“捕获”创新资源；在经过一定时期的发展后，企业会通过创新溢出以及创新合作等方式将本身所具有的创新资源部分反哺给产业创新生态，进而使其创新资源不断更新和增长。产业创新生态在企业创新对市场结构影响的过程中起中介作用，即在产业创新生态运行状态不良的情况下，企业创新通过产业创新生态作用于市场结构时，其对市场垄断性的促进作用会受到削弱，在产业创新生态运行良好的情况下，企业创新通过产业创新生态作用于市场结构时，其对市场垄断性的促进作用会得到增强。

第四，在市场结构、企业创新与市场绩效的相互作用方面，垄断性市场结构与市场绩效具有循环促进作用，这可能表明企业绩效提升主要是来自企业自身的“市场力量”、经营效率以及企业间的“共谋”行为，市场垄断的加剧能帮助企业植入适应意识、竞争意识、危机意识以及使命意识，从而催发企业持续提升规模经济效益的动力。R&D 活动、技术购买和引进活动以及产品创新与市场绩效具有循环促进作用。各种企业创新行为在市场结构与市场绩效的循环作用中具有中介作用。产业创新生态对市场绩效无促进作用，这可能是由于我国制造业各行业不完善的产业创新生态无法使企业等创新主体之间形成有效的资源协同和创新网络，企业无法从产业创新生态中获取自身需要的“互补资源”，无法基于自身的“生态位”优势以及稳定的网络关系获取创新资源。与现阶段比较，良好状态下的产业创新生态进一步扩大了企业自主创新行为与市场绩效的循环促进作用，减缓了开放创新行为与市场绩效的循环促进作用，良好产业创新生态进一步扩大了垄断性市场结构与市场绩效的循环促进作用。这表明企业与产业的发展不仅要适应创新生态环境的变化，而且创新生态环境的变化也要适应企业与产业的发展现状；创新生态环境“过度”发展在一定程度上不利于企业创新能力的提升。

第二节　实践启示

第一，加强子系统之间的耦合协调，提升产业创新生态发展水平。突破“达尔文海”，发挥产业创新生态中“基础研究、产品开发以及技术应用”三大创新群落的关联效应，提升产业创新生态绩效。根据产学研合作创新的特点，分析“基础研究、产品开发以及技术应用”等创新群落之间的关系，全面分析“基础研究→生产应用”的过程，发挥价值链、创新链以及营养链在联结各个创新群落中的作用，使创新主体能够围绕技术集成、产品研发和产业链形成多种合作，在合作中逐步提升自身创新能力。

发展产业创新生态内部企业的盈利能力，提升产业创新生态整体竞争能力。产业创新生态竞争能力是对其内部企业整体性创新发展能力的测度，当各个企业竞争能力上升时，其形成的先发优势和垄断优势将通过利润、出口额、专利以及新产品等成果展现出来进而拓展出新的发展优势，这些企业之间相互联系形成一种“作用场”，使整个产业创新生态的运行速度和效率加快，形成了对其他产业创新生态的相对优势。

建设产业创新服务体系，打造更具活力的创新主体交互网络。打破产业产业创新生态发展的壁垒限制和资源要素的流通障碍，积极构建产业协同创新网络，促使创新主体间的交互合作与共振放大效应，形成产业发展新格局和高效协调的创新机制。

另外，产业创新生态的构建需要处理好政府与市场的关系，要同时发挥政府引导作用和市场资源配置的基础性作用，尤其是在产业创新生态发展的早期阶段，由于产业结构发展不平衡，产业发展规模较低和产业效益较差，产业创新主体之间的耦合程度较低，这时产业创新生态的发展不能仅依靠市场力量，还需要发挥政府部门的引导和驱动作用，包括加强产业创新资源与成果共享交流平台建设，培育创新中介服务机构，提供优惠财税政策，放松对企业以及产业跨界耦合创新活动的管制。

第二，明确和发挥不同企业创新行为在市场结构与市场绩效循环关系中的中介作用，注意市场结构对市场绩效直接和间接影响机制的不同。

首先，注意发挥市场结构在企业创新中的异质性作用，有效实现企业创新对于市场结构的反作用机制。在保障社会公共利益以及市场经济健康发展的前提下，应鼓励企业通过合法经营或有效的创新活动（如技术创新带来的产品差异化）获取市场势力，完善知识产权保护的制度和政策，提高企业创新效率，优化企业生产工艺，进而获得技术创新所带来的高额经济利润；避免大型企业因合谋、兼并以及行政性壁垒而使市场过度垄断以及市场进入威胁增强，应发挥市场的可竞争性，激励企业自主进行产品研发，有效实现技术创新的“自我替代”效应。

其次，注意不同企业创新行为在与市场绩效的交互作用中的一般性和特殊性表现，充分发挥企业创新在市场绩效提升中的作用。通过增加创新投入和提升自主创新能力，有利于企业招聘更多的创新人才，购买更多的创新设备，进而实现企业的规模经济效益，扩大市场份额，提升市场绩效；在实现市场绩效对企业创新的反作用方面，强化市场绩效对企业创新投入的引导作用，以产品市场化方向指导创新投入方向，有利于提升企业创新的积极性；发挥市场绩效提升所带来的利润累积效应，扩大企业的创新投入规模。在发挥知识产权活动对市场绩效促进作用的同时，通过加强企业的专利保护意识，优化专利制度，降低专利成果的转化成本，促进市场绩效提升对知识产权活动的“反哺”作用。

再次，注意市场结构与市场绩效交互作用中的普遍性表现，发挥市场结构在市场绩效提升中的作用。在有效发挥“市场力量假说”以及“市场的适度垄断”对于市场绩效有利作用的基础上，应该以新产业组织理论和效率主义学派的学术观点为指导，保持市场结构的可竞争性，发挥市场的优胜劣汰效应对于市场绩效的带动作用，同时，加强企业内生力量的作用，提高企业的经营效率。

最后，注意在有无企业创新的中介作用下，发挥不同市场结构对市场绩效的作用机制。例如，在没有企业创新的中介作用下，“垄断性市场结构→市场绩效”机制发挥着主要功能；在企业创新的中介作用下，“竞争性市场结构→自主创新→市场绩效”机制发挥着主要功能。

第三，实现产业创新生态对企业创新的积极作用，有效发挥产业创新生态在市场结构作用于企业创新过程中的调节功能。应明确企业的生态位，通过其与系统内其他创新主体的互补性协作，从系统中业已形成的知识网络中获取自身需要的创新资源。提升基础材料和零部件等基础和应用研究领域的创新能力，完善产业创新链条，实现产业链与创新链有效协同，构造产业技术创新的共生系统。围绕产业链条，建立“产业技术创新战略联盟”等资源集聚平台，组织创新活动，提升企业研发和生产能力。

第四，在加强企业创新对产业创新生态反作用的基础上，利用产业创新生态对市场结构的作用机制，发挥产业创新生态在企业创新对市场结构影响过程中的中介作用，以使在“企业创新→市场结构→企业创新”等创新路径无法发挥作用的情况下，可以通过“企业创新→产业创新生态→市场结构→企业创新”等路径推动企业的创新发展。

第五，在发挥产业创新生态对于市场绩效促进作用的基础上，通过产业创新生态的有效调节，进一步发挥“市场结构与市场绩效”以及“企业创新与市场绩效”的互动机制在企业发展中的作用。通过推动系统的多样性发展，使创新主体之间所建立的契约关系更加牢固，创新网络更加稳定，这有利于减少企业等创新主体的交易成本并增加市场绩效。通过建立价值共创平台激活产业创新生态的价值共创机制，在此平台上，企业等创新主体通过开放协作满足各自的价值取向并整合和分享各自的价值，进而增加获得互补性资产的概率并提升收益。通过建立基于企业核心能力的产业创新生态，有效克服核心能力悖论与开放性悖论，实现企业内外部的平衡与协同，提升企业创新能力，进而为企业持续创造超额利润。

第六，把握企业创新或产业创新生态发展的“度”，限制企业创新或产业创新生态的超前发展，促使企业创新与产业创新生态的相互适应，推动企业自主创新和开放创新的协调发展。如果没有产业创新生态中其他创新主体配套技术的有力支持，企业在产品创新或工艺创新方面单项技术的超前发展将无法为其带来超额收益；如果企业间的协同创新水平较低，产业创新生态中某些方面的超前发展将有可能会引导企业向不正确的方向变化。例如，在 2010 年左右我国兴起的电动汽车发展热潮中，就单向技术而言，我国电动汽车生产技术已可以与其他发达国家“齐驱并驾”，但由于在电池制造以及充电桩等配套设备技术方面的差距，使我国电动汽车产业的体系能力和技术集成能力落后于其他国家；另外，国家相关部门分别于 2009 年和 2012 年颁布的《汽车产业调整与振兴规划》以及《节能与新能源汽车产业发展规划（2012—2020 年）》虽然从制度环境等方面给予电动汽车产业发展有力支持，但其“战略选择上的过于超前”使电动汽车产业在一定程度上朝着“不理性”的方向冒进，而企业也过度着眼于自身技术发展，忽略了同其他“配套技术主体”的配合，进而步入“产业化迷途”中。

第三节　研究局限和展望

在研究对象的选择方面，本书是以我国规模以上工业制造业 27 个行业作为研究对象。从选择的范围上看，由于缺乏中小企业的相关数据，研究对象的代表性仍然不足，这使本书最终的研究结论与现实结合得还不紧密。从现在已有的研究情况来看，有关中小企业产业创新生态系统、市场结构、企业创新与市场绩效方面的理论和实证成果逐步增多，并成为当下理论界和实务界关注的重点。因此，在后续的研究中，可将研究对象进一步分为大型企业、中型企业以及小型企业或者规模以上工业企业和规模以下工业企业进行比较分析，所得的相关结论或许更具有普适性。

在变量的选取和测度方面，首先，现阶段有关产业创新生态、市场绩效指标体系的内容还没有统一的界定，这使有关这方面的研究存在较大的分歧和主观性，这也是现阶段产业创新生态定量研究和市场绩效多指标测度分析并不多见的原因。本书是通过查阅相关文献设计产业创新生态以及市场绩效指标体系的，尽管具备一定的理论依据，但是否能够全面反映我国制造业各行业的具体情况值得商榷。未来的研究应该更加注重不同产业背景下的产业创新生态以及市场绩效指标体系的构建分析。其次，本书对于企业创新变量的测度是从多元化角度展开的，尽管这有利于对有关不同创新行为的实证结论进行比较分析，从异质性的角度深入揭示研究对象，但创新行为指标选取的多元化必然带来相关实证结论的多元化，这不利于从一般性角度认识研究对象。因此，未来的研究中应该采取更为科学的集成方法，将不同种类创新行为的特征集中体现一个或者少数几个指标内。

在研究方法的确定方面，本书在实证研究部分主要运用面板数据回归模型对产业创新生态、市场结构、企业创新以及市场绩效间的关系进行分析，这有利于从总体上体现变量间的关系，也有利于对不同规模的研究对象进行比较分析。由于产业创新生态不同生命周期阶段的特征和作用不同，产业创新生态、市场结构、企业创新以及市场绩效的关系也可能不同，在很多情况下，将无法通过面板数据研究具体行业的产业创新生态生命周期特征，这不利于全面地和动态地揭示所研究问题的本质；运用时间序列方法又无法确定变量数据的动态变化是平稳的；运用问卷调查方法，涉及的行业和样本数量太大，无法保证数据的可得性以及选取样本的代表性。因此，在后续研究中，可以考虑采取典型案例分析方法，从不同产业门类中选取典型行业或者企业进行重点分析，以检验制造业总体或各产业门类分析的结论。

参考文献

[1] 梅亮，陈劲，刘洋. 创新生态系统：源起、知识演进和理论框架[J]. 科学学研究，2014，32（12）：1771－1780.

[2] 张耀辉. 技术创新与产业组织演变［M］. 北京：经济管理出版社，2004.

[3] 江若尘. 构建开放式创新企业生态网络体系［N］. 第一财经日报，2015－12－29（T01）.

[4] 寇宗来，刘学悦. 中国城市和产业创新力报告2017［R］. 上海：复旦大学产业发展研究中心，2017.

[5] 约瑟夫·熊彼特. 经济发展理论——对于利润、资本、信贷、利息和经济周期的考察［M］. 北京：商务印书馆，1991.

[6] 李万，常静，王敏杰，等. 创新3.0与创新生态系统［J］. 科学学研究，2014，32（12）：1761－1770.

[7] 彭宜新，邹珊刚. 创新系统研究方法述评［J］. 自然辩证法研究，2002，18（6）：74－77.

[8] Freeman C. Networks of Innovators: A Synthesis of Research Issues [J]. Research Policy, 1991, 20 (5): 499－514.

[9] Jaffe A B. Characterizing the "Technological Position" of Firms, with Application to Quantifying Technological Opportunity and Research Spillovers [J]. Research Policy, 1989, 18 (2): 87－97.

[10] Arrow K J. Economic Welfare and the Allocation of Resources for Invention [A] //Nelson R (Eds.), The Rate and Direction of Inventive Activity: Economic and Social Factors [M]. Princeton: Princeton University Press, 1962: 609－626.

[11] Scherer F M. Research and Development Resource Allocation under Rivalry [J]. The Quarterly Journal of Economics, 1967, 81 (3): 359－394

[12] 王宏起，汪英华，武建龙，等. 新能源汽车创新生态系统演进机

理——基于比亚迪新能源汽车的案例研究［J］．中国软科学，2016（4）：81－94.

［13］吕一博，蓝清，韩少杰．开放式创新生态系统的成长基因——基于iOS、Android和Symbian的多案例研究［J］．中国工业经济，2015（5）：148－160.

［14］张越，余江．新一代信息技术产业发展模式转变的演进机理——以中国蜂窝移动通信产业为例［J］．科学学研究，2016，34（12）：1807－1816.

［15］李其玮，顾新，赵长轶．产业创新生态系统知识优势评价体系——以成都市高新区89家科技企业为样本的实证分析［J］．中国科技论坛，2018（1）：37－46.

［16］苗红，黄鲁成．区域技术创新生态系统健康评价初探［J］．科技管理研究，2007，27（11）：101－103.

［17］姜庆国．中国创新生态系统的构建及评价研究［J］．经济经纬，2018，35（4）：1－8.

［18］Romer P. Increasing Return and Long－Run Growth［J］. R&D Management，2006，36（5）：499－515.

［19］王铁男，涂云咪．管理创新能力调节下技术创新能力对企业绩效的影响［J］．技术经济，2012，31（10）：25－32.

［20］李伟．市场化改革与产业技术创新的阶段性演进——兼析中国产业技术追赶的绩效差异［J］．科学学与科学技术管理，2008，29（11）：54－60.

［21］寇宗来，高琼．市场结构、市场绩效与企业的创新行为——基于中国工业企业层面的面板数据分析［J］．产业经济研究，2013（3）：1－11＋110.

［22］杨洪焦，孙林岩，宫俊涛．制造业绩效及其影响因素——基于全球视角的实证研究［J］．科学学研究，2009，27（11）：1676－1684.

［23］克里斯托夫·弗里曼．技术政策与经济绩效：日本国家创新系统的经验［M］．南京：东南大学出版社，2008.

［24］Godin B. National Innovation System：The System Approach in Historical Perspective［J］. Science，Technology & Human Values，2009，34（4）：476－501.

［25］Moore J. Predators and Prey：A New Ecology of Competition［J］. Harvard Business Review，1993，71（3）：75－86.

［26］Cooke P，Gomez U M，Etxebarria G. Regional Innovation Systems：Institutional and Organisational Dimensions［J］. Research Policy，1997，26（4－5）：475－491.

［27］Dvir R，Pasher E. Innovation Engines for Knowledge Cities：An Innovation

Ecology Perspective [J] . Journal of Knowledge Management, 2004, 8 (5): 16 -27.

[28] Iansiti M, Levien R. The Keystone Advantage: What the New Dynamics of Business Ecosystems Mean for Strategy, Innovation, and Sustainability [J] . Future Survey, 2004, 20 (2): 88 -90.

[29] Hienerth C, Lettl C, Keinz P. Synergies among Producer Firms, Lead Users, and User Communities: the Case of the LEGO Producer - User Ecosystem [J] . Journal of Product Innovation Management, 2014, 31 (4): 848 -866.

[30] Malecki E J. Connecting Local Entrepreneurial Ecosystems to Global Innovation Networks: Open Innovation, Double Networks and Knowledge Integration [J] . International Journal of Entrepreneurship and Innovation Management, 2011, 14 (1): 36 -59.

[31] Viitanen J. Profiling Regional Innovation Ecosystems as Functional Collaborative Systems: The Case of Cambridge [J] . Technology Innovation Management Review, 2016, 6 (12): 6 -25.

[32] Jackson D. Sizing up Your Innovation Ecosystem [J] . Translational Materials Research, 2014, 1 (2): 1 -5.

[33] Suseno Y, Standing C. The Systems Perspective of National Innovation Ecosystems [J] . Systems Research and Behavioral Science, 2018, 35 (3): 282 -307.

[34] Smith K R. Building an Innovation Ecosystem: Process, Culture and Competence [J] . Industry and Higher Education, 2006, 20 (4): 219 -224.

[35] Ghemawat P. Managing Differences: The Central Challenge of Global Strategy [J] . Harvard Business Review, 2007, 85 (3): 59 -68.

[36] Aulet B. How to Build a Successful Innovation Ecosystem: Educate, Network, and Celebrate [J] . Journal of Strategic Management, 2008, 5 (2): 56 -58.

[37] 朱迪·埃斯特琳. 美国创新在衰退? [M]. 北京: 机械工业出版社, 2010.

[38] Hwang V, Mabogunje A. The New Economics of Innovation Ecosystems [J] . Stanford Social Innovation Review, 2013, 8 (6): 123 -125.

[39] Carayannis E G, Provance M, Grigoroudis E. Entrepreneurship Ecosystems: An Agent - Based Simulation Approach [J] . The Journal of Technology Transfer, 2016, 41 (3): 631 -653.

[40] Pierrakis Y, Saridakis G. The Role of Venture Capitalists in the Regional Innovation Ecosystem: A Comparison of Networking Patterns Between Private and Publicly Backed Venture Capital Funds [J] . The Journal of Technology Transfer, 2017, 44

(3): 850 - 873.

[41] Moore J. The Rise of New Corporate Form [J] . The Washington Quarterly, 1998, 21 (1): 167 - 181.

[42] Clarysse B, Wright M, Bruneel J, et al. Creating Value in Ecosystems: Crossing the Chasm Between Knowledge and Business Ecosystems [J] . Research Policy, 2014, 43 (7): 1164 - 1176..

[43] Taillard M, Peters L D, Pels J, et al. The Role of Shared Intentions in the Emergence of Service Ecosystems [J] . Journal of Business Research, 2016, 69 (8): 2972 - 2980.

[44] Mitleton - Kelly E. The Principles of Complexity and Enabling Infrastructures [A] //Mitleton - Kelly E (Eds.), Complex Systems and Evolutionary Perspectives on Organizations: The Application of Complexity Theory to Organizations [M] . Oxford: Elsevier Science Ltd, 2003: 3 - 20.

[45] Nambisan S, Baron R A. Entrepreneurship in Innovation Ecosystems: Entrepreneurs' Self - Regulatory Processes and Their Implications for New Venture Success [J] . Entrepreneurship Theory and Practice, 2013, 37 (5): 1071 - 1097.

[46] 曾国屏，苟尤钊，刘磊. 从“创新系统”到“创新生态系统”[J]. 科学学研究，2013，31 (1): 4 - 12.

[47] 赵放，曾国屏. 多重视角下的创新生态系统 [J]. 科学学研究，2014，32 (12): 1781 - 1788 + 1796.

[48] 黄海霞，陈劲. 创新生态系统的协同创新网络模式 [J] . 技术经济，2016，35 (8): 31 - 37 + 117.

[49] 陈健，高太山，柳卸林，等. 创新生态系统：概念、理论基础与治理 [J] . 科技进步与对策，2016，33 (17): 153 - 160.

[50] 张运生，邹思明，张利飞. 基于定价的高科技企业创新生态系统治理模式研究 [J] . 中国软科学，2011 (12): 157 - 165.

[51] 黄鲁成. 区域技术创新生态系统的特征 [J] . 中国科技论坛，2003 (1): 23 - 26.

[52] 张贵，李涛，原慧华. 京津冀协同发展视阈下创新创业生态系统构建研究 [J] . 经济与管理，2017，31 (6): 5 - 11.

[53] 詹志华，王豪儒. 论区域创新生态系统生成的前提条件与动力机制 [J] . 自然辩证法研究，2018，34 (3): 43 - 48.

[54] 何向武，周文泳. 区域高技术产业创新生态系统协同性分类评价 [J]. 科学学研究，2018，36 (3): 541 - 549.

[55] 杜传忠，刘忠京．基于创新生态系统的我国国家创新体系的构建［J］．科学管理研究，2015，33（4）：6－9.

[56] 武学超．五重螺旋创新生态系统要素构成及运行机理［J］．自然辩证法研究，2015，31（6）：50－53.

[57] 张贵，刘雪芹．创新生态系统作用机理及演化研究——基于生态场视角的解释［J］．软科学，2016，30（12）：16－19＋42.

[58] 曹祎遐，高文婧．企业创新生态系统结构发展［J］．改革，2015（4）：135－141.

[59] 陈劲．企业创新生态系统论［M］．北京：科学出版社，2017.

[60] 王凯，邹晓东．由国家创新系统到区域创新生态系统——产学协同创新研究的新视域［J］．自然辩证法研究，2016，32（9）：97－101.

[61] 李晓锋．“四链”融合提升创新生态系统能级的理论研究［J］．科研管理，2018，39（9）：113－120.

[62] 包宇航，于丽英．创新生态系统视角下企业创新能力的提升研究［J］．科技管理研究，2017，37（6）：1－6.

[63] 吕玉辉．企业技术创新生态系统的交错带研究［J］．技术经济与管理研究，2016（3）：80－83.

[64] 陈畴镛，胡枭峰，周青．区域技术创新生态系统的小世界特征分析［J］．科学管理研究，2010，28（5）：17－20＋30.

[65] 李妍，丁莹莹．创新生态系统下知识管理对企业创新绩效的影响及启示［J］．天津大学学报（社会科学版），2018，20（1）：26－30.

[66] Frosch R A, Gallopoulos N E. Strategies for Manufacturing [J]. Scientific American, 1989, 261 (3): 144－152.

[67] Andrews C. Putting Industrial Ecology into Place Evolving Roles for Planners [J]. Journal of the American Planning Association, 1999, 65 (4): 364－375.

[68] Lambert A, Boons F. Eco－industrial Parks: Stimulating Sustainable Development in Mixed Industrial Parks [J]. Technovation, 2002, 22 (8): 471－484.

[69] Malerba F. Sectoral Systems of Innovation and Production [J]. Research Policy, 2002, 31 (2): 247－264.

[70] Daim T U. Sectoral Systems of Innovation: Concepts, Issues and Analyses of Six Major Sectors in Europe [J]. Technological Forecasting and Social Change, 2005, 72 (9): 1153－1154.

[71] Dougherty D, Dunne D D. Organizing Ecologies of Complex Innovation [J]. Organization Science, 2011, 22 (5): 1214－1223.

[72] Amitrano C C, Coppola M, Tregua M, et al. Knowledge Sharing in Innovation Ecosystems: A Focus on Functional Food Industry [J] . International Journal of Innovation and Technology Management, 2017, 14 (5): 1142 - 1159.

[73] 洪帅，吕荣胜．中国产业创新生态系统研究综述 [J] ．经济问题探索，2017 (5)：38 - 44 + 50.

[74] 李其玮，顾新，赵长铁．产业创新生态系统知识优势的内涵、来源与形成 [J] ．科学管理研究，2016，34 (5)：53 - 56.

[75] 吴绍波．战略性新兴产业创新生态系统协同创新的治理机制研究 [J]．中国科技论坛，2013 (10)：5 - 9.

[76] 张运生．高科技产业创新生态系统耦合战略研究 [J] ．中国软科学，2009 (1)：134 - 143.

[77] 曹如中，史健勇，郭华，等．区域创意产业创新生态系统演进研究：动因、模型与功能划分 [J] ．经济地理，2015，35 (2)：107 - 113.

[78] 陈衍泰，孟媛媛，张露嘉，等．产业创新生态系统的价值创造和获取机制分析——基于中国电动汽车的跨案例分析 [J] ．科研管理，2015，36 (S1)：68 - 75.

[79] Fransman M. The New ICT Ecosystem: Implications for Policy and Regulation [M] . New York: Cambridge University Press, 2010.

[80] Davis J P. Group Dynamics of Interorganizational Relationships: Collaborating with Multiple Partners in Innovation Ecosystems [J] . Administrative Science Quarterly, 2016, 61 (4): 621 - 661.

[81] Iyawa G E, Herselman M, Botha A. Identifying Essential Components of a Digital Health Innovation Ecosystem for the Namibian Context: Findings from a Delphi Study [J] . The Electronic Journal of Information Systems in Developing Countries, 2017, 82 (1): 1 - 40.

[82] Murthi K R S, Rao M K. India's Space Industry Ecosystem: Challenges of Innovations and Incentives [J] . New Space, 2015, 3 (3): 165 - 171.

[83] 王娜，王毅．产业创新生态系统组成要素及内部一致模型研究 [J] ．中国科技论坛，2013 (5)：24 - 29 + 67.

[84] 张利飞．创新生态系统技术种群非对称耦合机制研究 [J] ．科学学研究，2015，33 (7)：1100 - 1108.

[85] 杨剑钊，李晓娣．高新技术产业创新生态系统运行机制 [J] ．学术交流，2016 (8)：134 - 139.

[86] 吴绍波．战略性新兴产业创新生态系统协同创新的知识投入激励研究

[J]. 科学学与科学技术管理，2013，34（9）：71－76.

[87] 纪承. 产业集群的创新生态：组织演化与治理构架[J]. 学习与实践，2015（10）：26－34.

[88] 刘鸿宇，杨彩霞，陈伟，等. 云计算产业集群创新生态系统构建及发展对策[J]. 求索，2015（11）：82－87.

[89] 郭燕青，李磊，姚远. 中国新能源汽车产业创新生态系统中的补贴问题研究[J]. 经济体制改革，2016（2）：29－34.

[90] Korhonen J. Four Ecosystem Principles for an Industrial Ecosystem [J]. Journal of Cleaner Production, 2001, 9 (3): 253－259.

[91] Ashton W S. The Structure, Function, and Evolution of a Regional Industrial Ecosystem [J]. Journal of Industrial Ecology, 2009, 13 (2): 228－246.

[92] Best M H. Greater Boston's Industrial Ecosystem: A Manufactory of Sectors [J]. Technovation, 2015 (39－40): 4－13.

[93] Aguiñaga E, Lagunas A E. The Principles of Diversity and Geographical Proximity in an Industrial Ecosystem: Social Network Analysis in the Toluca－Lerma Region [J]. Innovaciones De Negocios, 2015, 12 (24): 153－175.

[94] Layton A, Bras B, Weissburg M. Industrial Ecosystems and Food Webs: An Expansion and Update of Existing Data for Eco－industrial Parks and Understanding the Ecological Food Webs they Wish to Mimic [J]. Journal of Industrial Ecology, 2016, 20 (1): 85－98.

[95] 欧光军，雷霖，杨青，等. 高技术产业集群企业创新集成能力生态整合路径研究[J]. 软科学，2016，30（2）：33－38.

[96] 郭燕青，何地. 新能源汽车产业创新生态系统研究——基于网络关系嵌入视角[J]. 科技管理研究，2017，37（22）：134－140.

[97] 阿尔弗雷德·马歇尔. 经济学原理[M]. 北京：中华工商联合出版社，2017.

[98] 爱德华·张伯伦. 垄断竞争理论[M]. 北京：华夏出版社，2009.

[99] 琼·罗宾逊. 不完全竞争经济学[M]. 北京：华夏出版社，2012.

[100] 柴丽俊，李晓辉，高俊山. 略论产业组织理论的起源与发展[J]. 当代财经，2003（10）：91－93.

[101] 卫志民. 20世纪产业组织理论的演进与最新前沿[J]. 国外社会科学，2002（5）：17－24.

[102] 李晓钟，张小蒂. 中国汽车产业市场结构与市场绩效研究[J]. 中国工业经济，2011（3）：129－138.

［103］王继东，杨蕙馨．中国汽车制造业市场结构与绩效关系［J］．经济与管理研究，2016，37（4）：78－85.

［104］严奇峰，杨耀鸿，林榅荷．市场结构、厂商行为与经营绩效关系研究——基于台湾省金融控股公司数据［J］．经济经纬，2013，30（3）：80－85.

［105］张耀辉，卜国琴，卢云峰．市场交易制度与市场绩效关系的实验经济学研究——对 SCP 分析范式的修正［J］．中国工业经济，2005（12）：34－40.

［106］叶栋梁，秦炜婧，刘殊含．中国上市公司的市场结构与关联交易分析［J］．统计与决策，2011（2）：154－156.

［107］唐厚兴．市场竞争结构对“市场换技术”战略的影响研究［J］．科学学研究，2017，35（6）：907－916.

［108］乔治·施蒂格勒．产业组织［M］．上海：上海人民出版社，2006.

［109］夏大慰．产业组织与公共政策：芝加哥学派［J］．外国经济与管理，1999（9）：3－6.

［110］陆奇斌，赵平，王高．中国市场结构和市场绩效关系实证研究——从消费者角度识别两者的关系［J］．中国工业经济，2004（10）：28－35.

［111］齐树天．商业银行绩效、效率与市场结构——基于中国 1994－2005 年的面板数据［J］．国际金融研究，2008（3）：48－56.

［112］满媛媛，杨印生，孙巍．商业银行：效率、市场结构与绩效的关系研究［J］．数理统计与管理，2015，34（1）：125－141.

［113］杨思静，谢志华．市场结构、市场行为与审计市场绩效［J］．中央财经大学学报，2015（4）：58－63.

［114］Salop S C. Monopolistic Competition with Outside Goods［J］. The Bell Journal of Economics, 1979, 10（1）：141－156.

［115］Schmalensee R. Output and Welfare Implications of Monopolistic Third－Degree Price Discrimination［J］. American Economic Review, 1981, 71（1）：242－247.

［116］Shapiro C. Premiums for High Quality Products as Returns to Reputations［J］. The Quarterly Journal of Economics, 1983, 98（4）：659－679.

［117］Roberts J. A Signaling Model of Predatory Pricing［J］. Oxford Economic Papers, 1986, 38（11）：75－93.

［118］陈希，褚保金．中国创业投资业的产业组织研究——基于 SCP 范式的中美创投业比较分析［J］．产业经济研究，2005（2）：61－73.

［119］易靖韬，赵锦兰．图书出版产业结构、企业行为与企业绩效［J］．财贸经济，2010（5）：96－108＋136.

［120］崔惠贤．集团化、多元化对金融服务产业组织的影响——以保险产业为例［J］．产业经济研究，2013（2）：74－84.

［121］任剑新．单一市场结构下横向联盟的市场绩效与规制［J］．中国工业经济，2004（2）：42－47.

［122］梅开，杜晓君，杨昆明．单一市场结构下专利联盟的市场绩效分析［J］．科学学与科学技术管理，2009，30（8）：41－44.

［123］杜晓君，王小干，夏冬．基于不同标准的竞争性专利联盟的市场绩效研究［J］．科研管理，2012，33（7）：74－80.

［124］夏大慰，王步芳．新奥地利学派：产业组织学的行为流派［J］．山西财经大学学报，2004（5）：71－76.

［125］穆雷·N. 罗斯巴德．人，经济与国家［M］．杭州：浙江大学出版社，2016.

［126］方世建，秦正云．2006 年度瑞典创业与小企业研究奖获得者——柯兹纳的企业家发现理论述评［J］．外国经济与管理，2007（3）：40－52.

［127］弗里德里希·冯·哈耶克．法律、立法与自由（第一卷）［M］．北京：中国大百科全书出版社，2000.

［128］Baumol W. Contestable Markets：An Uprising in the Theory of Industry Structure［J］. The American Economic Review，1982，72（1）：1－15.

［129］夏大慰．产业组织与公共政策：可竞争市场理论［J］．外国经济与管理，1999，21（11）：9－11.

［130］Coase R. The Nature of the Firm：Origin［J］. The Journal of Law，Economics，and Organization，1988，4（1）：3－17.

［131］Alchian A A，Demsetz H. Production，Information Costs，and Economic Organization［J］. IEEE Engineering Management Review，1975，3（2）：21－41.

［132］奥利弗·威廉姆森．资本主义经济制度：论企业签约与市场签约［M］．锁箭，译．北京：商务印书馆，2002.

［133］欧雪银．企业家精神与产业集聚关系研究新进展［J］．经济学动态，2013（6）：132－141.

［134］程俊杰．制度变迁、企业家精神与民营经济发展［J］．经济管理，2016，38（8）：39－54.

［135］王楠，张立艳，李思晗．研发投入、市场结构对高技术企业绩效的影响［J］．中国科技论坛，2017（7）：72－79.

［136］侯艳良，王晓明．可竞争性、竞争性与中国工业市场绩效［J］．经济与管理研究，2014，35（10）：81－91.

［137］刘小玄，张蕊．可竞争市场上的进入壁垒——非经济垄断的理论和实证分析［J］．中国工业经济，2014（4）：71－83.

［138］章美锦．兼并与公司边界：交易费用理论的一个解说［J］．学术交流，2011（7）：88－90.

［139］王宛秋，聂雨薇．纵向一体化、市场化程度差异与并购绩效［J］．国际商务（对外经济贸易大学学报），2016（3）：150－160.

［140］植草益等．日本的产业组织：理论与实证的前沿［M］．锁箭，译．北京：经济管理出版社，2000.

［141］颜永才．新常态下企业创新生态系统与自主创新战略研究［J］．科学管理研究，2015，33（5）：74－77.

［142］Hannan M，Freeman J. Organizational Ecology［M］. Cambridge，MA：Havard University Press，1989.

［143］Baum J A C，Oliver C. Toward an Institutional Ecology of Organizational Founding［J］. Academy of Management Journal，1996，39（5）：1378－1427.

［144］陈浩义．基于创新信息生态位视角的企业技术创新能力构成研究［J］．图书情报工作，2010，54（20）：71－75.

［145］朱瑞博，刘志阳，刘芸．架构创新、生态位优化与后发企业的跨越式赶超——基于比亚迪、联发科、华为、振华重工创新实践的理论探索［J］．管理世界，2011（7）：69－97＋188.

［146］黄江明，丁玲，崔争艳．企业生态位构筑商业生态竞争优势：宇通和北汽案例比较［J］．管理评论，2016，28（5）：220－231.

［147］Jaffe A B. Characterizing the "Technological Position" of Firms，with Application to Quantifying Technological Opportunity and Research Spillovers［J］. Research Policy，1989，18（2）：87－97.

［148］Grupp H. External Effects as a Microeconomic Determinant of Innovation Efficiency［J］. International Journal of the Economics of Business，1997，4（2）：173－188.

［149］Audretsch D B，Keilbach M. Resolving the Knowledge Paradox：Knowledge－Spillover Entrepreneurship and Economic Growth［J］. Research Policy，2008，37（10）：1697－1705.

［150］高山行，徐新，李亚辉．跨国公司技术溢出对我国企业创新产出影响的实证研究［J］．管理工程学报，2010，24（2）：7－12.

［151］沙文兵，李桂香．FDI 知识溢出、自主 R&D 投入与内资高技术企业创新能力——基于中国高技术产业分行业动态面板数据模型的检验［J］．世界经

济研究，2011（5）：51－56＋88.

［152］范如国，蔡海霞．FDI 技术溢出与中国企业创新产出［J］．管理科学，2012，25（4）：13－21.

［153］曹勇，蒋振宇，孙合林，等．知识溢出效应、创新意愿与创新能力——来自战略性新兴产业企业的实证研究［J］．科学学研究，2016，34（1）：89－98.

［154］Hadjimanolis A. Barriers to Innovation for SMEs in a Small Less Developed Country（Cyprus）［J］. Technovation, 1999, 19（9）: 561－570.

［155］Pekkarinen S, Harmaakorpi V. Building Regional Innovation Networks: The Definition of an Age Business Core Process in a Regional Innovation System［J］. Regional Studies, 2006, 40（4）: 401－413.

［156］Rost K. The Strength of Strong Ties in the Creation of Innovation［J］. Research Policy, 2011, 40（4）: 588－604.

［157］Wang J. Knowledge Creation in Collaboration Networks: Effects of Tie Configuration［J］. Research Policy, 2016, 45（1）: 68－80.

［158］Lim H, Kidokoro T. Comparing A Spatial Structure of Innovation Network Between Korea and Japan: Through the Analysis of Co－Inventors' Network［J］. Asia－Pacific Journal of Regional Science, 2017, 1（1）: 133－153.

［159］赵炎，孟庆时．创新网络中基于结派行为的企业创新能力评价［J］．科研管理，2014，35（7）：35－43.

［160］刘学元，丁雯婧，赵先德．企业创新网络中关系强度、吸收能力与创新绩效的关系研究［J］．南开管理评论，2016，19（1）：30－42.

［161］陶秋燕，李锐，王永贵．创新网络中不同主体关系强度配置与创新绩效关系——基于 QCA 的实证分析［J］．科技管理研究，2016，36（9）：1－5.

［162］Arrow K J. The Economic Implications of Learning by Doing［J］. The Review of Economic Studies, 1962, 29（3）: 155－173.

［163］Gilbert J, Newbery G. Preemptive Patenting and the Persistence of Monopoly［J］. The American Economic Review, 1984, 72（3）: 514－526.

［164］Mansfield E. Size of Firm, Market Structure, and Innovation［J］. Journal of Political Economy, 1963, 71（6）: 556－576.

［165］Aghion P, Bloom N, Blundell R, et al. Competition and Innovation: An Inverted－U Relationship［J］. Quarterly Journal of Economics, 2005, 120（2）: 701－728.

［166］Matsumura T, Matsushima N, Cato S. Competitiveness and R&D Competition Revisited [J] . Economic Modelling, 2013, 31 (1): 541 -547.

[167] Aarstad J, Kvitastein O A, Jakobsen S E. Related and Unrelated Variety as Regional Drivers of Enterprise Productivity and Innovation: A Multilevel Study [J] . Research Policy, 2016, 45 (4): 844 -856.

[168] Dasgupta P, Stiglitz J. Industrial Structure and the Nature of Innovative Activity [J] . The Economic Journal, 1980, 90 (358): 266 -293.

[169] Koeller C T. Innovation, Market Structure and Firm Size: A Simultaneous Equations Model [J] . Managerial and Decision Economics, 1995, 16 (3): 259 - 269.

[170] Acs J, Audretsch B. Small Firms in the 1990s [A] //Acs J, Audretsch B (Eds.), The Economics of Small Firms: A European Challenge [M] . Boston: Kluwer Academic Publishers, 1990: 1 -22.

[171] Lee K, Kang S M. Innovation Types and Productivity Growth: Evidence from Korean Manufacturing Firms [J] . Global Economic Review, 2007, 36 (4): 343 -359.

[172] Jung M, Lee K. Sectoral Systems of Innovation and Productivity Catch - Up: Determinants of the Productivity Gap between Korean and Japanese Firms [J] . Industrial and Corporate Change, 2010, 19 (4): 1037 -1069.

[173] Radicic D, Pugh G, Hollanders H, et al. The Impact of Innovation Support Programs on Small and Medium Enterprises Innovation in Traditional Manufacturing Industries: An Evaluation for Seven European Union Regions [J] . Environment and Planning C: Government and Policy, 2016, 34 (8): 1425 -1452.

[174] 曲永义. 不同规模企业的技术创新绩效与政府的政策导向 [J]. 求索, 2009 (2): 58 -60.

[175] 张宗庆, 郑江淮. 技术无限供给条件下企业创新行为——基于中国工业企业创新调查的实证分析 [J]. 管理世界, 2013 (1): 115 -132.

[176] 成力为, 戴小勇. 研发投入分布特征与研发投资强度影响因素的分析——基于我国 30 万个工业企业面板数据 [J]. 中国软科学, 2012 (8): 152 -165.

[177] 周方召, 符建华, 仲深. 外部融资、企业规模与上市公司技术创新 [J]. 科研管理, 2014, 35 (3): 116 -122.

[178] 张莉, 李绍东. 企业规模、技术创新与经济绩效——基于工业企业调查数据的实证研究 [J]. 财经科学, 2016 (6): 67 -74.

[179] 李广瑜, 史占中, 赵子健. 中国高技术产业创新影响因素的实证检验

[J]. 经济与管理研究，2016，37（2）：85-90.

[180] 王昀，孙晓华. 加价能力、行业结构与企业研发投资——市场势力与技术创新关系的再检验 [J]. 科研管理，2018，39（6）：141-149.

[181] Robinson W T. Product Innovation and Start-Up Business Market Share Performance [J]. Management Science, 1990, 36 (10): 1279-1289.

[182] Pujari D. Eco-innovation and New Product Development: Understanding the Influences on Market Performance [J]. Technovation, 2006, 26 (1): 76-85.

[183] Oh C, Cho Y, Kim W. The Effect of a Firm's Strategic Innovation Decisions on Its Market Performance [J]. Technology Analysis & Strategic Management, 2015, 27 (1): 39-53.

[184] Silva G M, Styles C, Lages L F. Breakthrough Innovation in International Business: The Impact of Tech-innovation and Market-Innovation on Performance [J]. International Business Review, 2017, 26 (2): 391-404.

[185] Yalcinkaya G, Calantone R J, Griffith D A. An Examination of Exploration and Exploitation Capabilities: Implications for Product Innovation and Market Performance [J]. Journal of International Marketing, 2007, 15 (4): 63-93.

[186] Hashi I, Stojčić N. The Impact of Innovation Activities on Firm Performance Using a Multi-Stage Model: Evidence from the Community Innovation Survey 4 [J]. Research Policy, 2013, 42 (2): 353-366.

[187] 陆国庆. 中国中小板上市公司产业创新的绩效研究 [J]. 经济研究，2011（2）：138-148.

[188] 胡明霞. 管理层权力、技术创新投入与企业绩效 [J]. 科学学与科学技术管理，2015，36（8）：140-149.

[189] 石俊国，郁培丽，孙广生. 颠覆性创新行为、消费者偏好内生与市场绩效 [J]. 系统管理学报，2017，26（2）：287-294.

[190] 王海兵，杨蕙馨. 创新驱动与现代产业发展体系——基于我国省际面板数据的实证分析 [J]. 经济学（季刊），2016，15（4）：1351-1386.

[191] 李巍. 战略导向均衡对产品创新与经营绩效影响研究 [J]. 科研管理，2015，36（1）：143-151.

[192] 翟琼，宋正一，张哲，等. R&D 投入对区域高新技术产业发展的影响 [J]. 经济地理，2015，35（8）：129-134.

[193] Gort M, Klepper S. Time Paths in the Diffusion of Product Innovations [J]. The Economic Journal, 1982, 92 (367): 630-653.

[194] Klepper S. Entry, Exit, Growth, and Innovation over the Product Life Cy-

cle [J]. American Economic Review, 1996, 86 (3): 562 -583.

[195] Biondi L, Galli R. Technological Trajectories [J]. Futures, 1992, 24 (6): 580 -592.

[196] 杨治, 何丹, 张鹏程. 绩效导向文化对创新的影响 [J]. 科研管理, 2017, 38 (9): 86 -96.

[197] 尹美群, 盛磊, 李文博. 高管激励、创新投入与公司绩效——基于内生性视角的分行业实证研究 [J]. 南开管理评论, 2018, 21 (1): 109 -117.

[198] 张贵, 温科, 宋新平. 创新生态系统: 理论与实践 [M]. 北京: 经济管理出版社, 2018.

[199] Cassiman B, Veugelers R. In Search of Complementarity in Innovation Strategy: Internal R&D and External Knowledge Acquisition [J]. Management Science, 2006, 52 (1): 68 -82.

[200] 洪银兴. 科技创新阶段及其创新价值链分析 [J]. 经济学家, 2017 (4): 5 -12.

[201] 白胜. 克里斯坦森发展颠覆性创新理论的 4 个特色 [J]. 科技进步与对策, 2018, 35 (10): 25 -30.

[202] 李丹, 吴祖宏. 产业组织理论渊源、主要流派及新发展 [J]. 河北经贸大学学报, 2005, 26 (3): 48 -55.

[203] 魏后凯. 中国制造业集中与市场结构分析 [J]. 管理世界, 2002 (4): 63 -71.

[204] 张丽芳, 张清辨. 网络经济与市场结构变迁——新经济条件下垄断与竞争关系的检验分析 [J]. 财经研究, 2006 (5): 108 -118.

[205] 姚小涛, 席酉民. 以知识积累为基础的企业竞争战略观 [J]. 中国软科学, 2001 (2): 101 -105.

[206] 林健, 曹静. 论产业集群中的知识溢出与知识共享 [J]. 统计与决策, 2007 (14): 56 -57.

[207] 范黎波, 张中元. 基于网络的企业学习与治理机制 [J]. 中国工业经济, 2006 (10): 106 -112.

[208] 张艺, 陈凯华, 朱桂龙. 产学研合作与后发国家创新主体能力演变——以中国高铁产业为例 [J]. 科学学研究, 2018, 36 (10): 1896 -1913.

[209] 孙晓华, 郑辉. 买方势力、资产专用性与技术创新——基于中国汽车工业的实证检验 [J]. 管理评论, 2011, 23 (10): 162 -170.

[210] 张利飞, 吕晓思, 张运生. 创新生态系统技术依存结构对企业集成创新竞争优势的影响研究 [J]. 管理学报, 2014, 11 (2): 229 -237.

[211] Adomavicius G, Bockstedt J, Gupta A, et al. Technology Roles and Paths of Influence in an Ecosystem Model of Technology Evolution [J]. Information Technology & Management, 2007, 8 (2): 185 – 202.

[212] 李剑玲，王卓．商业生态系统商业模式创新［J］．学术交流，2016 (6): 124 – 129.

[213] 章博文，李显君．商业模式与新进入者领先：来自电动汽车产业的实证研究［J］．科技进步与对策，2018，35 (2): 59 – 65.

[214] 樊霞，贾建林，孟洋仪．创新生态系统研究领域发展与演化分析［J］．管理学报，2018，15 (1): 151 – 158.

[215] 温科，张贵．京津冀产业空间关联网络特征及其转移效应研究［J］．河北工业大学学报（社会科学版），2019，11 (1): 1 – 12.

[216] 杨公朴，夏大慰．现代产业经济学（第二版）［M］．上海：上海财经大学出版社，2005.

[217] Bian J. A Note on Pricing in Monopoly and Oligopoly [J]. American Economics Review, 1949, 39 (2): 448 – 464.

[218] Romano R, Berg S. The Identification of Predatory Behavior in the Presence of Uncertainty [J]. International Journal of Industrial Organization, 1985, 3 (2): 231 – 243.

[219] Eaton B, Lipsey R. The Theory of Market Pre – emption: The Persistence of Excess Capacity and Monopoly in Growing Spatial Markets [J]. Economica, 1979, 46 (182): 149 – 158.

[220] Farrell J, Saloner G. Installed Base and Compatibility: Innovation, Product Preannouncements, and Predation [J]. American Economic Review, 1986, 76 (5): 940 – 955.

[221] Salop S, Scheffman D. Cost – Raising Strategies [J]. Journal of Industrial Economics, 1987, 36 (1): 19 – 34.

[222] Nelson P. Advertising as Information [J]. Journal of Political Economy, 1974, 82 (4): 729 – 754.

[223] 芮明杰，余东华．西方产业组织理论中技术创新思想的演进与发展［J］．研究与发展管理，2006，18 (4): 1 – 7 + 14.

[224] Utterback J M. Innovation in Industry and the Diffusion of Technology [J]. Science, 1974, 183 (4125): 620 – 626.

[225] 陈文化，彭福扬．关于创新理论和技术创新的思考［J］．自然辩证法研究，1998 (6): 38 – 42 + 47.

［226］傅家骥．论中国的技术改造及其理论基础［J］．技术经济，1988（Z1）：2－9.

［227］高霞，陈凯华．合作创新网络结构演化特征的复杂网络分析［J］．科研管理，2015，36（6）：28－36.

［228］Hicks J. The Theory of Wages［M］. London：Macmillan，1932.

［229］Dosi G. Sources，Procedures，and Microeconomic Effects of Innovation［J］. Journal of Economic Literature，1988，26（3）：1120－1171.

［230］傅家骥，仝允桓，高建，等．技术创新学［M］．北京：清华大学出版社，1998.

［231］Love J H，Roper S. The Determinants of Innovation：R&D，Technology Transfer and Networking Effects［J］. Review of Industrial Organization，1999，15（1）：43－64.

［232］谢子远，黄文军．非研发创新支出对高技术产业创新绩效的影响研究［J］．科研管理，2015，36（10）：1－10.

［233］陆介平，马维野，陈明媛，等．基于专利创造的我国县域创新能力和产业竞争力分析［J］．科学学与科学技术管理，2015，36（5）：42－50.

［234］曹洪军，赵翔，黄少坚．企业自主创新能力评价体系研究［J］．中国工业经济，2009（9）：105－114.

［235］Chesbrough H. Open Innovation，the New Imperative for Creating and Profiting from Technology［M］. Boston：Harvard Business School Press，2003.

［236］Cohen W M，Levinthal D A. Innovation and Learning：The Two Faces of R&D［J］. The Economic Journal，1989，99（397）：569－596.

［237］倪自银，刘强．开放创新模式下企业技术创新能力的研究［J］．软科学，2013，27（10）：59－63.

［238］保永文．知识产权保护、技术引进与中国制造业技术创新——基于面板数据的实证检验［J］．国际贸易问题，2017（6）：38－49.

［239］盛辉．论企业技术创新过程中的知识产权保护［J］．科技管理研究，2007（1）：145－147.

［240］Abernathy W，Utterback J. Patterns Patterns of Industrial Innovation［J］. Technology Review，1978，80（7）：40－47.

［241］刘敏，田增瑞，徐凯．企业 R&D 能力在知识获取和产品创新间的中介作用［J］．研究与发展管理，2010，22（6）：90－96.

［242］毕克新，孙德花．基于复合系统协调度模型的制造业企业产品创新与工艺创新协同发展实证研究［J］．中国软科学，2010（9）：156－162＋192.

[243] 武建龙，王野，王志浩，等．产业联盟创新生态系统演进机理研究——以 TD 产业联盟为例 [J]．情报杂志，2017，36 (11)：200 - 207 + 185.

[244] 黄鲁成．基于生态学的技术创新行为研究 [M]．北京：科学出版社，2007.

[245] 尹航，黄子娇，雷家骕，等．制造业企业产品创新过程的市场交易生态位分析模型构建与测评研究 [J]．中国科技论坛，2014 (3)：86 - 91.

[246] 高宏，茅宁莹．我国生物医药产业创新生态系统的构建研究 [J]．中国医药生物技术，2019，14 (4)：377 - 382.

[247] 毕克新，黄平，施芳芳．基于知识管理的制造业企业工艺创新过程及模型 [J]．系统管理学报，2012，21 (4)：478 - 485.

[248] 林婷婷．产业技术创新生态系统研究 [D]．哈尔滨：哈尔滨工程大学博士学位论文，2012.

[249] Souder W, Chakrabarti A. Government Influence and Industrial Innovation [J]. Industrial Marketing Management, 1978, 7 (1): 17 - 25.

[250] 施杨．涌现研究的学科演进及其系统思考 [J]．系统科学学报，2006 (2)：58 - 63.

[251] Oh D S, Phillips F, Park S, et al. Innovation Ecosystems: A Critical Examination [J]. Technovation, 2016 (54): 1 - 6.

[252] 罗吉贵．复杂系统中涌现形成机理的讨论 [D]．上海：上海大学博士学位论文，2008.

[253] 谢洪明，张霞蓉，程聪，等．网络关系强度、企业学习能力对技术创新的影响研究 [J]．科研管理，2012，33 (2)：55 - 62.

[254] 陈劲，邱嘉铭，沈海华．技术学习对企业创新绩效的影响因素分析 [J]．科学学研究，2007，25 (6)：1223 - 1232.

[255] 郭尉．知识异质、组织学习与企业创新绩效关系研究 [J]．科学学与科学技术管理，2016，37 (7)：118 - 125.

[256] 刘景东，党兴华，谢永平．不同知识位势下知识获取方式与技术创新的关系研究——基于行业差异性的实证分析 [J]．科学学与科学技术管理，2015，36 (1)：44 - 52.

[257] 杨莹，和金生．我国汽车产业专利战略研究 [J]．现代财经（天津财经大学学报），2007，27 (1)：20 - 23.

[258] 孙敬水．市场结构与市场绩效的测度方法研究 [J]．统计研究，2002 (5)：7 - 12.

[259] 曾德明，邹思明，张运生．高科技企业创新生态系统定价模式研究

[J]．中国科技论坛，2013（5）：30－35.

[260] 陈珠明，陈建梁．随机市场下企业并购的动态模型及在管理层收购定价中的应用［J］．经济科学，2004（2）：74－86.

[261] 葛宝山，崔月慧．基于社会网络视角的新创企业知识共享模型构建［J］．情报科学，2018，36（2）：153－158.

[262] Marouf L. The Role of Knowledge Sharing Culture in Business Performance [J]. Vine Journal of Information and Knowledge Management Systems, 2016, 46 (2): 154－174.

[263] Euchner J. Innovation Ecosystems: An Interview with Ron Adner [J]. Research－Technology Management, 2014, 57 (6): 10－14.

[264] Teece D J. Profiting from Technological Innovation: Implications for Integration, Collaboration, Licensing and Public Policy [J]. Research Policy, 1986, 15 (6): 285－305.

[265] 刘洪民．协同创新背景下中国产业共性技术研发组织模式创新[J]．科技进步与对策，2013，30（13）：59－66.

[266] 柳卸林，孙海鹰，马雪梅．基于创新生态观的科技管理模式［J］．科学学与科学技术管理，2015，36（1）：18－27.

[267] 尹伟华．中国制造业参与全球价值链的程度与方式——基于世界投入产出表的分析［J］．经济与管理研究，2015，36（8）：12－20.

[268] 刘黎清．市场结构与企业技术创新［J］．科学管理研究，2001（3）：10－12.

[269] Kamien M I, Schwartz N L. Market Structure and Innovation: A Survey [J]. Journal of Economic Literature, 1975, 13 (1): 1－37.

[270] 吴绍波，顾新，吴光东，等．新兴产业创新生态系统的技术学习［J］．中国科技论坛，2016（7）：30－35＋42.

[271] 杜晓君．专利池：高新技术产业发展和竞争的主导范式［J］．经济理论与经济管理，2007（10）：32－36.

[272] Ellison G, Fudenberg D. The Neo－Luddite's Lament: Excessive Upgrades in the Software Industry [J]. The RAND Journal of Economics, 2000, 31 (2): 253－272.

[273] Kutsoati E, Zábojník J. The Effects of Learning－By－Doing on Product Innovation by a Durable Good Monopolist [J]. International Journal of Industrial Organization, 2005, 23 (1－2): 83－108.

[274] 张文彬，蔺雷，廖蓉国．架构能力引领的复杂产品系统产业链协同创

新模式研究——以中广核工程有限公司为例 [J]. 科技进步与对策, 2014, 31 (6): 57 - 62.

[275] Solow R M. Technical Change and the Aggregate Production Function [J]. The Review of Economics and Statistics, 1957, 39 (3): 312 - 320.

[276] 李健, 薛辉蓉, 潘镇. 制造业企业产品市场竞争、组织冗余与技术创新 [J]. 中国经济问题, 2016 (2): 112 - 125.

[277] 翁君奕. 竞争、不确定性与企业间技术创新合作 [J]. 经济研究, 2002 (3): 53 - 60 + 95.

[278] 李健, 马捷. 信息多样性对社会网络生态系统平衡的调节机制研究 [J]. 情报科学, 2015, 33 (8): 39 - 43 + 71.

[279] 于娟. 产学研联盟稳定性研究 [D]. 哈尔滨: 哈尔滨工程大学博士学位论文, 2016.

[280] 戴亦舒, 叶丽莎, 董小英. 创新生态系统的价值共创机制——基于腾讯众创空间的案例研究 [J]. 研究与发展管理, 2018, 30 (4): 24 - 36.

[281] 威廉·谢泼德, 乔安娜·谢泼德. 产业组织经济学 (第五版) [M]. 北京: 中国人民大学出版社, 2007.

[282] Schmalensee R. Collusion Versus Differential Efficiency: Testing Alternative Hypotheses [J]. The Journal of Industrial Economics, 1987, 35 (4): 399 - 425.

[283] 杨荣. 网络能力的竞争优势基于经济租金的视角 [J]. 商业经济研究, 2017 (8): 87 - 90.

[284] 吴瑶, 陈帆, 蒋开东. 科技企业孵化器价值创造路径研究 [J]. 中国科技论坛, 2017 (12): 97 - 105.

[285] Winter S G. Schumpeterian Competition in Alternative Technological Regimes [J]. Journal of Economic Behavior & Organization, 1984, 5 (3 - 4): 287 - 320.

[286] Acs Z J, Audretsch D B. Innovation, Market Structure, and Firm Size [J]. The Review of Economics and Statistics, 1987, 69 (4): 567 - 574.

[287] 刘钒, 吴晓烨. 国外创新生态系统的研究进展与理论反思 [J]. 自然辩证法研究, 2017, 33 (11): 47 - 52.

[288] 王学先, 杨异. 技术标准中必要专利的认定 [J]. 学术论坛, 2011, 34 (10): 40 - 43 + 61.

[289] 侯玉莲. 动态环境中企业效率与战略柔性的平衡 [J]. 河北学刊, 2003 (6): 202 - 205.

[290] Kogut B, Zander U. Knowledge of the Firm, Combinative Capabilities, and

the Replication of Technology [J] . Organization Science, 1992, 3 (3): 383 -397.

[291] Soni P, Lilien G, Wilson D. Industrial Innovation and Firm Performance: A Re - conceptualization and Exploratory Structural Equation Analysis [J] . International Journal of Research in Marketing, 1993, 10 (4): 365 -380.

[292] Atuahene - Gima K, Ko A. An Empirical Investigation of the Effect of Market Orientation and Entrepreneurship Orientation Alignment on Product Innovation [J] . Organization Science, 2001, 12 (1): 54 -74.

[293] Garcia R, Calantone R, Levine R. The Role of Knowledge in Resource Allocation to Exploration Versus Exploitation in Technologically Oriented Organizations [J] . Decision Sciences, 2003, 34 (2): 323 -349.

[294] Damanpour F, Evan W M. Organizational Innovation and Performance: The Problem of "Organizational Lag" [J] . Administrative Science Quarterly, 1984, 29 (3): 392 -409.

[295] Damanpour F. Organizational Innovation: A Meta - Analysis of Effects of Determinants and Moderators [J] . Academy of Management Journal, 1991, 34 (3): 555 -590.

[296] Blind K, Edler J, Frietsch R, et al. Motives to Patent: Empirical Evidence from Germany [J] . Research Policy, 2006, 35 (5): 655 -672.

[297] Benner M J, Tushman M L. Exploitation, Exploration, and Process Management: The Productivity Dilemma Revisited [J] . The Academy of Management Review, 2003, 28 (2): 238 -256.

[298] Danneels E. The Dynamics of Product Innovation and Firm Competences [J] . Strategic Management Journal, 2002, 23 (12): 1095 -1121.

[299] 张峰，邱玮．探索式和开发式市场创新的作用机理及其平衡 [J] ．管理科学，2013，26 (1)：1 -13.

[300] Day G S, Wensley R. Assessing Advantage: A Framework for Diagnosing Competitive Superiority [J] . Journal of Marketing, 1988, 52 (2): 1 -20.

[301] 邓若冰，吴福象．研发模式、技术溢出与政府最优补贴强度 [J] ．科学学研究，2017，35 (6)：842 -852.

[302] 周正，尹玲娜，蔡兵．我国产学研协同创新动力机制研究 [J] ．软科学，2013，27 (7)：52 -56.

[303] Allen R, Sriram R. The Role of Standards in Innovation [J] . Technological Forecasting and Social Change, 2000, 64 (2 -3): 171 -181.

[304] 薛天山．企业社会责任的动力机制研究——经济驱动抑或制度推进

[J]. 软科学, 2016, 30 (8): 88-91.

[305] 陈贝蓓. 基于SWOT提升我国汽车产业竞争力对策分析 [J]. 商业经济, 2010 (10): 17-18.

[306] 张婧, 祁超. 出口企业竞争战略对产品创新的影响: 以市场导向为中介变量 [J]. 管理评论, 2011, 23 (7): 53-61.

[307] 王茂祥, 李东. 外部环境变化对企业战略创新的影响及其案例分析 [J]. 现代管理科学, 2015 (4): 36-38

[308] 谢洪明, 张霞蓉, 程聪, 等. 网络关系强度、企业学习能力对技术创新的影响研究 [J]. 科研管理, 2012, 33 (2): 55-62.

[309] 国家统计局. 2017国民经济行业分类注释 [M]. 北京: 中国统计出版社, 2018.

[310] 李强, 郑江淮. 基于产品内分工的我国制造业价值链攀升: 理论假设与实证分析 [J]. 财贸经济, 2013 (9): 95-102.

[311] 任腾, 周忠宝. 复合系统的动态协同演化分析——以保险、信贷与股票金融复合系统为例 [J]. 中国管理科学, 2017, 25 (8): 79-88.

[312] 武玉英, 魏国丹, 何喜军. 基于耦合系数模型的高技术制造业与要素协同度测度及实证 [J]. 系统工程, 2017, 35 (7): 93-100.

[313] Leydesdorff L, Zawdie G. The Triple Helix Perspective of Innovation Systems [J]. Technology Analysis & Strategic Management, 2010, 22 (7): 789-804.

[314] 卢涛, 周寄中. 我国物联网产业的创新系统多要素联动研究 [J]. 中国软科学, 2011 (3): 33-45.

[315] 汪秀婷, 杜海波. 系统视角下战略性新兴产业创新系统架构与培育路径研究 [J]. 科学管理研究, 2012, 30 (1): 10-14.

[316] 汪良兵, 洪进, 赵定涛, 等. 中国高技术产业创新系统协同度[J]. 系统工程, 2014, 32 (3): 1-7.

[317] 龚常, 游达明. 区域产业生态创新系统健康评价研究——以长株潭城市群为例 [J]. 经济学家, 2015 (6): 41-47.

[318] 董豪, 曾剑秋, 沈孟如. 产业创新复合系统构建与协同度分析——以信息通信产业为例 [J]. 科学学研究, 2016, 34 (8): 1152-1160.

[319] 李维梁, 高雅. 供需协同的产业创新生态系统构建及对策研究[J]. 华东经济管理, 2016, 30 (11): 180-184.

[320] 夏丽娟, 谢富纪, 王海花. 制度邻近、技术邻近与产学协同创新绩效——基于产学联合专利数据的研究 [J]. 科学学研究, 2017, 35 (5): 782-791.

［321］ Samaniego R M. Knowledge Spillovers and Intellectual Property Rights ［J］. International Journal of Industrial Organization, 2013, 31 (1): 50 - 63.

［322］ 陈育林．企业创新新度战略［J］．外国经济与管理，1988，10 (12)：12 - 13.

［323］ 尹向飞．科技创新支撑了中国高技术产业发展吗？［J］．科学学与科学技术管理，2015，36 (8)：93 - 104.

［324］ 王智波，李长洪．轻资产运营对企业利润率的影响——基于中国工业企业数据的实证研究［J］．中国工业经济，2015 (6)：108 - 121.

［325］ 贾晓霞，杨乃定．基于复合系统的区域发展潜力评价［J］．科学学与科学技术管理，2003，24 (3)：44 - 47.

［326］ 叶姮，李贵才，李莉，等．国家级新区功能定位及发展建议——基于GRNN潜力评价方法［J］．经济地理，2015，35 (2)：92 - 99.

［327］ Cheung Y W, Pascual A G. Testing for Output Convergence: A Re - examination ［J］. Oxford Economic Papers, 2004, 56 (1): 45 - 63.

［328］ 丹尼斯·卡尔顿，杰弗里·佩罗夫．现代产业组织［M］．上海：上海人民出版社，1998.

［329］ 汪贵浦，陈明亮．邮电通信业市场势力测度及对行业发展影响的实证分析［J］．中国工业经济，2007 (1)：21 - 28.

［330］ 孙巍，赵奚．研发行为会改变市场结构吗？——来自中国制造业的经验证据［J］．经济管理，2013，35 (2)：135 - 143.

［331］ 陈彩慧．干中学的渗入和溢出效应对市场结构的影响研究［D］．南京：南京理工大学硕士学位论文，2017.

［332］ Domowitz I, Hubbard R G, Petersen B C. Business Cycles and the Relationship between Concentration and Price - Cost Margins ［J］. The RAND Journal of Economics, 1986, 17 (1): 1 - 17.

［333］ 王兵．盈余质量与资本成本——来自中国上市公司的经验证据［J］．管理科学，2008 (3)：67 - 73.

［334］ 杨骞，刘华军．中国烟草产业行政垄断及其绩效的实证研究［J］．中国工业经济，2009 (4)：51 - 61.

［335］ 朱文．我国食品工业：结构调整的视角探索［J］．经济体制改革，2010 (5)：171 - 174.

［336］ 张旭青，李周．中国木材加工业规模经济分析——基于第一次全国经济普查和188家企业调查数据［J］．中国农村经济，2010 (10)：36 - 42.

［337］ 秦佩恒，赵兰香，万劲波．中低技术企业创新模式与创新绩效研

究——基于中国制造业创新调查的实证分析［J］．科研管理，2016，37（11）：26－34.

［338］Fisher F M，Temin P. Returns to Scale in Research and Development：What Does the Schumpeterian Hypothesis Imply?［J］. Journal of Political Economy，1973，81（1）：56－70.

［339］苏中锋，李嘉．吸收能力对产品创新性的影响研究［J］．科研管理，2014，35（5）：62－69.

［340］Kline S J，Rosenberg N. An Overview of Innovation［A］//Landan R，Rosenberg N（Eds.），The Positive Sum Strategy［M］. Washington D. C.：National Academy Press，1986：275－305.

［341］柳卸林．技术创新经济学（第2版）［M］．北京：清华大学出版社，2014.

［342］朱英明．产业集聚对资源错配的改善效果研究［J］．中国工业经济，2016（6）：73－90.

［343］戴魁早．因子分析在我国钢铁业市场绩效分析中的应用［J］．数理统计与管理，2008，27（2）：197－204.

［344］张腊凤，刘维奇．资产增长度量指标新论——经营资产增长率指标的提出与实证分析［J］．系统工程理论与实践，2016，36（6）：1382－1391.

［345］陈建丽，孟令杰，王琴．上市公司研发投入与企业绩效的非线性关系［J］．中国科技论坛，2015（5）：67－73.

［346］仇云杰，魏炜．研发投入对企业绩效的影响——基于倾向得分匹配法的研究［J］．当代财经，2016（3）：96－106.

［347］林萍，刘雅玲．股权激励对公司绩效影响——基于软件和信息技术服务业的实证研究［J］．科研管理，2017，38（12）：99－105.

［348］刘瑞，高峰．我国传统产业调整效应评估［J］．江西社会科学，2015，35（5）：57－67.

［349］李艳冰，汪传旭．基于成本利润率的两级供应链优化与协调［J］．管理工程学报，2018，32（1）：100－106.

［350］金碚，李钢．中国企业盈利能力与竞争力［J］．中国工业经济，2007（11）：5－14.

［351］范珍．企业管理效率的评价预测［J］．统计与决策，2010（14）：183－184.

［352］任志刚，丁国荣．中国上市公司治理对技术效率的影响——来自中国制造业上市公司的经验证据［J］．当代经济科学，2010，32（1）：16－22＋

124－125.

［353］王丹莉．政府行为与产业结构演进——基于固定资产投资视角的考察［J］．当代中国史研究，2014，21（6）：32－42＋125－126.

［354］林炜．企业创新激励：来自中国劳动力成本上升的解释［J］．管理世界，2013（10）：95－105.

［355］Blundell R, Bond S. GMM Estimation with Persistent Panel Data: An Application to Production Functions［J］. Econometric Reviews, 2007, 19（3）: 321－340.

［356］Byrne R M J, McEleney A. Counterfactual Thinking about Actions and Failures to Act［J］. Journal of Experimental Psychology: Learning, Memory, and Cognition, 2000, 26（5）: 1318－1331.

［357］Landman J, Vandewater E A, Stewart A J, et al. Missed Opportunities: Psychological Ramifications of Counterfactual thought in Midlife Women［J］. Journal of Adult Development, 1995, 2（2）: 87－97.

［358］Dinardo J, Fortin N M, Lemieux T. Labor Market Institutions and the Distribution of Wages, 1973－1992: A Semiparametric Approach［J］. Econometrica, 1996, 64（5）: 1001－1044.

［359］Card D, Hyslop D R. Estimating the Effects of a Time－Limited Earnings Subsidy for Welfare－Leavers［J］. Econometrica, 2005, 73（6）: 1723－1770.

［360］郝喜玲，张玉利，刘依冉，等．创业失败情境下的反事实思维研究框架构建［J］．外国经济与管理，2018，40（4）：3－15.

［361］Markman K D, Gavanski I, Sherman S J, et al. The Mental Simulation of Better and Worse Possible Worlds［J］. Journal of Experimental Social Psychology, 1993, 29（1）: 87－109.

［362］陈琨，周永根，杨国梁．企业规模、政府资助强度对产学研创新绩效的影响研究［J］．科学管理研究，2016，34（2）：9－12.

［363］简泽，谭利萍，吕大国，等．市场竞争的创造性、破坏性与技术升级［J］．中国工业经济，2017（5）：16－34.

［364］李静，谢润德．市场结构是否影响企业的技术选择行为？［J］．上海经济研究，2014（7）：22－30.

［365］Ordover J A. A Patent System for Both Diffusion and Exclusion［J］. Journal of Economic Perspectives, 1991, 5（1）: 43－60.

［366］Gilbert R. Looking for Mr. Schumpeter: Where Are We in the Competition: Innovation Debate?［J］. Innovation Policy and the Economy, 2006, 6（1）:

159 - 215.

[367] Athey S, Schmutzler A. Product and Process Flexibility in an Innovative Environment [J]. The RAND Journal of Economics, 1995, 26 (4): 557 - 574.

[368] 叶建华. 公司不确定性、非效率投资与资产定价 [J]. 科研管理, 2017, 38 (10): 119 - 127.

[369] 许罡, 朱卫东. 金融化方式、市场竞争与研发投资挤占——来自非金融上市公司的经验证据 [J]. 科学学研究, 2017, 35 (5): 709 - 719 + 728.

[370] 陈长江, 高波. 劳动力工资上涨的生产率促进效应再检验——基于2001 - 2014年中国省际面板数据的分析 [J]. 中央财经大学学报, 2017 (11): 97 - 106.

[371] 徐佳宾, 刘勇凤. 中国工业增长的动力分析: 规模还是结构 [J]. 经济理论与经济管理, 2017 (6): 33 - 44.

[372] 沈能, 赵增耀. 集聚动态外部性与企业创新能力 [J]. 科研管理, 2014, 35 (4): 1 - 9.

[373] 戚建梅, 刘志强, 王明益. 劳动力价格扭曲对制造业企业创新的影响——基于微观企业数据的检验 [J]. 山东财经大学学报, 2016, 28 (2): 30 - 40.

[374] Savin I, Egbetokun A. Emergence of Innovation Networks from R&D Cooperation with Endogenous Absorptive Capacity [J]. Journal of Economic Dynamics & Control, 2016 (64): 82 - 103.

[375] 张华. 合作稳定性、参与动机与创新生态系统自组织进化 [J]. 外国经济与管理, 2016, 38 (12): 59 - 73 + 128.

[376] 王文, 孙早. 产业结构转型升级意味着去工业化吗 [J]. 经济学家, 2017 (3): 55 - 62.

[377] 李福, 曾国屏. 创新生态系统的健康内涵及其评估分析 [J]. 软科学, 2015, 29 (9): 1 - 4 + 28.

[378] 戴伯勋, 沈宏达. 现代产业经济学 [M]. 北京: 经济管理出版社, 2001.

[379] 刘小玄. 中国转轨经济中的产权结构和市场结构——产业绩效水平的决定因素 [J]. 经济研究, 2003 (1): 21 - 29.

[380] 张祥建, 钟军委, 邵明伟. 空间集聚与区域间税收竞争内生性研究——基于2000 - 2013年中国省域面板数据分析 [J]. 现代财经 (天津财经大学学报), 2015, 35 (1): 69 - 80.

[381] 杰弗里·M. 伍德里奇. 计量经济学导论: 现代观点 (第五版)

[M]．北京：中国人民大学出版社，2015.

[382] 张莉，许龄珏，郑新业，等．财政分权如何影响政府防灾减灾——基于中国31省份面板数据的实证研究[J]．中央财经大学学报，2017(3)：3-15.

[383] 张祥建，钟军委，邵明伟．研发、出口与全要素生产率：基于联立方程模型的实证检验[J]．管理工程学报，2015，29(4)：1-8.

[384] 张少军，刘志彪．国内价值链是否对接了全球价值链——基于联立方程模型的经验分析[J]．国际贸易问题，2013(2)：14-27.

[385] 刘雪凤，高兴．促进自主创新能力建设的知识产权政策体系绩效研究[J]．中国科技论坛，2015(7)：75-81.

[386] 张慧颖，李振东．创新投入、新产品开发绩效与新产品市场绩效的关系研究——顾客隐性需求的调节作用[J]．科学学与科学技术管理，2015，36(12)：128-138.

[387] Campisi D, Mancuso P, Nastasi A. R&D Competition, Absorptive Capacity, and Market Shares [J]. Journal of Economics, 2001, 73 (1): 57-80.

[388] 孙耀吾，龚晓叶．技术标准化主题学术关注度及共词网络演化研究[J]．情报杂志，2017，36(9)：64-70+37.

[389] 李剑敏，余婉湞．动态环境下的产业关键技术识别——基于情境分析的产业技术路线图方法[J]．科学学与科学技术管理，2017，38(4)：35-44.

附录A　产业创新生态的各子系统有序度

附表 A-1　2005~2015 年制造业各行业资源投入子系统有序度（部分年份）

产业门类	行业门类	2005 年	2007 年	2009 年	2011 年	2013 年	2015 年
劳动密集型	农副产品加工业	0.028	0.030	0.034	0.049	0.058	0.059
	食品制造业	0.026	0.028	0.034	0.041	0.045	0.049
	饮料制造业	0.025	0.029	0.035	0.038	0.034	0.032
	烟草制造业	0.024	0.018	0.020	0.004	0.001	0.001
	纺织业	0.039	0.038	0.046	0.054	0.051	0.051
	服装鞋帽业	0.019	0.018	0.018	0.024	0.030	0.029
	皮革、毛皮制品业	0.004	0.007	0.010	0.012	0.014	0.018
	木材加工业	0.007	0.011	0.001	0.012	0.013	0.021
	家具制造业	0.001	0.001	0.004	0.001	0.005	0.015
	造纸及纸制品业	0.024	0.022	0.028	0.029	0.032	0.029
	印刷业	0.007	0.008	0.012	0.017	0.017	0.018
	文教体育用品业	0.007	0.005	0.012	0.011	0.024	0.028
	橡胶和塑料制品业	0.035	0.040	0.040	0.055	0.056	0.055
均值		0.019	0.020	0.023	0.027	0.029	0.031
资本密集型	石油加工业	0.026	0.033	0.034	0.037	0.032	0.036
	非金属矿物制品业	0.047	0.040	0.047	0.066	0.066	0.067
	黑色金属冶炼业	0.077	0.079	0.095	0.089	0.087	0.084
	有色金属冶炼业	0.043	0.056	0.053	0.061	0.067	0.068
	金属制品业	0.031	0.032	0.038	0.049	0.062	0.060
	通用设备制造业	0.070	0.075	0.082	0.099	0.104	0.099
	专用设备制造业	0.053	0.082	0.082	0.097	0.104	0.094
	仪器仪表制造业	0.039	0.041	0.047	0.064	0.056	0.053

续表

产业门类	行业门类	2005 年	2007 年	2009 年	2011 年	2013 年	2015 年
均值		0.048	0.055	0.060	0.070	0.072	0.070
技术密集型	化学制品制造业	0.076	0.080	0.081	0.109	0.113	0.113
	医药制造业	0.070	0.065	0.074	0.091	0.100	0.098
	化学纤维制造业	0.021	0.027	0.025	0.027	0.028	0.026
	交通设备制造业	0.109	0.113	0.112	0.130	0.136	0.134
	电气机械制造业	0.082	0.089	0.098	0.119	0.119	0.113
	计算机制造业	0.149	0.175	0.151	0.183	0.170	0.171
均值		0.085	0.092	0.090	0.110	0.111	0.109

附表 A-2 2005~2015 年制造业各行业成果产出子系统有序度（部分年份）

产业门类	行业门类	2005 年	2007 年	2009 年	2011 年	2013 年	2015 年
劳动密集型	农副产品加工业	0.020	0.021	0.019	0.021	0.024	0.029
	食品制造业	0.052	0.037	0.034	0.023	0.030	0.035
	饮料制造业	0.074	0.048	0.026	0.025	0.020	0.019
	烟草制造业	0.028	0.028	0.013	0.018	0.024	0.037
	纺织业	0.063	0.050	0.052	0.040	0.037	0.041
	服装鞋帽业	0.018	0.030	0.021	0.014	0.025	0.019
	皮革、毛皮制品业	0.004	0.005	0.003	0.004	0.002	0.001
	木材加工业	0.033	0.030	0.018	0.007	0.007	0.008
	家具制造业	0.043	0.035	0.017	0.020	0.008	0.016
	造纸及纸制品业	0.015	0.024	0.024	0.020	0.020	0.027
	印刷业	0.006	0.020	0.025	0.013	0.018	0.018
	文教体育用品业	0.067	0.036	0.034	0.024	0.034	0.032
	橡胶和塑料制品业	0.096	0.066	0.068	0.060	0.060	0.058
均值		0.040	0.033	0.027	0.022	0.024	0.026
资本密集型	石油加工业	0.058	0.050	0.023	0.017	0.020	0.023
	非金属矿物制品业	0.103	0.123	0.114	0.047	0.049	0.047
	黑色金属冶炼业	0.120	0.111	0.072	0.063	0.065	0.067
	有色金属冶炼业	0.103	0.080	0.069	0.063	0.065	0.063
	金属制品业	0.077	0.075	0.059	0.055	0.069	0.072
	通用设备制造业	0.207	0.171	0.156	0.140	0.158	0.158

续表

产业门类	行业门类	2005 年	2007 年	2009 年	2011 年	2013 年	2015 年
资本密集型	专用设备制造业	0.186	0.146	0.149	0.166	0.178	0.174
	仪器仪表制造业	0.105	0.087	0.100	0.112	0.104	0.112
均值		0.120	0.105	0.093	0.083	0.089	0.090
技术密集型	化学制品制造业	0.146	0.128	0.106	0.112	0.128	0.132
	医药制造业	0.161	0.157	0.131	0.128	0.146	0.143
	化学纤维制造业	0.038	0.044	0.036	0.027	0.028	0.027
	交通设备制造业	0.258	0.193	0.206	0.194	0.197	0.205
	电气机械制造业	0.341	0.331	0.246	0.229	0.234	0.235
	计算机制造业	0.395	0.352	0.366	0.423	0.437	0.457
均值		0.223	0.201	0.154	0.186	0.195	0.223

附表 A－3　2005～2015 年制造业各行业竞争活力子系统有序度（部分年份）

产业门类	行业门类	2005 年	2007 年	2009 年	2011 年	2013 年	2015 年
劳动密集型	农副产品加工业	0.084	0.086	0.075	0.082	0.078	0.070
	食品制造业	0.092	0.090	0.092	0.107	0.102	0.095
	饮料制造业	0.051	0.053	0.046	0.059	0.061	0.055
	烟草制造业	0.035	0.035	0.034	0.035	0.036	0.035
	纺织业	0.142	0.128	0.124	0.138	0.115	0.103
	服装鞋帽业	0.218	0.201	0.214	0.190	0.181	0.166
	皮革、毛皮制品业	0.200	0.185	0.211	0.215	0.190	0.180
	木材加工业	0.157	0.143	0.146	0.093	0.099	0.086
	家具制造业	0.221	0.180	0.209	0.189	0.171	0.166
	造纸及纸制品业	0.106	0.099	0.090	0.083	0.074	0.069
	印刷业	0.184	0.176	0.181	0.123	0.105	0.099
	文教体育用品业	0.239	0.199	0.220	0.228	0.189	0.184
	橡胶和塑料制品业	0.195	0.176	0.169	0.143	0.137	0.124
均值		0.148	0.135	0.139	0.130	0.118	0.110
资本密集型	石油加工业	0.014	0.012	0.035	0.015	0.021	0.025
	非金属矿物制品业	0.095	0.103	0.103	0.089	0.074	0.064
	黑色金属冶炼业	0.049	0.049	0.032	0.048	0.041	0.027
	有色金属冶炼业	0.084	0.091	0.054	0.066	0.045	0.035

续表

产业门类	行业门类	2005 年	2007 年	2009 年	2011 年	2013 年	2015 年
资本密集型	金属制品业	0.170	0.137	0.147	0.135	0.119	0.110
	通用设备制造业	0.138	0.142	0.133	0.122	0.129	0.120
	专用设备制造业	0.120	0.143	0.115	0.123	0.116	0.101
	仪器仪表制造业	0.218	0.205	0.238	0.222	0.167	0.165
均值		0.111	0.110	0.107	0.103	0.089	0.081
技术密集型	化学制品制造业	0.103	0.097	0.075	0.095	0.080	0.076
	医药制造业	0.149	0.139	0.134	0.128	0.112	0.107
	化学纤维制造业	0.068	0.073	0.074	0.085	0.074	0.076
	交通设备制造业	0.113	0.118	0.126	0.139	0.115	0.111
	电气机械制造业	0.157	0.151	0.166	0.160	0.140	0.139
	计算机制造业	0.282	0.205	0.199	0.232	0.239	0.227
均值		0.145	0.154	0.178	0.152	0.122	0.125

附表 A－4 2005～2015 年我国制造业各行业主体交互子系统有序度（部分年份）

产业门类	行业门类	2005 年	2007 年	2009 年	2011 年	2013 年	2015 年
劳动密集型	农副产品加工业	0.035	0.040	0.046	0.036	0.050	0.032
	食品制造业	0.051	0.036	0.030	0.028	0.036	0.014
	饮料制造业	0.035	0.025	0.022	0.024	0.039	0.026
	烟草制造业	0.009	0.013	0.010	0.003	0.006	0.002
	纺织业	0.036	0.037	0.036	0.024	0.032	0.021
	服装鞋帽业	0.024	0.029	0.017	0.023	0.024	0.012
	皮革、毛皮制品业	0.013	0.024	0.028	0.017	0.025	0.014
	木材加工业	0.040	0.022	0.038	0.023	0.036	0.020
	家具制造业	0.003	0.006	0.001	0.012	0.013	0.009
	造纸及纸制品业	0.033	0.034	0.037	0.016	0.021	0.015
	印刷业	0.008	0.002	0.016	0.014	0.013	0.010
	文教体育用品业	0.015	0.022	0.017	0.018	0.029	0.014
	橡胶和塑料制品业	0.026	0.027	0.028	0.020	0.032	0.019
均值		0.025	0.024	0.025	0.020	0.027	0.016
资本密集型	石油加工业	0.054	0.042	0.039	0.017	0.026	0.017
	非金属矿物制品业	0.057	0.055	0.035	0.031	0.047	0.025

续表

产业门类	行业门类	2005 年	2007 年	2009 年	2011 年	2013 年	2015 年
资本密集型	黑色金属冶炼业	0.022	0.024	0.031	0.010	0.020	0.014
	有色金属冶炼业	0.040	0.050	0.049	0.032	0.053	0.027
	金属制品业	0.044	0.051	0.026	0.021	0.054	0.031
	通用设备制造业	0.052	0.047	0.041	0.027	0.059	0.021
	专用设备制造业	0.077	0.062	0.060	0.036	0.054	0.031
	仪器仪表制造业	0.045	0.062	0.048	0.034	0.045	0.029
均值		0.049	0.049	0.041	0.026	0.045	0.024
技术密集型	化学制品制造业	0.083	0.051	0.041	0.034	0.056	0.027
	医药制造业	0.076	0.048	0.053	0.043	0.062	0.030
	化学纤维制造业	0.020	0.023	0.021	0.014	0.023	0.014
	交通设备制造业	0.097	0.084	0.067	0.049	0.069	0.038
	电气机械制造业	0.040	0.044	0.040	0.021	0.036	0.024
	计算机制造业	0.046	0.047	0.030	0.025	0.036	0.031
均值		0.060	0.050	0.042	0.031	0.047	0.027

附录 B　各类企业创新行为的测度结果

附表 B-1　2005~2015 年 R&D 内部经费支出强度测度结果（部分年份）

产业门类	行业门类	2005 年	2007 年	2009 年	2011 年	2013 年	2015 年
劳动密集型	农副产品加工业	0.002	0.003	0.002	0.002	0.003	0.003
	食品制造业	0.004	0.005	0.005	0.005	0.005	0.006
	饮料制造业	0.007	0.008	0.006	0.006	0.005	0.005
	烟草制造业	0.003	0.002	0.003	0.002	0.003	0.002
	纺织业	0.005	0.005	0.004	0.004	0.004	0.005
	服装鞋帽业	0.004	0.003	0.002	0.002	0.004	0.004
	皮革、毛皮制品业	0.002	0.002	0.002	0.002	0.003	0.003
	木材加工业	0.008	0.005	0.002	0.001	0.002	0.003
	家具制造业	0.003	0.003	0.002	0.002	0.003	0.004
	造纸及纸制品业	0.006	0.005	0.005	0.005	0.007	0.008
	印刷业	0.004	0.006	0.004	0.005	0.005	0.005
	文教体育用品业	0.004	0.004	0.004	0.004	0.004	0.005
	橡胶和塑料制品业	0.007	0.008	0.006	0.006	0.007	0.008
均值		0.005	0.005	0.004	0.004	0.004	0.005
资本密集型	石油加工业	0.001	0.001	0.002	0.002	0.002	0.003
	非金属矿物制品业	0.006	0.005	0.003	0.004	0.004	0.005
	黑色金属冶炼业	0.007	0.008	0.007	0.008	0.008	0.009
	有色金属冶炼业	0.007	0.006	0.005	0.005	0.006	0.007
	金属制品业	0.006	0.007	0.004	0.005	0.007	0.008
	通用设备制造业	0.013	0.015	0.010	0.010	0.013	0.013
	专用设备制造业	0.016	0.019	0.015	0.014	0.016	0.016
	仪器仪表制造业	0.009	0.010	0.015	0.016	0.020	0.021

续表

产业门类	行业门类	2005 年	2007 年	2009 年	2011 年	2013 年	2015 年
	均值	0.008	0.009	0.008	0.008	0.010	0.010
技术密集型	化学制品制造业	0.009	0.010	0.007	0.008	0.009	0.010
	医药制造业	0.015	0.018	0.015	0.015	0.017	0.017
	化学纤维制造业	0.006	0.009	0.009	0.009	0.009	0.011
	交通设备制造业	0.014	0.014	0.012	0.012	0.014	0.015
	电气机械制造业	0.014	0.014	0.012	0.012	0.013	0.015
	计算机制造业	0.012	0.012	0.014	0.015	0.016	0.018
	均值	0.012	0.013	0.012	0.012	0.013	0.014

附表 B-2　2005~2015 年技术购买和引进经费支出强度测度结果（部分年份）

产业门类	行业门类	2005 年	2007 年	2009 年	2011 年	2013 年	2015 年
劳动密集型	农副产品加工业	0.0011	0.0010	0.0002	0.0001	0.0001	0.0001
	食品制造业	0.0008	0.0018	0.0006	0.0003	0.0003	0.0002
	饮料制造业	0.0019	0.0011	0.0008	0.0005	0.0002	0.0002
	烟草制造业	0.0019	0.0021	0.0009	0.0008	0.0011	0.0015
	纺织业	0.0009	0.0011	0.0005	0.0004	0.0002	0.0001
	服装鞋帽业	0.0006	0.0002	0.0001	0.0001	0.0002	0.0001
	皮革、毛皮制品业	0.0004	0.0006	0.0002	0.0001	0.0001	0.0001
	木材加工业	0.0010	0.0019	0.0003	0.0001	0.0002	0.0001
	家具制造业	0.0001	0.0003	0.0001	0.0001	0.0001	0.0001
	造纸及纸制品业	0.0034	0.0067	0.0030	0.0010	0.0004	0.0004
	印刷业	0.0042	0.0018	0.0013	0.0010	0.0002	0.0002
	文教体育用品业	0.0001	0.0003	0.0003	0.0001	0.0001	0.0001
	橡胶和塑料制品业	0.0019	0.0017	0.0007	0.0003	0.0002	0.0002
	均值	0.0014	0.0016	0.0007	0.0004	0.0002	0.0002
资本密集型	石油加工业	0.0009	0.0004	0.0005	0.0002	0.0003	0.0002
	非金属矿物制品业	0.0008	0.0009	0.0004	0.0003	0.0002	0.0001
	黑色金属冶炼业	0.0043	0.0044	0.0028	0.0021	0.0011	0.0007
	有色金属冶炼业	0.0034	0.0016	0.0014	0.0009	0.0004	0.0002
	金属制品业	0.0016	0.0009	0.0003	0.0003	0.0003	0.0001
	通用设备制造业	0.0030	0.0035	0.0011	0.0008	0.0008	0.0006

续表

产业门类	行业门类	2005 年	2007 年	2009 年	2011 年	2013 年	2015 年
资本密集型	专用设备制造业	0.0028	0.0014	0.0010	0.0007	0.0006	0.0003
	仪器仪表制造业	0.0019	0.0024	0.0014	0.0010	0.0008	0.0005
均值		0.0023	0.0020	0.0011	0.0008	0.0006	0.0003
技术密集型	化学制品制造业	0.0026	0.0038	0.0018	0.0010	0.0007	0.0005
	医药制造业	0.0035	0.0024	0.0017	0.0011	0.0013	0.0010
	化学纤维制造业	0.0014	0.0006	0.0009	0.0007	0.0010	0.0008
	交通设备制造业	0.0044	0.0030	0.0029	0.0022	0.0024	0.0025
	电气机械制造业	0.0022	0.0017	0.0010	0.0009	0.0006	0.0004
	计算机制造业	0.0034	0.0035	0.0014	0.0010	0.0006	0.0011
均值		0.0029	0.0025	0.0016	0.0012	0.0011	0.0010

附表 B-3　2005～2015 年专利效率测度结果（部分年份）

单位：件/百万元

产业门类	行业门类	2005 年	2007 年	2009 年	2011 年	2013 年	2015 年
劳动密集型	农副产品加工业	0.204	0.215	0.582	0.472	0.425	0.420
	食品制造业	0.767	0.636	0.799	0.618	0.550	0.493
	饮料制造业	0.717	0.348	0.533	0.314	0.467	0.401
	烟草制造业	0.280	0.395	0.518	0.717	1.192	1.496
	纺织业	0.439	1.076	1.087	0.934	0.723	0.819
	服装鞋帽业	0.613	0.565	1.393	1.231	0.916	1.459
	皮革、毛皮制品业	0.499	0.639	1.554	1.300	1.044	0.985
	木材加工业	0.257	0.584	1.698	1.323	0.958	0.689
	家具制造业	0.735	2.577	3.691	3.651	2.148	2.781
	造纸及纸制品业	0.114	0.155	0.341	0.401	0.373	0.370
	印刷业	0.610	0.573	1.354	0.674	0.943	0.895
	文教体育用品业	5.200	3.687	3.897	3.258	2.195	1.964
	橡胶和塑料制品业	0.330	0.319	0.941	0.777	0.773	0.671
均值		0.828	0.905	1.414	1.205	0.977	1.034
资本密集型	石油加工业	0.395	0.104	0.160	0.169	0.179	0.190
	非金属矿物制品业	0.330	0.319	0.941	0.777	0.773	0.671
	黑色金属冶炼业	0.671	0.737	1.078	0.654	0.715	0.585
	有色金属冶炼业	0.090	0.127	0.170	0.163	0.219	0.251

续表

产业门类	行业门类	2005 年	2007 年	2009 年	2011 年	2013 年	2015 年
资本密集型	金属制品业	0.304	0.308	0.387	0.343	0.300	0.273
	通用设备制造业	1.301	0.623	1.344	1.141	0.796	0.778
	专用设备制造业	0.506	0.402	0.848	0.813	0.900	0.836
	仪器仪表制造业	0.487	0.657	1.465	1.163	1.307	0.995
均值		0.511	0.410	0.799	0.653	0.649	0.572
技术密集型	化学制品制造业	0.255	0.203	0.454	0.392	0.411	0.362
	医药制造业	0.678	0.464	0.639	0.526	0.493	0.363
	化学纤维制造业	0.128	0.169	0.253	0.380	0.476	0.303
	交通设备制造业	0.360	0.387	0.489	0.494	0.545	0.515
	电气机械制造业	0.807	0.571	0.914	0.925	0.958	0.917
	计算机制造业	0.464	0.690	0.819	0.764	0.710	0.625
均值		0.449	0.414	0.595	0.580	0.599	0.514

附表 B-4　2005~2015 年新产品开发经费支出强度测度结果（部分年份）

产业门类	行业门类	2005 年	2007 年	2009 年	2011 年	2013 年	2015 年
劳动密集型	农副产品加工业	0.003	0.004	0.003	0.003	0.004	0.003
	食品制造业	0.004	0.005	0.006	0.005	0.006	0.006
	饮料制造业	0.009	0.008	0.008	0.006	0.006	0.004
	烟草制造业	0.002	0.001	0.003	0.002	0.002	0.002
	纺织业	0.007	0.007	0.005	0.005	0.005	0.005
	服装鞋帽业	0.005	0.005	0.003	0.003	0.004	0.004
	皮革、毛皮制品业	0.003	0.004	0.003	0.002	0.003	0.004
	木材加工业	0.010	0.006	0.002	0.001	0.003	0.003
	家具制造业	0.004	0.005	0.003	0.003	0.004	0.005
	造纸及纸制品业	0.006	0.008	0.005	0.005	0.006	0.006
	印刷业	0.005	0.008	0.005	0.006	0.006	0.005
	文教体育用品业	0.006	0.005	0.007	0.006	0.005	0.005
	橡胶和塑料制品业	0.010	0.014	0.008	0.008	0.009	0.008
均值		0.006	0.006	0.005	0.004	0.005	0.005
资本密集型	石油加工业	0.001	0.001	0.001	0.002	0.003	0.002
	非金属矿物制品业	0.007	0.007	0.004	0.004	0.004	0.004

续表

产业门类	行业门类	2005 年	2007 年	2009 年	2011 年	2013 年	2015 年
资本密集型	黑色金属冶炼业	0.008	0.008	0.008	0.008	0.008	0.008
	有色金属冶炼业	0.005	0.005	0.006	0.005	0.006	0.005
	金属制品业	0.009	0.009	0.006	0.006	0.007	0.007
	通用设备制造业	0.017	0.018	0.013	0.012	0.015	0.014
	专用设备制造业	0.020	0.024	0.020	0.018	0.018	0.017
	仪器仪表制造业	0.012	0.014	0.021	0.020	0.024	0.023
均值		0.010	0.011	0.010	0.009	0.011	0.010
技术密集型	化学制品制造业	0.010	0.010	0.008	0.007	0.008	0.008
	医药制造业	0.017	0.020	0.017	0.016	0.018	0.017
	化学纤维制造业	0.008	0.012	0.012	0.013	0.013	0.013
	交通设备制造业	0.018	0.018	0.015	0.015	0.017	0.017
	电气机械制造业	0.016	0.017	0.015	0.015	0.017	0.016
	计算机制造业	0.014	0.014	0.017	0.019	0.020	0.022
均值		0.014	0.015	0.014	0.014	0.016	0.016

附表 B-5　2005~2015 年技术改造和吸收经费支出强度测度结果（部分年份）

产业门类	行业门类	2005 年	2007 年	2009 年	2011 年	2013 年	2015 年
劳动密集型	农副产品加工业	0.0047	0.0047	0.0026	0.0014	0.0015	0.0011
	食品制造业	0.0055	0.0055	0.0037	0.0033	0.0026	0.0021
	饮料制造业	0.0178	0.0184	0.0097	0.0057	0.0067	0.0043
	烟草制造业	0.0136	0.0144	0.0139	0.0107	0.0140	0.0097
	纺织业	0.0098	0.0073	0.0042	0.0023	0.0018	0.0012
	服装鞋帽业	0.0043	0.0036	0.0012	0.0008	0.0007	0.0007
	皮革、毛皮制品业	0.0023	0.0032	0.0010	0.0009	0.0008	0.0005
	木材加工业	0.0141	0.0060	0.0038	0.0014	0.0014	0.0008
	家具制造业	0.0029	0.0013	0.0013	0.0006	0.0005	0.0008
	造纸及纸制品业	0.0122	0.0165	0.0089	0.0058	0.0046	0.0033
	印刷业	0.0128	0.0119	0.0070	0.0051	0.0027	0.0017
	文教体育用品业	0.0031	0.0022	0.0026	0.0010	0.0008	0.0007
	橡胶和塑料制品业	0.0126	0.0092	0.0037	0.0034	0.0037	0.0020
均值		0.0089	0.0080	0.0049	0.0033	0.0032	0.0022

续表

产业门类	行业门类	2005 年	2007 年	2009 年	2011 年	2013 年	2015 年
资本密集型	石油加工业	0.0113	0.0150	0.0097	0.0064	0.0050	0.0047
	非金属矿物制品业	0.0140	0.0122	0.0061	0.0022	0.0021	0.0012
	黑色金属冶炼业	0.0554	0.0405	0.0245	0.0132	0.0075	0.0058
	有色金属冶炼业	0.0266	0.0181	0.0108	0.0057	0.0049	0.0032
	金属制品业	0.0105	0.0077	0.0035	0.0021	0.0018	0.0015
	通用设备制造业	0.0190	0.0146	0.0077	0.0058	0.0043	0.0024
	专用设备制造业	0.0217	0.0222	0.0109	0.0088	0.0050	0.0029
	仪器仪表制造业	0.0073	0.0067	0.0062	0.0073	0.0050	0.0026
均值		0.0208	0.0171	0.0099	0.0064	0.0045	0.0030
技术密集型	化学制品制造业	0.0320	0.0207	0.0107	0.0066	0.0057	0.0041
	医药制造业	0.0182	0.0143	0.0097	0.0058	0.0065	0.0046
	化学纤维制造业	0.0119	0.0156	0.0093	0.0060	0.0058	0.0044
	交通设备制造业	0.0181	0.0142	0.0110	0.0079	0.0057	0.0049
	电气机械制造业	0.0119	0.0088	0.0071	0.0059	0.0044	0.0029
	计算机制造业	0.0038	0.0028	0.0022	0.0022	0.0023	0.0016
均值		0.0160	0.0127	0.0084	0.0057	0.0051	0.0038